图解

菜根谭

亮点人文馆006

引领中国人入世出世的智慧秘籍

（明）洪应明◎原著
木　梓◎编译

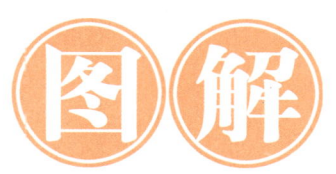

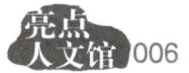

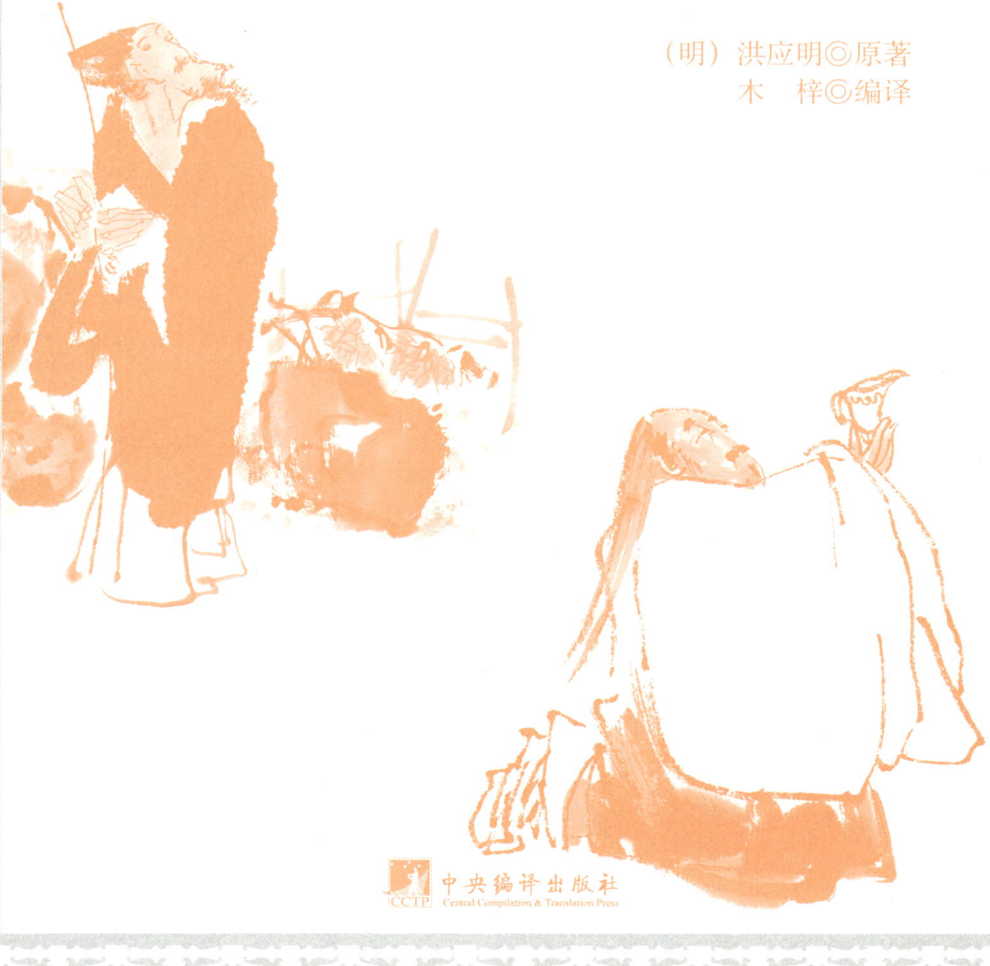

中央编译出版社
CCTP Central Compilation & Translation Press

序——

千年"菜根",越嚼越香

世事洞明皆学问,人情练达即文章。

有人说,中国传统社会是一个人治社会,十分重视为人处世的策略和技巧,因而也留下了许多宝贵的思想财富。这其中,流传了数百年的《菜根谭》便是其中的一大瑰宝。

古人云:"谭者,谈也。性定根香。"花香可以用鼻来品味,果香可以用口来品味,而根香却需要用一颗智慧的心灵来品味。《菜根谭》即是这样一部需要用智慧心灵品读,又能给人以心灵智慧的传世奇书。

据考,《菜根谭》为明朝山林隐士洪应明所著的一部语录体古籍,是一部论述修养、人生、处世、出世的语录世集。作者糅合了儒家中庸、道家无为和释家出世的思想及自身生活体验,全面地展示出了中国人特有的入世处世的思想体系。

"菜根谭"一名取自宋儒汪革语:"人就咬得菜根,则百事可成。"意思是说,一个人只要能够坚强地适应清贫的生活,不论做什么事情,都会有所成就。明于孔兼则进一步阐述道:"'谭'以'根谭'名,固自清苦历练中来,亦自栽培灌溉里得,其颠顿风波、备尝险阻可想矣。"这一解释,为原书名增加了另一层含意:即一个人面对厄运,必须坚定自己的操守,奋发努力,辛勤培植与浇灌自己的理想。另有乾隆年间署名"三山病夫通理"者,在重刊"菜根谭序"中说:"凡种菜者,必要厚培其根,其味乃厚。"其意则强调,只有心性澹怕沉静的人,方能真正领会其中的寓意。

《菜根谭》书中阐释的思想体系,融汇了儒家自强不息、佛家宽忍宏大和道家超脱玄妙的思想,数百年来对中国人的正心修身、养性育德,都起到了不可思议的潜移默化的重要影响。一些评论即说:政治家们在这部书里找到了治国安邦的策略,商家们在书里找到了以仁智胜的法宝,迷茫者则在书里找到了生活的方向。

总体上说,《菜根谭》一书中,儒、释、道融为一体,心学与禅学成其

核心。由此而言,书中阐释的不仅仅是洪应明一人的智慧,更涵盖了作者视力能及的贤人妙语。同时,它所展示的也不仅仅是某一生活侧面,修身、齐家、治国、平天下,大道都在;它所面对的更不是某一类人,而是海内外的芸芸众生。

自问世以来,《菜根谭》便在中华文化圈内流传开来。至今被后人翻印的次数,已无法考计,不仅影响了一代又一代中国人,也对全球华人及国际社会产生着越来越广泛的影响。可见,喜欢此书的人数之众。新中国的创始人——毛泽东——也喜欢此书,他评价说,"嚼得菜根者,百事可做。"可见这本书给人的教益,的确非同一般。

到了现代,《菜根谭》开始由中国风行海外,日本等多个国家的商界人士更将其做为心理学教材推广使用。如今,人们已将其与《孙子兵法》、《三国演义》等书一起,视作中国传统文化的经典之作。

所以,人们又称《菜根谭》为"三教真理的结晶","旷古稀世的奇珍宝训"。而一位著名法师则评价它为"一部万古不易、教人化世的圣典"。

至于这部《图解〈菜根谭〉》一书,内容共分为六个章辑,分别命题为"处世篇"、"政论篇"、"励志篇"、"休省篇"、"情态篇"和"闲适篇"。不仅最大化地保留了原书的版块风格,也承袭了原书的全部精华篇章。

更为重要的是,本书采用了新颖的文字与绘图——对应的版式安排,不仅做到了语言精练、通俗易懂,全新的"图解"方式也是同类图书中从未有过的。读者只要打开本书,就能欣赏到近三百幅精美绘图,而后通过品读大量历史典故,感受书中无处不在的博大、淡泊、宽容、善良,以及先哲们留下的许多谋略和智慧精华。

如今,当现代化的喧嚣已经湮没了世间万般风情,我们的焦虑、烦躁与不安与日俱增之时,千年奇书能告诉我们的只会更多。因为这部《图解〈菜根谭〉》,不仅可以重温人世间那种已被淡忘的真趣,更能让人们那颗已被各种名利烧灼得有些转向的头脑清醒,从而练就高瞻远瞩,学会达观人生。

这一切,对于亲爱的读者朋友来说,就不仅仅是在读书了。

木梓于北京奥运村寓所
2009年4月

目录

洪应明与《菜根谭》的智慧 1

序——千年「菜根」，越嚼越香 10

内页图示 18

第壹辑 处世篇 ①

1. 高洁 出淤泥而不染，明机巧而不用 22
2. 识退让 知退让一步之法，明让三分之功 24
3. 变通 处世方圆自在，待人宽严得宜 26
4. 气度 厚德载物，雅量容人 28
5. 藏锋 操履不可少变，锋芒不可太露 30
6. 藏巧于拙，寓物于浊 32
7. 救命法宝 身陷事中，心超物外 34
8. 超脱 恶不可即就，善不可即亲 36
9. 辨析 38
10. 包容 清浊并包，善恶兼容 38
11. 是非 宁为小人所毁，勿为君子所容 40
12. 守心门 守口须密，防意须严 42
13. 世俗之阱 非分收获，陷溺根源 44
14. 冷静 须冷眼观物，勿轻动刚肠 46
15. 奉献 舍己毋处疑，施恩勿望报 48
16. 名利 隐无荣辱，道无炎凉 50
17. 不争 过归己任，功让他人 52
18. 同乐 路要让一步，味须减三分 54
19. 谦让 退即是进，与即是得 56
20. 节度 对小人不恶，待君子有礼 58
21. 思源 恩功当念，怨过宜忘 60
22. 偏信 毋偏信自任，毋自满嫉人 62

第贰辑 政论篇 ②

1. 出入轩冕客志在林泉，山林士胸怀廊庙 74
2. 当下保已成之业，防将来之非 76
3. 贪念一念贪私，万劫不复 78
4. 品行多种功德，勿贪权位 80
5. 保节勿犯公论，勿陷权门 82
6. 退隐急流勇退，与世无争 84
7. 自扰不希荣达，不畏权势 86
8. 灵性勿美名位，勿忧饥寒 88
9. 看破明世相之本体，负天下之宣任 90
10. 云烟去声华名利，做正人君子 92
11. 变换居官有节度，居乡敦旧交 94
12. 效法闲时吃紧，忙里悠闲 96
13. 知止快意须早回头，拂心处莫便放手 98
14. 莫过做事勿太苦，待人勿太枯 100
15. 中庸原其初心，观其末路 102
16. 超达立身要高一步，处世须退一步 104
17. 静然抱身心之忧，耽风月之趣 106
18. 心性急处站稳，险处回首 108
19. 觉早知提醒，知放下 110
20. 德才应以德御才，勿恃才败德 112

22. 制怒弥缝其短，化诲其顽 64
23. 观人对阴险者勿推心，遇高傲者勿多口 66
24. 分寸刻则失善人，滥则招恶友 68
25. 纳万物山峻无木，水湍无鱼 70

目录

第叁辑 砺志篇 ③

1. 悔悟 泛驾之马，跃冶之金 132
2. 日暮 老当益壮，大器晚成 134
3. 困穷 困苦穷乏，锻炼身心 136
4. 精诚 诚可感动天地，伪则形影自愧 138
5. 拂逆 处逆境时比于下，心怠荒时思于上 140
6. 蛰伏 伏久者飞高，开先者谢早 142
7. 天然 幻中求真，雅不离俗 144
8. 惜时 花鸟尚绘春，人生莫虚度 146
9. 隐智 心事宜明，才华须韫 148
10. 溯源 读心中之名文，听本真之妙曲 150
11. 修省 心事宜明，实心却物欲 152
12. 谦受益 虚心明义理，认识大体 154
13. 择善 辨别是非，勿自夸自傲 156
14. 切戒 勿妄自菲薄，勿自夸自傲 158
15. 莫露逞 藏才隐智，任重致远 160
16. 坚持 水滴石穿，瓜熟蒂落 162

21. 心柔 近朱者赤，近墨者黑 116
22. 和气 春风解冻，和气消冰 118
23. 容剖 处亲从容，对友剀切 120
24. 明威 为官公廉，居家恕俭 122
25. 本来 伦常本乎天性，不可任德怀恩 124
26. 德泽 念积累之难，思倾覆之易 126
27. 和 富贵多炎凉，骨肉多妒忌 128
28. 种德 心善子孙盛，根固枝叶荣 130

第肆辑 修省篇 ❹

1. 调心 山林息尘心，诗书消俗气 186
2. 浑噩 留正气还天地，遗清名在乾坤 188
3. 自心 降魔先降自心，驭横先驭此气 190
4. 本心 心无其心，物本一物 192
5. 气象 养天地正气，法古今完人 194
6. 外物 超越天地之外，不入名利之中 196
7. 恰好 文章极处无奇巧，人品极处只本然 198
8. 远祸 修文华不如简素，谈今不如述古 200
9. 彻悟 修养定静，临变不乱 202
10. 安乐 去思苦亦乐，随心热亦凉 204
11. 随持 心地能平稳安静，触处皆青山绿水 206
12. 修持 修行宜绝迹于尘寰，悟道当涉足于世俗 208
13. 无我 了身外事，参心中禅 210
14. 本真 动失真心，静得真机 212

17. 玄机 观形不如观心，神用胜过迹用 164
18. 莫做作 诗思野兴，出于自然 166
19. 守恒 学贵有恒，道在悟真 168
20. 潇洒 宽严得宜，勿偏一方 170
21. 无旁骛 修德须忘功名，读书定要深心 172
22. 道心 胸次玲珑，触物会心 174
23. 拙 拙意无限，道以拙成 176
24. 木石心 进德修行，济世经邦 178
25. 天然 物出天然，意适无事 180
26. 根基 幼不陶铸，难成令器 182

目录

第伍辑 情态篇 ⑤

1. 悟大道 富者应多施舍，智者宜不炫耀 228
2. 保晚节 人生重结果，种田看收成 230
3. 勿独齐 推己及人，方便法门 232
4. 勿执着 世态变化无极，万事必须达观 234
5. 省自身 只畏伪君子，不怕真小人 236
6. 诚信 信人示己之诚，疑人显己之诈 238
7. 消心机 有识有力，魔鬼无踪 240
8. 勿过 过俭者吝啬，过让者卑曲 242
9. 欲念 存道心，消幻业 244
10. 抛万虑 断绝思虑，光风霁月 246
11. 真富足 贪得者虽富亦贫，知足者虽贫亦富 248
12. 识人性 猛兽易伏，人心难满 250
13. 存善念 慈悲之心，生生之机 252
14. 勿冷漠 趋炎附势，人情之常 254
15. 自控 人乃天地之缩图，天地乃人之父母 256
16. 勿偏执 晴空可翔，莫学飞蛾 258
17. 远凡尘 竹篱闻犬吠，芸窗听蝉吟 260

15. 适度 为奇不为异，求清不求激 214
16. 勿执 持身不可轻，用意不可重 216
17. 减省 减繁增静，安乐之基 218
18. 真境界 动中静是真静，苦中乐是真乐 220
19. 心达 机息心清，月到风来 222
20. 豁达 与闲云为友，以风月为家 224

第陆辑 闲适篇 ❻

1. 天机 自然造化之妙，智巧所不能及 270
2. 尘中尘 万象皆空幻，达人须达观 272
3. 心无染 执著是苦海，解脱是仙乡 274
4. 安贫 世间无绝对，安乐是寻常 276
5. 平常心 冷静观世事，忙中去偷闲 278
6. 忘我 烦恼由我起，嗜好自心生 280
7. 性 来去自如，融通自在 282
8. 随心 人生一傀儡，自控便超然 284
9. 随缘 万事皆缘，随遇而安 286
10. 平淡为真 淡中知真味，常里识英奇 288
11. 事后悔 以事后之悟，破临境之迷 290
12. 浓淡 浓处味常短，淡中趣独真 292
13. 会心 繁华不及清淡，心动未若神爽 294
14. 真心 得诗家真趣，悟禅教玄机 296
15. 生趣 人为乏趣，天机自然 298
16. 物我归一 识乾坤自在，知物我两忘 300
17. 云卷云舒 闲看庭前花，漫随天外云 302
18. 亲自然 登高心旷，临流意远 304

18. 去邪念 心体要光明，念头勿暗昧 262
19. 除心魔 去得吾心冰炭，便生满腔和气 264
20. 适可止 世事如宴席，劝君早回头 266

内页图示

本节主标题
本节所要探讨的主题。

图解菜根谭 ❸

节序号
每章节采用不同色块标识，读者轻松寻找识别。同时用醒目的序号提示该文在本辑下的排列序号。

正文
书中正文通俗易懂，读来愉悦轻松。

变通 处世方圆自在，待人宽严得宜

[原文]
处治世宜方，处乱世当圆，处叔季之世当方圆并用。待善人宜宽，待恶人当严，待庸众之人宜宽严互存。

解读

原文所要阐明的是：当政治清明天下太平之时，待人接物应严正刚直；当政治黑暗天下纷乱之时，待人接物应圆通老练；当国家行将衰亡的末世之时，待人接物就要方圆并用。同时强调，对待善良的君子要宽厚，对待邪恶的小人要严厉，对待一般的平民大众应宽严互存。

这是在漫长的古代社会里，治世与乱世交替进行，贤士们从亲身经历中总结出的一套明哲保身的处事之法。如今的情况与古代已大不相同，故不必照搬照学。但如能领悟其中的精髓要义，对于我们今天的人生成长依然有着相当的现实意义。

俗话说：识时务者为俊杰。何谓识时务？就是能够认清客观形势或时代潮流，能够跟着客观形势或时代潮流的变化而变化，因时制宜，顺势而动。因而无论古今中外，只有识时务的人才能成为时代的俊杰。反之，如果不识时务，不顾客观条件的变化和限制，逆时而行，盲目蛮干，其结果只能是自取灭亡，或被时代的车轮远远甩在后头，最终一事无成。

中国的大思想家孔子也曾说过：天下太平，就出来做官；政治黑暗，就退避隐居。也就是说，在太平盛世可以刚正，是因为社会总体是公平的，有可以刚正的环境，做人也能够实现自己的抱负，大展拳脚，做出一番事业。在乱世要老练和随机应变，是因为环境险恶，随时都可能丧命，随时都可能发生意外紧急情况，需要机智来随机应变，需要老练来应付人与事；而在将要衰落的末世，处于一个过渡阶段，就需要两种手段都用了。

如今，小到一个人，大到一个团体，甚至一个国家、一个社会，总要面临一个个具体的、复杂的机遇或挑战。如何在激烈的竞争中立于不败之地，随机应变是一个必不可少的因素。对于个人而言，随机应变是一个人智慧的象征。而从应变学来看，随机应变就是指在虑谋、施谋中所应用的策略随着具体的情况而变。所以，古书才称："随机应变，则易为克殄。"意思是说，跟随时机调整策略就容易战胜对方。

识时务者为俊杰

社会中的每一个人，不能仅凭有着一腔热情和抱负，不顾实际环境情况，不顾周围大众的反应而自顾自地想要闯一片天下。

本辑主标题
本辑所要讲述的主题。

第壹辑 处世篇

太平盛世，做人要刚正不阿。

乱世之中，做人要老练机智。

图表
本书的一大精华就是将隐晦、生涩的叙述，以明晰、直观的图表方式呈现给了读者。

末世到来，对君子要厚道，对小人则要有智慧。

插图
本书另一精华就是将抽象要领运用具象图画诠释，读者可以直观、轻松地理解原意。

27

第壹辑 处世篇 1

"处治世宜方,处乱世当圆,处叔季之世当方圆并用。待善人宜宽,待恶人当严,待庸众之人宜宽严互存。"这种"宜方宜圆"、"宜宽宜严",富有变通的处世哲学在《菜根谭》中无处不在。

本辑图版编目

1. 君子爱莲 / 23
2. 人生须识取舍 / 25
3. 识时务者为俊杰 / 27
4. 地腐长生物，水清则无鱼 / 29
5. 君子与小人 / 31
6. 狡兔有三窟 / 33
7. 风雨行船 / 35
8. 听传言更行看事实 / 37
9. 百花才能争艳 / 39
10. 批评与赞美 / 41
11. 口乃心之门，意乃心之足 / 43
12. 人生的陷阱 / 45
13. 过刚必折 / 47
14. 人间美德 / 49
15. 儒道合一 / 51
16. 张良借病有问朝政 / 53
17. 留一步，让三分 / 55
18. 人与人间的关系 / 57
19. 如何对待"小人"和"君子" / 59
20. 饮水思源 / 61
21. 人的修养 / 63
22. 流言的流转 / 65
23. 沉沉不语的人与滔滔不绝的人 / 67
24. 用人与交友 / 69
25. 峻山与湍水 / 71

"处治世宜方，处乱世当圆，处叔季之世当方圆并用。待善人宜宽，待恶人当严，待庸众之人宜宽严互存。"这种"宜方宜圆"、"宜宽宜严"，宜有变通的处世哲学在《菜根谭》中无处不在。

高洁 出淤泥而不染,明机巧而不用

[原文]

势利纷华,不近者为洁,近之而不染者尤洁;智械机巧,不知者为高,知之而不用者为尤高。

解读

上文的意思是说:权势与名利,富贵与荣华,任何人都想去接近,可是一经接触就会遭受污染,人格变得庸俗,心理变得卑劣,所以不去接近的才算高洁。接近它,而不被它感染,则更是高洁。又有些人利用权势谋术等小才小智,暗中作祟,以求满足他的贪欲和利益。这种小人的行为当然比不上不懂欺骗手段的正人君子的行为正大。但是更高尚的行为,就是知道了小人的不正行径和一切坏的打算之后,仍然能不去做它。

而世间非分利益之事,人人都像蚂蚁一样想贪一点甜头,原因就在有权势的人家,天天挤满了趋炎附势的人,好像市场一样热闹,大家都怀着贪心而来,不是为了求名,就是求利。等到权势丧失,生活贫苦的时候,大家就一哄而散。这就是所谓的人情冷暖。

其实人人都喜好权势。有了权势而能不受束缚,自然是人格高尚;对于对势利荣华的诱惑而能不去接近,或是接近了却能不被它所污染,就更显得清洁高尚了。只是,石头都有棱角,但在流水长时间的冲激下,它的棱角久而久之也会变圆,人又何尝不是这样呢?原本棱角方正的人,经过浮世的折磨,也就完全丧失掉了他的棱角,而成为又圆转又滑脱的轻薄之人。

有一位修道者,经过花街柳巷时,有人指着他说:这不是修道人该来的地方,修道者却回答的很妙:"太阳不是也照到尘芥吗?"倘若拿太阳的清心来修行,就绝不会被势利纷华所诱惑。

北宋著名的学者周敦颐借《爱莲说》一文,就曾对如上意境进行了到位的比喻。他在文中说:水里边和陆地上的草木,开的花招人喜欢的很多。很多人喜爱菊花,又有很多人偏爱牡丹花,我却喜欢莲花。我喜欢莲花从污泥中生长出来,自己却不被沾染,莲花在清水中洗过,却不显得妖艳。它不生藤蔓,也不长旁枝,气味清香,人们可以远远地欣赏它,但不能玩弄它。我看,菊花是花中的隐士,牡丹是花中的富贵者,莲花才是花中君子呀!

总之，心要放得正，放得诚，心正而意诚，超然于物外，任环境再恶劣，诱惑再多，绝不为之所动。就像出污泥而不染的莲花，才是最值得尊贵、令人欣赏的了。

君子爱莲

牡丹是富贵的象征，世上的人们尤其偏爱它；莲花从污泥中生长出来，自己却不被沾染，在清水中洗过，却不显得妖艳，它才可谓是花中的君子。

莲花	1. 出淤泥而不染，濯清涟而不妖。
	2. 中通外直，不蔓不枝。
	3. 香远益清，亭亭净植。
	4. 可远观而不可亵玩焉。
君子	1. 不与世俗同流合污、不孤高自许的气节。
	2. 通达事理、行为方正的行为。
	3. 志洁行廉、德声远播的品质。
	4. 君子仪态庄重。

三种人生追求

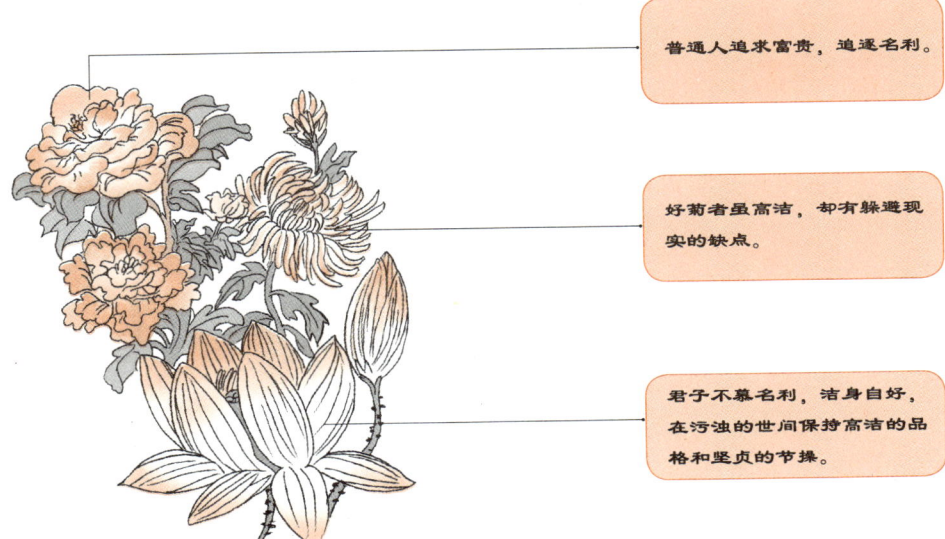

普通人追求富贵，追逐名利。

好菊者虽高洁，却有躲避现实的缺点。

君子不慕名利，洁身自好，在污浊的世间保持高洁的品格和坚贞的节操。

第壹辑 处世篇

识退让 知退一步之法，明让三分之功

[原文]

人情反复，世路崎岖。行不去处，须知退一步之法；行得去处，务加让三分之功。

解读

原文着重阐释的是：人情事故变化无常，人生道路崎岖不平。因此当你遇到困难走不通时，必须明白退一步的为人之道；当你事业一帆风顺时，一定要有谦让三分的胸襟和美德。知退一步，须让三分其实是教诲人们做事不要草莽义气，而应懂得变通。

古人早已告诉我们，世界上最难猜度和改变的就是人心。有时候你越是想改变，效果越是相反。有时候走不通时，不妨退后一步，反而能够成功，所谓"退一步海阔天空"就是这个道理。至于"行得去处，务加让三分之功"，是一种谦让之法，因为世道人情变幻莫测，给人留点余地，做事留点分寸，也是给自己留条退路。特别是人生得意的时候，不要忘了把功劳让给别人一些，居功自傲、得意忘形都是不可取的。何况人类的情感无比复杂，人心的变化也是奥妙无穷。今天认为是美的东西，明天就有可能认为是丑，今天认为是可爱的东西，明天就有可能是可恨。所谓"人情冷暖，世态炎凉"，也就是"人情反复，世路崎岖"的道理吧。

知退一步，须让三分，也是岁月留给人们的深刻道理。人生活在一个泱泱的群体之中，少不了在个人利益、追求发展等方面发生相互交割。而知道适当地退让和割舍名利，则是显示了一个人博奥的修养和理性的成熟。这种修养与成熟，是追求人生顺畅的需要，更是自我追求更大目标的必要保证。因为一个人的追求目标往往需要在他人的帮助下才能完成，而更远的理想则需要留给自己一点周旋的空间。

三国时期，曹操的主簿杨修才思敏捷、聪慧过人，但有几件事情使得原本得宠的他在瞬间人头落地，将遗憾铭刻于千古。一是相府建一花园，门框架好后请曹操过目，曹操无言并提笔在门框写一"活"字，众人不得其意便请杨修诠解。杨修笑着说：门内有活乃"阔"，是丞相嫌门框太小了。曹操闻之，高兴之余，颇有妒才之意；二是塞北送来一盒酥，曹操在其上写下"一合酥"三个字，正巧

杨修进来看见，便迅疾吆喝众人分而食之。曹操问何故，杨修说：丞相明书一人一口酥，我们哪敢违丞相美意。曹操顿生厌恶。终于，当食之无味、遗之可惜的"鸡肋"事件发生后，曹操大怒"匹夫怎敢造谣乱我军心！"遂将杨修借机斩首。

这段故事说明的道理较多，其中一个就是处世须留些面子给别人，不能依仗自己的智慧逼得别人无喘气的余地。如此，知退一步之法，明让三分之功，不仅是一种谦让美德，也是一种安身立命的良策了。

人生须识取舍

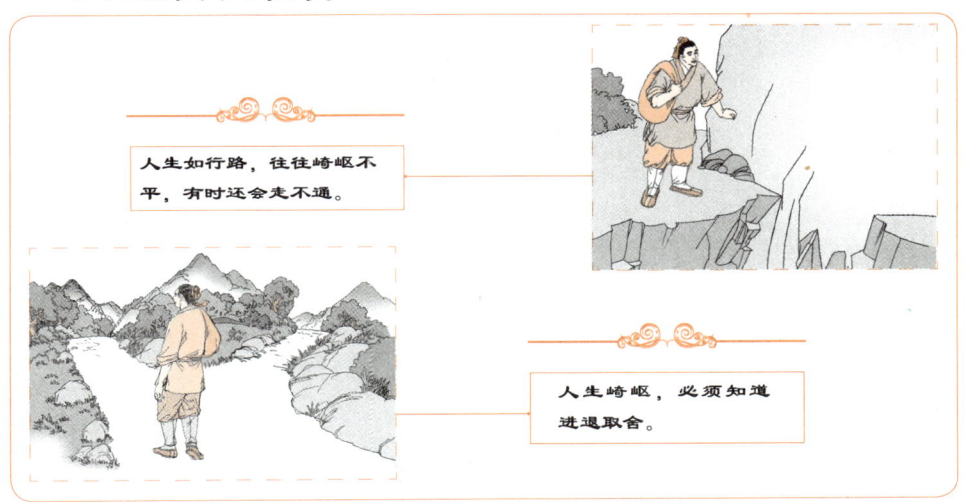

人生如行路，往往崎岖不平，有时还会走不通。

人生崎岖，必须知道进退取舍。

杨修之死

三国时期曹操的主簿杨修才思敏捷、聪慧过人，但他也喜好于众人前显摆自己的才华。

杨修多次当众人之面在曹操面前显露自己的聪慧，使曹操由欣喜到妒才，并最终引来杀身之祸。

25

变通 处世方圆自在，待人宽严得宜

[原文]

处治世宜方，处乱世当圆，处叔季之世当方圆并用。待善人宜宽，待恶人当严，待庸众之人宜宽严互存。

解读

原文所要阐明的是：当政治清明天下太平之时，待人接物应严正刚直；当政治黑暗天下纷乱之时，待人接物应圆通老练；当国家行将衰亡的末世之时，待人接物就要方圆并用。同时强调，对待善良的君子要宽厚，对待邪恶的小人要严厉，对待一般的平民大众要宽严互存。

这是在漫长的古代社会里，治世与乱世交替进行，贤士们从亲身经历中总结出的一套明哲保身的处事之法。如今的情况与古代已大不相同，故不必照搬照学。但如能领悟其中的精髓要义，对于我们今天的人生成长依然有着相当的现实意义。

俗话说：识时务者为俊杰。何谓识时务？就是能够认清客观形势或时代潮流，能够跟着客观形势或时代潮流的变化而变化，因时制宜，顺势而动。因而无论古今中外，只有识时务的人才能成为时代的俊杰。反之，如果不识时务，不顾客观条件的变化和限制，逆时而行，盲目蛮干，其结果只能是自取灭亡，或被时代的车轮远远甩在后头，最终一事无成。

中国的大思想家孔子也曾说过：天下太平，就出来做官；政治黑暗，就退避隐居。也就是说，在太平盛世可以刚正，是因为社会总体是公平的，有可以刚正的环境，做人也能够实现自己的抱负，大展拳脚，做出一番事业。在乱世要老练和随机应变，是因为环境险恶，随时都可能丧命，随时都可能发生意外紧急情况，需要机智来随机应变，需要老练来应付人与事；而在将要衰落的末世，处于一个过渡阶段，就需要两种手段都用了。

如今，小到一个人，大到一个团体，甚至一个国家、一个社会，总要面临着一个个具体的、复杂的机遇或挑战。如何在激烈的竞争中立于不败之地，随机应变是一个必不可少的因素。对于个人而言，随机应变是一个人智慧的象征。而从应变学来看，随机应变就是指在虑谋、施谋中所应用的策略随着具体的情况而变。所以，古书才称："随机应变，则易为克殄。"意思是说，跟随时机调整策略就容易战胜对方。

识时务者为俊杰

社会中的每一个人,不能仅凭有着一腔热情和抱负,不顾实际环境情况,不顾周围大众的反应而自顾自地想要闯一片天下。

太平盛世,做人要刚正不阿。

乱世之中,做人要老练机智。

末世到来,对君子要厚道,对小人则要有智慧。

气度　厚德载物，雅量容人

[原文]

地之秽者多生物，水之清者常无鱼，故君子当存含垢纳污之量，不可持好洁独行之操。

解读

原文所说：越是污浊的地方，才会有很多生物生存；一条清澈见底的河流，常常不会有任何鱼虾生长。所以，人有高尚纯洁的情操是值得赞扬的，但过分清高就会使自己孤立。因为世上大多数人属于平庸之辈，要想与这些人相处，就得存一分宽容之心。

古人认为，一个心地纯真、修养很高的人，往往容易缺乏容人的雅量，因为道德自律严，便由己及人；或者太孤芳自赏、自命清高，使自身陷入孤立而没有朋友，就谈不上事业有所成就。世间并无绝对的真理，而且正邪善恶交错，没有什么东西是绝对的。所以，我们立身处世的基本态度，必须有清浊并容的雅量。

中国古话"水至清则无鱼，人至察则无徒"说的也是这个道理。换句话说就是，人太精明了就没有伙伴和朋友，因为精明者往往容不得他人有小小的过错或性格上的小小差异，或者要求所有人一举一动均符合或者满足一己的标准。但人总是有着各种不同的性格和待人处事的方式，永远无法达到每件事的一致。因此，出现摩擦以至矛盾、冲突便是必然的结果。此时如果不能以一种宽容的精神调和于其间，事势就将无法收拾，结局便是人心不附，众叛亲离。

清代文华殿大学士张英在朝廷任职时，他在安徽桐城的家人和邻居因建房占地闹起纠纷，互不相让。张家人便给当大官的张英写信讲了此事，请他出面干涉。张英看信后，并没有倚仗自己官威欺压邻居，而是回信说："千里来书只为墙，让他三尺又何妨？万里长城今犹在，不见当年秦始皇。"张家人看完，便主动让出三尺空地。邻居也深受感动，也将墙退回三尺，两家和好如初。这就是"六尺巷"的由来，至今传为美谈。

相较于现实社会，当交往成为人们工作与生活的一种重要手段之时，要善于交往，建立良好的人际关系，想成为一个德才兼备、有成就的君子，就必须要有清浊并容的雅量和气度，善于同各种人交往。

当然，容忍小人的确很难做到，但为了事业上的成功，为了照顾大局，就必须有"厚德载物,雅量容人"的胸襟。应该说谦让是美德,容人同样为美德。所以,一个人要想创造一番事业,就必须有恢宏的气度,能容天下的人才能为天下人所容。

～ 地腐长生物,水清则无鱼 ～

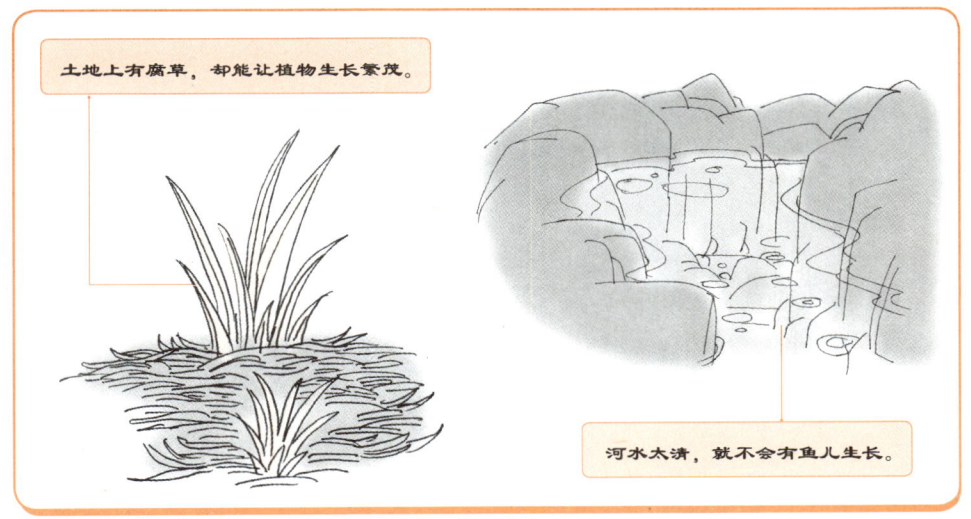

土地上有腐草,却能让植物生长繁茂。

河水太清,就不会有鱼儿生长。

～ 能容天下的人才能为天下所容 ～

君子

小人

世间什么样的人都有,君子与小人也常会相伴。过分清高、不容他人的人是很难得到他人帮助的,自己的人生也会变得暗淡无光。

藏锋 操履不可少变，锋芒不可太露

[原文]

澹泊之士必为浓艳者所疑；检饰之人多为放肆者所忌。君子处此，固不可少变其操履，亦不可露其锋芒！

解读

一个具有高深才德而又淡泊名利的人，一定会遭受那些热衷名利的人怀疑；一个言行谨慎处处检点的真君子，往往会遭受那些邪恶放纵、无所忌惮的小人嫉妒。所以一个有才学而又有修养的君子，如不幸处在这种既被怀疑又遭忌恨的恶劣环境中，固然可以不改变自己的操守和志向，但也绝对不可以过分表现自己的才华和节操。

中国亦有古话：道不同不相为谋。所以，"澹泊之士必为浓艳者所疑；检饰之人多为放肆者所忌"，这也是很自然的。古人强调说，当一个人遇到这种情况，不应怀疑自己，因为这是根本原则。当然，也不能无视现实，只顾自己锋芒毕露。正确的做法就是作适当的收敛，这不仅是一种方便的法门，更是一种保护自己的策略。

古人的总结对于当今的人们而言，也不失为一种明智的处世之道。一个人有时如果在团体中表现得太杰出，而且光环都在自己身上的时候，恐怕很难不遭人嫉妒。最好的调节办法就是正确地认识到这些，不要丧失了理智，经常将心比心地去思考别人的内心想法，去理解别人的做法，放宽自己的心胸。

常言道："树大招风"。具有才德的人如果置身于容易招忌的恶劣环境之中，最好懂得掩饰自己的才华，不要锋芒太露。只是很多人不明白这种道理，尤其急于一展抱负的人往往力求表现，竭尽所能地展露才华，结果反而招致团体中其他成员的排挤，更有忌恨者千方百计展开攻势，甚至不惜造谣中伤。

事实上，人的才能有高下之分，而嫉妒也是人类社会普遍存在的现象。

所以，一个想要成功的人应该谨记锋芒不露的道理。

汉高祖刘邦就是这样的一个人。秦亡之际，楚汉相争。项羽有勇无谋，不听范增之言，满足于西楚霸王的虚名，马放南山，刀枪入库，嬉虞姬而失天下。而刘邦却重用萧何、韩信，深谋远虑，不露锋芒，退避汉中，休养生息，积蓄力量。后明修栈道，暗度陈仓，奇兵出川，短短三年，就灭项羽于垓下，最终创建了大汉帝国，传世四百余年。

君子与小人

君子淡泊名利，行为检点，却招来许多人的指指点点。

小人偷奸耍滑，却能到处逢圆。

刘邦称帝

刘邦能称帝创汉，除了自己能彻悟韬光养晦要义外，就是他的知人善用了。他与群臣在洛阳南宫聚宴，说出了自己能得天下的原因。他说："运筹帷幄之中，决胜千里之外，我不如张良；管理国家，供应军需，我不如萧何；率领千万将士，百战百胜，我不如韩信。但是，这三个杰出人才，我能任用他们，就得了天下；项羽仅有一个范增，却不能任用，最终败在我手下。"所以说，知人善用是刘邦的过人之处。

张良　韩信　萧何

第壹辑　处世篇

救命法宝 藏巧于拙，寓清于浊

[原文]

藏巧于拙，用晦而明，寓清于浊，以屈为伸，真涉世之一壶、藏身之三窟也。

解读

一个人宁可装得笨拙一点也不要自作聪明，宁可用谦虚来收敛自己也不能锋芒太露，宁可随和一点也不要自命清高，宁可后退一点也不能太积极前进，这才是真正安身立命、高枕无忧的处世法宝。

藏巧于拙，寓清于浊，是我国传统处世哲学中的精髓。源于道家《老子》中的"大成若缺，大直若屈，大巧若拙，大辩若讷"，可道出"大道无形，大音稀声"等。其特点是冷静、理智、晦暗藏拙，以退备进，以养备攻。

实践中，特别是在强大的对手高压下，在面临危机的时候，采取藏巧于拙、装糊涂、扮作"诚实"的样子，往往可以避灾逃祸，转危为安。即使面临险境，或遇到突发事件而装傻看呆，也要比临危不惧和视死如归的壮烈要明智得多。留得青山在，不怕没柴烧，以拙诚与对手周旋，确实不失为一种高明之术。

《三国演义》中的"曹操煮酒论英雄"说的就是这个道理。当时刘备落难投靠曹操，曹操很真诚地接待了刘备。刘备为防曹操谋害，就在后花园种菜，亲自浇灌，以此迷惑曹操放松对自己的注意。一日，曹操约刘备入府饮酒，议起谁为世之英雄。刘备点遍袁术、袁绍、刘表、孙策、张绣、张鲁，但均被曹操一一贬低。曹操指出英雄的标准——"胸怀大志，腹有良谋，有包藏宇宙之机、吞吐天地之志。"刘备便问谁能担当。曹操说，"天下英雄惟使君与我。"刘备本以韬晦之计栖身许都，被曹操点破是英雄后，竟吓得把匙箸丢落在地下。恰好当时大雨将至，雷声大作，刘备便从容俯拾匙箸回答说：一震之威，乃至于此。曹操问：雷乃天地阴阳击搏之声，你为何惊怕？刘备说他从小就害怕雷声，一听见雷声只恨无处躲藏。自此曹操认为刘备胸无大志，必不能成气候，也就未把他放在心上。如此，刘备才巧妙地将自己的惶乱掩饰过去，从而也避免了一场劫难。

所以，古贤门的"藏巧于拙，寓清于浊"，就是在告诫我们，在人性丛林里，社会是纷繁复杂的，人与人之间的关系错综复杂。如果不能够小心谨慎为人处世，就有可能给自己带来麻烦。更不要耍小聪明，自以为自己比别人高明，甚

至为人狂妄自大、自以为是，招致别人的轻视和怨恨，最终给自己的事业和人生造成不可想象的障碍。

狡兔有三窟

生活中，那些明智的人，往往善于运用自己的智慧，把自己的才华和聪明才智适时隐藏不露，令别人无法知道他们的真实学问和本领，这样既掩盖了自己的真实本质，而且也不至于招致别人的嫉妒，甚至遭到别人的恶意攻击。

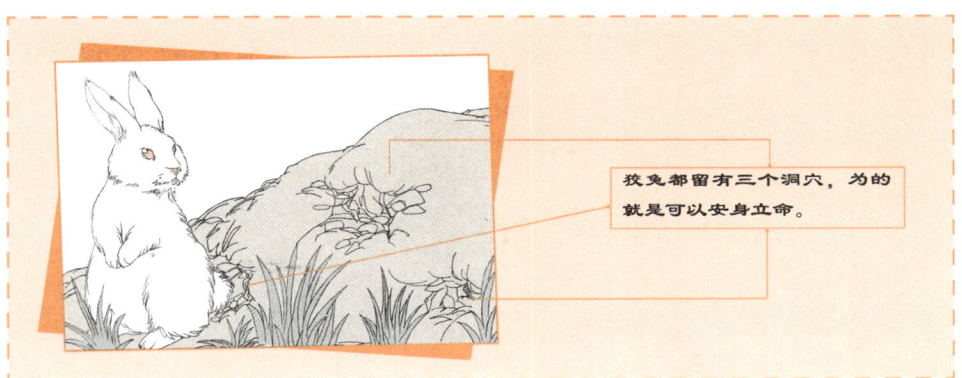

狡兔都留有三个洞穴，为的就是可以安身立命。

曹操煮酒论英雄

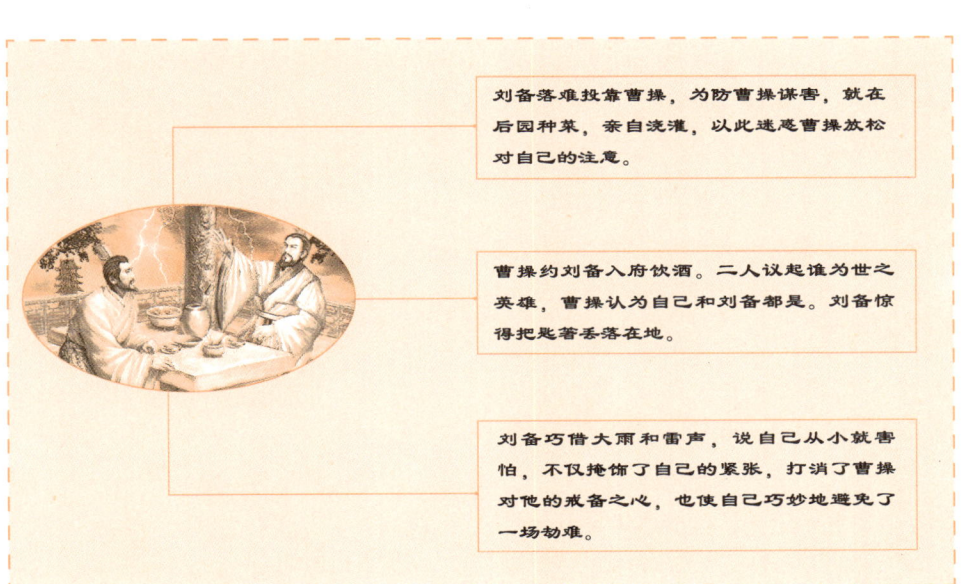

刘备落难投靠曹操，为防曹操谋害，就在后园种菜，亲自浇灌，以此迷惑曹操放松对自己的注意。

曹操约刘备入府饮酒。二人议起谁为世之英雄，曹操认为自己和刘备都是。刘备惊得把匙箸丢落在地。

刘备巧借大雨和雷声，说自己从小就害怕，不仅掩饰了自己的紧张，打消了曹操对他的戒备之心，也使自己巧妙地避免了一场劫难。

超脱 身陷事中,心超物外

[原文]

波浪兼天,舟中不知惧,而舟外者寒心;猖狂骂座,席上不知警,而席外者咋舌,故君子虽在事中,心要超事外也。

解读

原文的意思是说:当波浪滔天时,坐在船中的人并不知道害怕,站在船外的人却吓得胆破心寒;当酒宴中有人酒醉而谩骂在座的人时,同席的人并不知道警醒,站在席外的人却目瞪口呆。所以一个有才德的君子,即使被某件事卷入其中,心智也要抱着超然事外的态度。

古人的经验表明,身在事中,心超事外,是人生的至高境界,能够做到这一点,不仅可以少事息愤,而且能冷静客观地对待身边的人和事。

当然,至高境界是很难达到的。只要是人处于其中就会在事物中思考,产生感情并沉浸其中。真能脱身出来客观地看待一切,好像只有大圣人或大智慧者才能达到。不过,一般人努力去体会这个道理总是会有收获的。

中国的琴史传奇中有这样一个典故:成连教伯牙学琴三年后,对伯牙说只能传授弹琴的技巧,若要把琴真正弹好,须再请他的老师方子春来教。于是他把伯牙带到蓬莱山上,让他在此好好练琴,自己去请方子春。伯牙一人留在荒寂的海岛,海哮风涛,风云变幻,使伯牙顿悟,原来成连老师在教自己"移情"。此虽仅属传奇,却也使人看出,早在两千多年前,中国的智者们就已经充分领悟了"身陷事中,必超物外"的深厚哲学思想了。

而生活中的很多细节也是如此。如人的失误有很多都是在不冷静、头脑发热之下冲动造成的。其实在头脑冲动的时候,先冷静一分钟别行动,跳出身外客观地思考一下,就会冷静很多,然后再处理就会圆满许多。如同苏轼有诗说道:"不识庐山真面目,只缘身在此山中。"用现在的话说,身处某种环境中的人,视野往往会被眼前的景象迷惑住,就容易被局势所左右,失去冷静思考的空间,从而不能作出很好的判断。

人生的旅程就如同驾船远航,只有自己做个聪明的舵手,才能在航行中一帆风顺,进而到达我们心中的彼岸。因而在人生的旅程中,我们必须时刻保持冷静,让自己有超然事外的心胸,这样无论发生了什么事,也都能轻松顺畅地处理了。

风雨行船

身在事中，心超事外，是人生的至高境界。能够做到这一点，不仅可以少事息愤，而且能冷静客观地对待身边的人和事。

当大船在波浪中穿行，外面风雨交加之际，船中人并没有什么感觉，而岸上的人看起来却惊恐不已。

伯牙学琴

人处于事物之中就会在事物中思考，真能脱身出来客观地看待一切，好像只有大圣人或大智慧者才能达到。

伯牙学琴三年后，被成连带到蓬莱山上，并告诉他若要把琴真正弹好，须再请他的老师方子春来教。于是他让伯牙在此好好练琴，自己去请方子春。

伯牙一人留在荒寂的海岛，海啸风涛，风云变幻，一时顿悟，原来成连老师在教自己"移情"。

第壹辑 处世篇

辨析 恶不可即就，善不可即亲

[原文]

闻恶不可就恶，恐为谗夫泄怒；闻善不可即亲，恐为奸人进身。

解读

原文是说：听到别人有了过错，千万不要立刻就起了憎恶的心理，因为可能是颠倒是非的小人为了宣泄心中不满而捏造出来的；听到某人做了善事，也不要立刻就去亲近他，恐怕是奸佞之徒为了进身所制造出来的。

这是古人教导后人，做人应该以理智处世，才能避免因一时不察而成为居心不良者利用的工具。

生活中，人通常在听到别人犯了错的时候，都会表现出看不起或憎恶的神情；而听到某人做了好事或有善行的时候，就会产生认同感，甚至要亲近此人的念头。但在未能进一步了解内情，作客观判断之前，就立即做出闻恶厌憎、闻喜即亲的反应，往往会使当事人受冤而遭受极大的痛苦，或让小人得逞心机。

战国时，孔子的孙子子思对卫国的国君推荐苟变，认为他"是位可率领五百辆战车出征的奇才"。卫君却说，他知道此人可以当将军，但是他在当收税官时，利用工作之便吃了别人两只蛋，所以就没有重用他。子思便开导卫君，认为圣人选拔官吏，就如同木匠选用木材，应当取其长，弃其短。当前正处于战争形势下，在提拔武将时，却因为两只鸡蛋而抛弃干城之将，这是不可以让别的国家知道的。卫君听后再三感谢地讲："一定遵从您的劝告。"

而孔子也在论语中说：听到别人说一个人坏，一定要实际考察他；听到一个人好，也一定要实际考察他。荀子也说，要是听到臣下说什么就听信，而不去实际考察，社会就会混乱。这给了我们重要的启示：只有对别人说的话保持慎重的态度，重要的是实际考察，才能避免误会别人和受人利用；对于一个处于领导位置的人来说，这一点尤其要谨慎！

所以正确的做法就是，听到某人有过错或做了坏事，不可马上信以为真而起厌恶之心，必须经过自己一番冷静地观察，以判断进言者是否有诬陷泄愤的意图；同样的道理，当听到某人有善行做了好事，也不要立刻就相信而去亲近他，也必须经过一番冷静观察，以免引狼入室，让那些奸人的手段得逞。

事实上，小人的本领就是善于钻营，这是古今通例。如果听到有人犯错，就

马上表示厌恶；遇到有人行善，就即刻去亲近，都会给小人借题发挥，或借机攀附的机会。

在如今的现实情境当中，高风亮节的人也总会受到别人诋毁；而一个到处结交朋党、实际德行并不高的人，却又常会赢得众人称赞。这时就更应该考察当事者的实际情况再做判断，而不是根据别人的传言去做判断了。

听传言更得看事实

当听到一种传言就即刻做出相应表示的话，这个传言也许就是一位小人说的。只有对别人说的话保持慎重的态度，重要的是实际考察，才能免得误会别人和受人利用。

子思劝卫君

苟变"是位可率领五百辆战车出征的奇才"。

卫君：此人可以当将军，但他在当收税官时，利用工作之便吃了别人两只蛋，所以没有重用他。

子思开导卫国国君，认为圣人选拔官吏，就如同木匠选用木材，应当取其长，弃其短。当前处在战争形势下，在提拔武将时，却因为两只鸡蛋而抛弃干城之将，这是不可以让别的国家知道的。

包容 清浊并包，善恶兼容

[原文]

持身不可太皎洁，一切污辱垢秽要茹纳得；与人不可太分明，一切善恶贤愚要包容得。

解读

原文之意：立身处世不可太自命清高，对于一切羞辱、委屈、脏污，都要适应并能容忍得下；与人相处不可善恶分得太清，不管是好人、坏人、聪明人、愚笨的人，都要习惯以至包容。

古人强调，做人要有雅量，心胸开阔之人能容纳一切荣辱冷暖，这样的人大可治国经世，小则安身立命；而心胸狭窄之人，无论在安邦定国，还是在个人发展上，都不可能成大器。

李斯《谏逐客书》中有语："泰山不让土壤，故能成其大；河海不择细流，故能就其深；王者不却众庶，故能明其德。"这也说明了"清浊并包，善恶兼容"的道理。何况"人清无友，水清无鱼"，每个人都有缺点也有优点，只要会运用，都可作为我们的借鉴。所以孔子才说：三人行必有我师焉，择其善者而从之，其不善者而改之。

生活中，小心眼的人会遭到别人的排斥，大方宽容的人则总会得到别人的尊敬。而那些持身太皎洁、与人太分明，只顾自己做谦谦君子，却对别人斤斤计较的人，不但不会得到别人的尊重，还会因为自己的心胸狭窄而郁郁寡欢。这就像园子里只开着一种花，景致并不会有多美；而当各种各样的花都开在园子里时，百花才能争艳的道理一样。

所以，做人如果过于要求完美，在个性上其实已经是不完美的了，况且太完美往往也是不真实的。如同世界上没有两片完全相同的叶子一样，找到两个完全相同的人就更不可能了。

如同孔子所说：君子成全别人的好事，不助成别人的坏事。小人恰恰与此相反，他们不愿成全人，却会忌妒人。不愿道人之善、成人之美，却生就一双鳝鱼眼睛、一副鸡肠小肚，挑剔人，说道人，嫉妒人，压制人，这样的人就像一个锥子，对群体的危害是很大的。而那些不说人之过，不矜己之能，能帮助人，成全人的人，就像一块平整方正的大石头，砌在哪里，都能使整个建筑稳固平实。明

白了这一点，也就明白了孔子为什么以"成人之美与否"来区分君子和小人了。

百花才能争艳

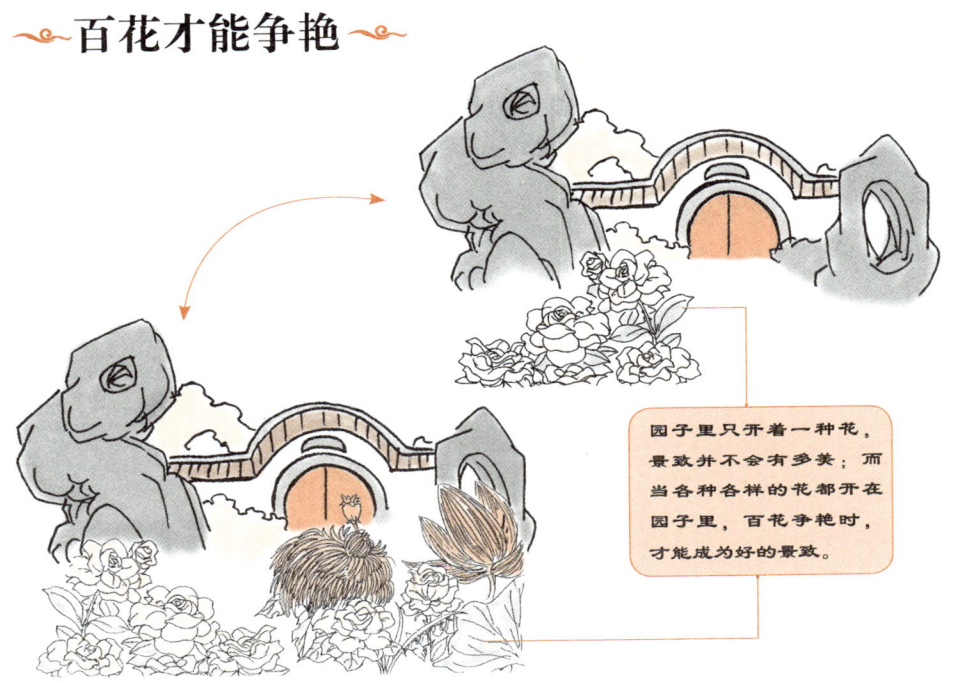

园子里只开着一种花，景致并不会有多美；而当各种各样的花都开在园子里，百花争艳时，才能成为好的景致。

三人行必有我师焉

人与人有别，各自为一个体；但人与人又不能不彼此相联相通，结成一个整体。凡欲成大事者，必先让自己炼得"清浊并包，善恶兼容"的胸襟才行。

孔子说：三人行必有我师焉，择其善者而从之，其不善者而改之。

是非 宁为小人所毁，勿为君子所容

[原文]

宁为小人所忌毁，毋为小人所媚悦；宁为君子所责备，毋为君子所包容。

解读

原文强调：做人做事宁可遭受小人的猜忌和毁谤，也不要被小人的甜言蜜语迷惑；做人做事宁可遭受君子的责备和训斥，也不要被君子的宽宏雅量所包容。

古人认为，被人赞美是非常令人愉快的事，但要看是什么人的赞美；被人批评是十分让人沮丧的事，但也要看是什么人的批评。小人的赞美是色彩斑斓的毒蘑，一旦吃到嘴里就会腐蚀你的身心；恶人的攻击是最好的赞扬，它证明你大公无私，是他们的敌人。而君子责备你，是因为他认为你是个有用之人，对你期望很高；而当他对你展现出包容时，也就不会对你有任何要求和责难了，因为在他们看来你能如此已经很不错了。

其实，在现实生活中，甜言蜜语的人往往是会有所求的，爱扯是非的人则是口是非心的小人。教训就是，面对小人的媚悦，他们的企图能否得逞，就要看自己的道行了。而面对君子的责难，能否做到坦然接受，也要看自己的德行。

《论语·子路》中有这样一个记载：子贡问孔子，如果整个乡里的人都喜欢的人，你觉得这人怎么样？孔子回答说：还不行。子贡又问：那如果乡里的人都厌恶讨厌他，这人又怎么样呢？孔子回答说：也不行，最好的人是整个乡里的好人都喜欢他，而乡里的恶人都憎恨讨厌他。

生活中，我们一般人听到赞美都会高兴，而听到批评都会不开心，这其实是正常地反应。可如果听到了正确的批评不生气，不反感，而是听进心里去；听见夸奖不飘飘然，而是正确地考虑人家为什么夸奖，用平和的心态面对，则是对自己提出了一个很高要求。能这么做的人，会视这种反应为鞭策，时刻反省那些君子朋友和小人朋友都是怎么评价自己的，对自己保持清醒的认识，并及时调整自己努力的方向。所以，对那些诚心交流情感，直率说出你不足的人，可视为正人君子。

需要记住的是，当真心的朋友对你连批评都没有了的时候，表明人家对你是真的失望了；而当你为小人所谄媚而不是诋毁的时候，也说明你已处在了危险的边缘了。

如同我们俗话所说："良药苦口利于病，忠言逆耳利于行"。

批评与赞美

听到了正确的批评不生气,听见夸奖不飘飘然,是对自己提出了一个高要求。

做人做事宁可遭受小人的猜忌和毁谤,也不要被小人的甜言蜜语迷惑。

做人做事宁可遭受君子的责备和训斥,也不要被君子的宽宏雅量所包容。

第壹辑 处世篇

最好的人

最好的人是整个乡里的好人都喜欢他,乡里的恶人都憎恨讨厌他。

子贡问孔子:如果整个乡里的人都喜欢的人,你觉得这人怎么样?孔子回答说:还不行。子贡又问:那如果乡里的人都厌恶讨厌他,这人又怎么样呢?孔子回答说:也不行。最好的人是整个乡里的好人都喜欢他,而乡里的恶人都憎恨讨厌他。

守心门 守口须密，防意须严

[原文]

口乃心之门，守口不密，泄尽真机；意乃心之足，防意不严，走尽邪蹊。

解读

原文所说：口是心灵的大门，假如大门防守不严，内中机密就会全部泄露；意志是心的双脚，假如意志不坚定，人就会走入不正当的邪路。

俗话说，"病从口入，祸从口出"。世界上很多事情都隐藏着机密，做不到守口如瓶，就难免招惹是非；而自己个人心底的秘密，也不要轻易向他人提起，坦白、直率，反而会使你和他人陷入尴尬，给大家的生活造成困扰。

生活中，"病从口入，祸从口出"这句话到什么时候都是不无道理的。当然，这并不是说畏惧什么不敢去说话，而是注意要适时地说，更要知道有些话该如何去说。即使在现代的人际交往中，也依然在提倡"到什么山上唱什么歌"，这其实也是要求有些话是要分人、分事、分地点、分时间才能说的。这不仅是想要说话的效果，更是人际交往中必须注意的语言艺术。

一次，子路问孔子：鲁国大夫在父母死后二十七个月的服丧期间睡在床上，这合乎礼吗？孔子说不知道。子路出来后告诉子贡说，原以为先生是无所不知的，可先生也还是有一些不知道的事理！子贡就问子路问了些什么。子路说：我问鲁国大夫在服丧期间睡床合不合乎礼，先生却说不知道。随后，子贡又去问孔子：服丧睡床，合乎礼吗？孔子这回说不合乎礼。于是，子贡出来告诉子路，先生乃博学之人，你问得不对。按照礼的规定，住在大夫所管的地方，不要说大夫的不是。

由此可见，语言使用不当，会云遮雾障，山重水复；而语言使用的正确，则会云开日出，柳暗花明。

至于"意乃心之足"，这一层的意思，强调了一个明显的道理：心中有"马"是很容易躁动的，而意念则是带它驰骋的千里足。如果人的意志不坚定，就非常容易受到外界的诱惑，从而迷失于内，久而久之，人就会误入歧途，偏离他本来正确的轨道。而当失去了正确的人生航向，人也就不可能及时到达人生的彼岸了。

因此，守口如瓶与防意谨严都是古人所强调的处世必修课。

口乃心之门，意乃心之足

守口如瓶与防意谨严都是古人所强调的处世必修课。

孔子说"合礼"

语言使用不当，会云遮雾障，山重水复；而语言使用的正确，则会云开日出，柳暗花明了。

世俗之阱　非分收获，陷溺根源

[原文]

非分之福，无故之获，非造物之钓饵，即人世之机阱。此处着眼不高，鲜不堕彼术中矣。

解读

原文强调：不是自己理应享有的福气，无缘无故得到的意外之财，即使不是上天故意来诱惑你的诱饵，也必定是人间歹徒用来诈骗你的机关陷阱。而为人处世如果不在这些地方睁大眼睛，人就会落入小人所设置的圈套之中。

如同俗话所说，"天上不会掉馅饼"，掉下来的只会是个陷阱一样。古人也进一步总结了"不是自己的东西不要奢望，面对意外收获更需要三思"的道理。

通常情况下，设陷者都深谙"欲取之，先予之"的道理，先给你点甜头，接下来便是毒药了。即使是偶尔获得的意外惊喜，也往往会给自己的生活埋下某种祸根。

周宣帝皇后是杨坚的女儿，宣帝使杨坚任上柱国、大司马等重要官职，地位显赫。宇文氏家族的成员对杨坚的猜忌很大，谋害杨坚的阴谋一个一个接踵而来。后来，宣帝本人对杨坚也产生了疑忌之心。大象三年，宣帝因荒淫过度而死，他九岁儿子宇文衍即位，杨坚入朝主政。宣帝的弟弟汉王宇文赞早就想当皇帝，上朝听政时常与杨坚同帐而坐，杨坚对此非常恼火。杨坚知道宇文赞是个酒色之徒，就选了几个漂亮的姑娘送给宇文赞，宇文赞满心欢喜地接受了，而他的权力欲望也从此减退了。他不仅搬回了王府，还天天与美女娱乐玩耍，不问政事。这样，杨坚终于在公元581年7月14日称帝，建立了隋朝。而宇文赞也由于一时之贪，即使有点刚毅之气也化为了乌有，只能任行贿者摆布，落得个可怜的下场。

其实，"人为财死，鸟为食亡"，"天欲祸之，必先福之"，"吃人的嘴短，拿人的手软"等等，都说明了"非分之收获，陷溺之根源"的道理。而在现实生活中，那些诈骗者之所以能诈得人钱财，也正是利用了人们贪图非分之财的弱点，这跟鸟鱼贪图意外食物而上钩完全相同。

所以，生活中为人处世应有些固定的原则，表现出自己的道德水准。非分之想不可有，不义之财不可取，非我之物不动心。而要想清名于世，安然于世，就更须做到非我之财不要，明白"非分收获，陷溺根源"的道理。

人生的陷阱

俗话说："天上不会掉馅饼"，掉下来的只会是个陷阱。古人总结说："不是自己的东西不要奢望，面对意外收获更需要三思。"

意外之财，非分之福都如同一个陷阱，人如果贪心犯了，必然会掉入陷阱之中。

人的一切幸福建立在自身的努力之上，只有自己双手的劳动所得，才拿得牢放得稳，用得也安心。

杨坚赠美

杨坚为了夺取帝位，利用宇文赟好酒色的特性，选了几个漂亮的姑娘送给他。

从此，宇文赟天天与美女娱乐玩耍，不问政事。

杨坚终于在公元581年7月14日称帝，建立了隋朝。而宇文赟也由于一时之贪，落得个可怜的下场。

第壹辑 处世篇

冷静 须冷眼观物，勿轻动刚肠

[原文]

君子宜净拭冷眼，慎勿轻动刚肠。

解读

原文所说：一个有才学品德的君子，不论遇到什么事情，都应该注意保持冷静态度细心观察，千万不可以随便表现自己刚直的性格，以免坏事。

古往今来，智慧的人随时都能擦亮双眼，看透事物的因果，以冷静的态度来处理棘手的问题；而刚直的人则喜欢直来直去，遇事容易头脑发热，冲动之下往往会失去理智，最终损人害己。当然，人在受到侵犯时确实较难做到冷静。此时如果眼易红、头易热，看问题就很容易出现偏差，思想就容易偏激，从轻动刚肠到大动干戈，最后的局面也就往往不可收拾了。

古人已经总结出，"过刚必折"并不是刚的错误，而是世道本弯，有时不得不委蛇而行的道理。其实这也是人生的无奈。

生活中，正派人一般都待人热诚，所谓古道热肠；遇事正直，所谓胸怀坦荡。但为人处事就必须讲究方法。待人热诚、一幅刚肠固然是对的，但热情过度，常常会造成主观愿望与客观效果的相悖。因为太过热情，有时也可招致别人的怨尤；而因一时的热情而轻举妄动，或许还会铸成大错。遇事坦诚直率也当然没错，但也要看对象能否接受，不能认为自己直率是优点，伤了人就一定可以获得别人的谅解。有时直率的出发点虽好，办事的设想也可行，但很可能由于性格不合而难以成事。还有一点需要注意，坦诚直率往往也伴随着教化、固执、生硬，这与净拭冷眼的办事原则似有不符。

日本古时候有一个武士叫镰仓权五郎，他作了源义家军队中的先锋，在战场上冲锋时，被敌人的箭射中眼目，却一点都不怯懦。他没有取下箭矢，就奋勇把敌人射死，然后倒在草地上。他的同僚将官三蒲为继走到他的身边，想设法由眼睛里拔除箭镞，以脚踏权五郎的脸。这时候权五郎忽然跳起来要杀为继，为继吃惊地躲开，问他什么缘故？权五郎回应说：武士死于战场是常有的事，但生平还没有人敢用脚踏着我的脸，我认为这是莫大的耻辱。为继领悟了他的语意，深深谢罪，然后跪在地上，将箭由权五郎的眼中取了出来。如此，君子应以铁石心肠、冷静头脑来担当大事，才不至于有失中正。

当然，"净拭冷眼、勿动刚肠"并非一朝一夕之功，需要在生活的长久磨砺中逐渐培养。

过刚必折

世事纷纭、人情难辨，所以说话行动之前，务必三思。这就要求，在日常生活、为人处世时要讲究方法，坦诚待人但不热情过度，尽力做到自然的坦诚、客观的态度，让主观愿望与客观效果尽量相近。

正派人一向都待人热诚，遇事正直，胸怀坦荡。但生活中为人处事，还得讲究方法才行。

古人早已经总结出，过刚必折，并不是刚的错误，而是世道本弯，有时不得不委蛇而行的道理。其实这也是人生的无奈。

为人处事太过热情往往会过于主观，可能会招致别人怨尤；因一时的热情而轻举妄动，或许还会铸成大错。

为人处事就必须讲究方法。待人热诚、一幅刚肠当然是对的，但热情过度，也往往会导致主观愿望与客观效果相悖。

奉献 舍己毋处疑，施恩勿望报

[原文]

舍己毋处其疑，处其疑即所舍之志多愧矣；施人毋责其报，责其报并所施之心俱非矣。

解读

与原文对应的说法就是，假如一个人在关键时刻需要做自我牺牲，就不应存有计较利害得失的观念，有了这种观念就会对自己要做的这种牺牲感到犹豫不决，就会使一个人的牺牲气节蒙羞；而一个人想要施恩惠给他人，就不要希望能得到人家的回报，假如一定要求对方感恩回报，那么原来要帮助人的一番好心也会变质而面目全非了。

自古以来，舍己为人和乐善好施都是中国推崇的美德。原文则进一步强调了，如果在这种美德中添加了私心的成分，其意味就会完全变质，甚至是在表白一个人是多么的自私了。用现在的话说就是，人世间真正的奉献精神，是不计较个人得失的；斤斤计较的善举，只能是做作的、矫揉的、打了折扣的。

如同在我们的生活中，如果一个人为他人做了一件好事，逢人便说，遇人就讲，即使他不是为了说才去做的，其结果也只会被人误会自己的善举，而真正用心也就会被人怀疑了。

其实，古人们也一直在强调，当一个人为别人做了一件好事时，客观上是帮助了别人，主观上却也是帮助了自己。也就是说，这件好事既是为别人做的，也是为自己做的，做好事的人是在为自己积累善举。所以，当一个人有了这样的想法，他就会看重自己所拥有的，看轻自己所没有的。有了这样的胸怀和气度，一个人才会不宠、不惊、不骄、不躁、不怨、不怒，去追求自己所没有的，也会正确看待自己所追求的。

进一步地说，恩与怨是互相联系，互相转化的。施恩望报，恩会转化为怨；施恩不当，恩也可以转化为怨。因此古人主张，在待人处世时，一方面要正确处理施恩与受恩的问题，另一方面要正确对待别人的怨恨，做好释怨的工作，以便化怨为恩，化消极因素为积极因素。

历史上的齐桓公重用管仲，可算是以直报怨的范例。齐襄公死后，两个异母兄弟公子纠和公子小白分别从鲁国和莒国回齐国争夺王位。管仲是辅佐公子纠

的。在回齐国途中曾箭射公子小白,试图为公子纠铲除竞争对手。但公子小白并没有死,抢先回到齐国都城临淄并夺取了王位,即历史上著名的齐桓公。结果公子纠被杀,管仲被囚,送回齐国。齐桓公本来对管仲有刻骨之恨,想杀死他,后来齐桓公听了鲍叔的劝告,不但没有杀管仲,还亲自出城迎接,任命他为相。最终,齐桓公九合诸侯,一匡天下,成为春秋时代的第一位霸主。这和他不记一箭之仇、重用有治国之才的管仲是分不开的。

人间美德

舍己为人和乐善好施都是人间的美德。如果在这美德中添加了私心的成分,其意味就会完全变质,甚至就如在表白一个人是多么的自私了。

齐桓公重用管仲

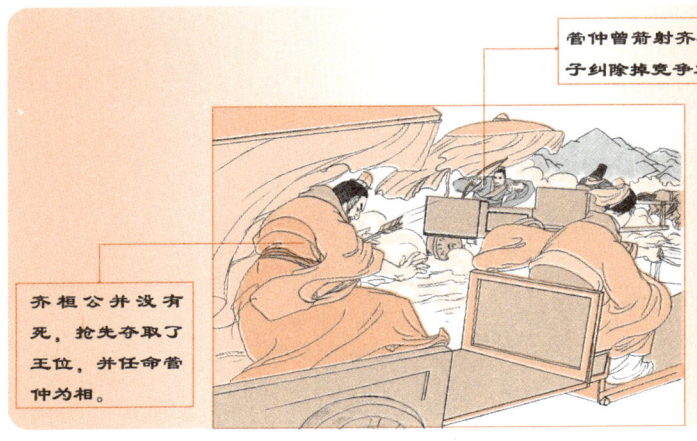

管仲曾箭射齐桓公,想替公子纠除掉竞争对手。

齐桓公并没有死,抢先夺取了王位,并任命管仲为相。

齐桓公本来对管仲有刻骨之恨,想杀死他,后来齐桓公听了鲍叔的劝告,不但没有杀管仲,还亲自出城迎接,任命他为相。最终,齐桓公九合诸侯,一匡天下,成为春秋时代的第一位霸主。

第壹辑 处世篇

名利 隐无荣辱，道无炎凉

[原文]

隐逸林中无荣辱，道义路上无炎凉。

解读

原文所说：一个退隐林泉之中与世隔绝的人，对于红尘世俗的一切是非完全都忘怀而不存荣辱之别；一个讲求仁义道德而心存济世救民的人，对于世俗的贫贱富贵、人情世故都看得很淡而无厚此薄彼之分。

换句话说，隐者无名，正因为他们不争名，才能抛开世间荣辱，落得一身轻松；而义士无利，正因为他们不争利，才能忘却世态炎凉，换来两袖清风。

历史上道家提倡出世，故隐者之所以无荣辱之感，原因在于他们已经完全摆脱了世俗的是非观念，世俗之人所谓的荣辱，在他们看来不过如镜花水月。

历史上有这样的记载：徐无鬼靠女商的引荐得见魏武侯，武侯慰问他说：先生一定是极度困惫了！为隐居山林的劳累所困苦，所以方才肯前来会见我。可徐无鬼却回应说：我是来慰问你的，你对于我有什么慰问！你想要满足嗜好和欲望，增多喜好和憎恶，那性命攸关的心灵就会弄得疲惫不堪；你想要废弃嗜好和欲望，退却喜好和憎恶，那么耳目的享用就会困顿乏厄。我正打算来慰问你，你对于我有什么可慰问的！武侯听了怅然若失，不能应答。

而历史上的儒家则提倡入世，故在道义路上就要恩怨分明，提倡"人我两忘，恩怨看空"。孔子就曾说过：何以报德，以直报怨，以德报德。正因为儒家讲的是世间作为，所以凡事都权衡轻重，而且处处以中庸之道为准。

虽然上述两种观点导致了对问题的不同看法，但在我国传统思想中，以上两种观念又往往融为一体，既提倡出世不计恩怨，又提倡在入世中行道义不计荣辱，故无所谓炎凉。

所以，根据中国人儒道合一的传统，也不难看出它是教人们用一颗隐逸之心去面对人生路上的冷暖无常，达到一种"既无荣辱，何来炎凉"的心境；也只有存道义之心、无荣辱之感，一个人才能成为情感高尚的人。

儒道合一

在我国传统思想中,儒道两种观念往往融为一体,既提倡出世不计恩怨,又提倡在入世中行道义不计荣辱,故无所谓炎凉。根据中国人儒道合一的传统,不难看出,古人们追求"既无荣辱,何来炎凉"的心境;也只有存道义之心、无荣辱之感,一个人才能成为情感高尚的人。

历史上道家提倡出世,故隐者之所以无荣辱之感,原因在于他们已经完全摆脱了世俗的是非观念,世俗之人所谓的荣辱,在他们看来不过如镜花水月。如庄子宁愿隐逸在山林中,也不愿受邀为丞相。

历史上的儒家则提倡入世,故在道义路上就要恩怨分明,提倡"人我两忘,恩怨看空"。如孔子就说:何以报德,以直报怨,以德报德。正因为儒家讲的是世间作为,所以凡事都权衡轻重,而且处处以中庸之道为准。如孔子奔波在世上,虽未获得什么爵位和成功,但仍然不后悔。

不争 过归己任，功让他人

[原文]

当与人同过，不当与人同功，同功则相忌；可与人共患难，不可与人共安乐，安乐则相仇。

解读

原文所说：应当有与人共同承担过失的雅量，不可有和人共享功劳的念头，因为共享功劳彼此间就会互相猜忌；可以有与人共患难的胸怀，不要有和人共安乐的贪心，因为共享安乐之中彼此容易互相仇视。

古人认为，明智的人与人分担过错，却不与人争功。因为他们明白"同功则相忌"、"安乐则相仇"的道理。所以，古人一直强调有难同当、有福礼让、推功及人、明哲保身的做法是高明的，既能流芳千古，又得逍遥自在。相反，就会祸及其身、大难临头了。

在封建专制社会里，同过不能同功，最能反映在帝王和开国元勋们之间。纵观历史，凡是能够得享天年的，都是那些及早抽身、急流勇退之人，如春秋时越国的范蠡。而功高震主又不懂得避嫌的，基本没有好下场，如汉初的韩信。明白此道理，纵然功高盖世，亦不可贪功，不可恋位。

汉朝开国功臣张良和韩信是两种典型的代表。张良足智多谋、运筹帷幄、决胜千里，功劳可谓卓著。可是他并不居功自傲，而是功成身退、称病在家，很少过问朝政，免了刘邦的后顾之忧。而韩信就不那么明智了，自己已经功高震主，却又不肯收敛示弱，成为刘邦的心腹大患。最终，刘邦找个了借口杀了韩信，使得一代英雄落得个不得善终的下场，实在是令人叹惜！

从古到今，能够同享安乐、共受富贵的真是不多，倒是兄弟相煎、君臣猜杀，父子干戈的例子俯拾皆是。尤其是在君臣之间，遵守的是"飞鸟尽，良弓藏；狡兔死，走狗烹"的惯例。所以，史上能像宋太祖那样"杯酒释兵权"的，就可以算是大仁大义了。

所以，古人的智慧强调，待人处世要勿争，争则陷入一种自寻的烦恼之中，不争则是与人相安的一种方式。欲成就一番大事业的人，应先看透这样简单的世俗心理。

如果对应我们的现实生活，虽然社会环境早就天壤有别，但古人的上述智慧，仍有着重要的实践意义。

张良借病不问朝政

明智的人与人分担过错,却不与人争功。因为他们明白"同功则相忌"、"安乐则相仇"的道理。当我们愿与人分担责任时,就能获得别人的好感与信任;当我们不与他人共享成果时,也会与人相安无事,并免去了不必要的烦恼了。

刘邦称帝后,张良并不居功自傲,而是功成身退、称病在家,很少过问朝政,免了刘邦的后顾之忧,自己也相安无事。

韩信功高终招杀身祸

韩信功高震主,但在刘邦称帝后仍不肯收敛示弱,成为刘邦的心腹大患。最终因为自己的不明智,给了刘邦借口被杀,落得个不得善终的下场。

同乐 路要让一步，味须减三分

[原文]

路径窄处，留一步与人行；滋味浓的，减三分让人食。此是涉世一极乐法。

解读

原文所说：在狭窄的小路上行走，要留一点余地让别人走；遇到美味可口的食物，要留出三分让给别人吃。这就是一个人立身处世最安全快乐的方法。

古人认为，人与人之间相处，留一步，让三分，是值得提倡的一种谨慎的为人处事方式。如同中国人自古就提倡的谦让是一种美德一样，反映出了适当的谦让不仅不会招致危险，反而是寻求安宁的有效方法。

与之相对应的说法，则是中国古人强调的"欲速则不达"的道理。也就是说，忍耐是一种策略，更是一种修养；而急躁冒进不仅毫无益处，反而会坏事。没有修养的人才会急不可耐，脾气暴躁，本想成事却会事事无成。真正成就大事业的人，有时挺拔中却带有几分柔韧，在受到重压时能曲而不折。他们内心认真坚持着一贯的道理，但为了不吃亏，也会迁就世俗的要求。所以，这些人往往表现得大智若愚，让人看上去像是不会说话，畏畏缩缩的，但最终目的还是要实现自己的理想。

叔孙通是被秦始皇征召的文学博士。秦二世继位后，陈胜、吴广起义，二世召集当时只剩下的三十余博士们，问有人造反是不是真的。其他博士们早就想向皇帝提意见了，认为正好可以借题发挥，就把天下的乱象说了一遍。唯有叔孙通说，不过是些小毛贼，不足为患。二世听了很高兴，下令让法官追查那些说造反实情的博士们，对叔孙通反倒大大嘉奖。叔孙通回馆后，却赶紧收拾行李遛之大吉。他认为秦王朝没希望了。后来，叔孙通投奔了汉王刘邦，跟随他的弟子有一百多人，但他只捡那些出身强盗的强壮之人加以推荐，弟子们偷偷骂他。叔孙通听后对他们说：汉王现在冒死打天下，你们能打仗吗？现在还用不着我们读书人，你们耐性些，我不会忘记大家的。果然，刘邦建立汉朝后，大臣们议事时没有规矩，没有秩序，场面上一团乱糟，有的甚至拔出剑来砍柱子，刘邦为此很是担忧。叔孙通知道时机到了，就建议刘邦制定礼法。随后，叔孙通用了几个月的时间，把他所规划的"朝班"礼制演习好后，请出汉高祖坐朝。刘邦看到"吾皇万岁万岁万万岁"的朝拜气派时，眉开眼笑，情不自禁地说："我今天才知道做

皇帝的尊贵，也知道了读书人的用处。"高兴之下，他直接任命叔孙通为太常，跟随叔孙通的那些儒生们也都一一得到了赏赐和提拔。

所以，处事上替别人着想一些，处处留有余地，不仅是一种美德，也是安身立命之本。就像我们现在仍然在说的：与人方便，自己方便。

留一步，让三分

古人认为，人与人之间相处，留一步，让三分，是值得提倡的一种谨慎的为人处事方式。适当的谦让不仅不会招致危险，反而是寻求安宁的有效方法。

叔孙通与"班朝"礼制

刘邦建立汉朝后，大臣们议事时没有规矩，场面上一团乱七八糟，刘邦为此很是担忧。

叔孙通知道时机到了，就建议刘邦制定礼法。叔孙通用几个月的时间，把他所规划的"朝班"礼制都演习好后，请出汉高祖坐朝。

刘邦看到"吾皇万岁万岁万万岁"的朝拜气派，眉开眼笑。

谦让 退即是进，与即是得

[原文]

处世让一步为高，退步即进步的张本；待人宽一分是福，利人实利己的根基。

解读

原文所说：为人处世都要有让人一步的态度才算高明，因为让人一步就等于为日后自己进一步做好了准备；而待人接物要以宽厚真诚的态度为福，因为给人家方便是日后给自己留下方便的基础。

中国也有古话说："言不说尽，人不做绝。"说的也是留一分余地的道理。自古以来，如何维系良好人际关系一直都是做人处世的重要课题。古人认为，人与人之间为什么会结下难解的仇怨，很多的情况都是自绝后路造成的，也就是与人产生摩擦时把话说绝、把事做绝了。

其实，人际关系实则是利益关系，为人处世只要懂得谦让容忍、宽大为怀，凡事多为他人设想一些，不着眼于私利，不仅能给自己营造出安逸的生存环境，更能调度从容，储备力量，重整旗鼓，等待进一步的时机。

上古时期，古公亶父和他的部落先是居于邠地，他们不时受到狄人的侵扰。开始时亶父不抵抗，因为亶父的部落很弱小，完全不具备抵抗的条件。所以，他们通过赠物以求和平。但是，如此几次三番，狄人仍然没有停止侵犯，亶父终于明白了狄人的意图。他便召集邠地长老，告诉大家：狄人所要的其实是土地，而土地又是养人之物，不能因为它而使人遭害，大家只好放弃它了。于是亶父将自己的部落迁到歧山，最终不仅保存了下来，而且发展了强大的基业。就此孟子认为，亶父在不得已时采取的暂时规避，正是智者成事之心。

而"将相和"就更是历史上有名的典故了。廉颇是赵国的名将，蔺相如由于在完璧归赵和渑池会上立了功，赵王封蔺相如做了上卿，位置在廉颇之上。廉颇很不服气，扬言说见到蔺相如就一定要羞辱他。蔺相如听后，就一直刻意回避他，甚至假装生病不上朝以免与廉颇同列。面对他人的不解，蔺相如解释说：自己连秦王都不怕，怎么会怕廉将军呢？只是秦国之所以忌惮赵国，就是因为武有廉将军，而文有自己。如果这两个人之间起了争斗，秦国就会趁虚而入。廉颇听说后，十分羞愧，就光着上身，绑上荆条，到蔺相如府上请罪。自此，赵国出现

了将相和睦的大好局面。

所以,"让一步"、"宽一分"的待人处世原则,不仅可以求得自我的精神慰藉,也足以赢得世人的敬重。

人与人间的关系

人际关系实则是利益关系,为人处世只要懂得谦让容忍、宽大为怀,凡事多为他人设想一些,不着眼于私利,不仅能给自己营造出安逸的生存环境,更能调度从容,储备力量,重整旗鼓,等待进一步的时机。

古人认为,人与人之间为什么会结下难解的仇怨,很多的情况都是自绝后路造成的,也就是与人产生摩擦时把话说绝、把事做绝了。

负荆请罪

廉颇和蔺相如同是战国时的赵国大臣。但廉颇很不服气位居蔺相如之下,总想找机会羞辱他,蔺相如则一直刻意回避。

当廉颇听到蔺相如是为了赵国利益而避免两人之间起争斗后,十分羞愧,于是光着上身,绑上荆条,到蔺相如府上请罪。

节度 对小人不恶，待君子有礼

[原文]

待小人不难于严，而难于不恶；待君子不难于恭，而难于有礼。

 解读

原文所说：对待道德品行不端的小人，抱严厉的态度并不困难，困难的是内心不憎恨他们；对待品德高尚的君子，做到敬重并不困难，困难的是做到对他们真正的有礼貌。

孔子也说："君子不以言举人，不以人废言。"就是说，君子不要因为某人的话说得好就推举他，也不要因为某点不好就否定他的一切言论。

古人认为，小人总是有很多过失被人发现，因此一般人都会严词训勉他们，这做起来并不困难。困难的是在于对事不对人，只就他们所做的错事来训诫他们，不要因为讨厌他们的人而训诫他们，用一成不变的眼光看他们。其实人都是可以转化的，我们因为小人做事不好或品德上的不足而憎恨他们，却不去教育，那么小人依然会是小人。

反之，对待君子任何人都会敬重他们，可是如果太谦虚就会流于谄媚，使自己由于过分自卑而处于卑微地位，这就不是应有的礼貌。正确的做法，应使礼貌能合乎节度。

有一年闹饥荒，有个小偷夜间潜入陈实的卧房，躲在房梁上窥伺，被陈实发觉。陈实并不惊动他，而是起身整了整自己的衣服，把儿孙唤到跟前，严肃地训导他们：人不能不知道自勉。那些恶人未必本来就坏，因为沾染了坏习惯，才达到了不知羞耻的地步。房梁上的君子就是这样的人。小偷一听，大吃一惊，慌忙跳下地来叩头请罪。陈实语气缓和地开导他，看模样不像坏人，应该好好改掉自己的恶习，重新做个好人，干这种事大概是由于贫穷所迫罢。他还吩咐家人取出二匹绢，送给了这位表示悔过的梁上君子。这事传开后，周围有劣迹的人感到自愧，盗窃的事逐渐少了。

古人的上述思想对于我们今天的生活来说，其意义依然是鲜明的。

这里不妨借用古人的另一句话：小人固宜远，然断不可显为仇敌；君子固当亲，亦不可曲为附和。用我们今天的话来说，就是对小人不亲近，也不公开结为仇敌，对君子既亲近，又不曲意逢迎。

如何对待"小人"和"君子"

 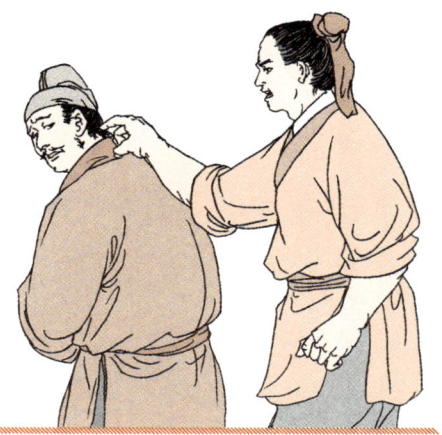

憎恨小人敬重君子,乃是人情之常,但不能因此而过度,因此而忘记人在人格上都是平等的。

小人总是有很多过失被人发现,因此一般人谁都会严词训勉他们。不过,要对事不对人,只就他们所做的错事来训诫他们。如果因为小人做事不好或品德上的不足而憎恨他们,却不去教育,那么小人依然会是小人。

对君子、小人要一分为二,小人也有对的地方,不可一概抹杀;君子也有过失,不要代为掩饰。

对待君子任何人都会敬重他们,可是如果太谦虚就会流于谄媚,使自己由于过分自卑而处于卑微地位。正确的做法,应使礼貌能合乎节度。

思源 恩功当念，怨过宜忘

[原文]

我有功于人不可念，而过则不可不念；人有恩于我不可忘，而怨则不可不忘。

解读

原文是说：自己如果帮助或救助过别人，不要常常挂在嘴上或记在心里，但是假如有对不起别人的地方则一定要经常反省；如果别人曾经对自己有恩，就应常记于心，不可以轻易忘怀，但别人做了对不起自己的事，则不应常记心间。

中国的传统美德要求，做人上对自己忘功不忘过，对他人忘怨不忘恩。如今，类似的成语还依然广泛使用。如"以德报怨"、"滴水之恩，当涌泉相报"等等。

中国古贤历来提倡：做人要懂得饮水思源，为人一生，总会或多或少受到过别人的帮助。而受人点滴恩，应当涌泉相报，不可忘记别人对自己的恩惠。古人还认为，当别人做了什么对不起自己的事时，不要一辈子挂记心中，应及早忘却。

魏信陵君（名无忌）杀了晋鄙（魏国带兵官），击破秦军，解除邯郸被围困的危机，救了赵国之后，赵王亲自出郊迎接。唐雎对信陵君说：他听人说有些事无法得知，但有些事不可不知，有些事不能忘，但有些事不能不忘。信陵君问其何意。唐雎回应说：有人恨自己，自己无法得知，但他恨别人，却不可不知；而别人有恩于自己，就不能忘记，但自己有恩于别人，就不能不忘了。唐雎进一步说：先生杀了晋鄙解除邯郸受困的危机，救了赵国，这是大恩，希望你能忘记对赵国的恩惠。因为心里老是记着对别人的恩德，势必带来恩大仇大；而对别人的怨恨要是不能及时化解，只能给自己带来更多的烦恼。信陵君便听从了他的建议，而后史对此也多有良好评价。

再如，孟尝君被逐之后恢复相位，重回齐国时，谭拾子到边境去迎接。他问孟尝君会不会埋怨齐国的士大夫放逐他而想杀人。孟尝君说"会"。随后，谭拾子通过市场来比方"求生存和避免危亡"的道理，最终打消了孟尝君要报复五百个他所怨恨的人的念头。

对比现今的人们，当两人发生争吵之时，最常听到的就是互相数落对方的不是，或是曾给予对方多少好处等对话。所以，我们真该从古人的处世原则中汲取些相应的启示了。

饮水思源

做人要懂得饮水思源。受人点滴之恩，应当涌泉相报，不可忘记别人对自己的恩惠。

吃水不忘挖井人。

以德报怨

当别人做了什么对不起自己的事时，不要挂在心中，时时拿来提醒自己，应当大度地忘掉才好。

谭拾子劝孟尝君

孟尝君被逐之后，又恢复相位，重回齐国。谭拾子问孟尝君会不会埋怨齐国的士大夫放逐而想杀人。孟尝君说"会"。随后，谭拾子通过人们聚集市场来比方"求生存和避免危亡"的道理，最终打消了孟尝君想要报复五百个他所怨恨的人的念头。

人们一早赶到集市，天黑又都散去，实在是为了生存，避免危亡所致！

第壹辑 处世篇

偏信 毋偏信自任，毋自满嫉人

[原文]

毋偏信而为奸所欺，毋自任而为气所使，毋以己之长而形人之短，毋因己之拙而忌人之能。

解读

原文意在表明：一个人不要误信他人的片面之词，以免被奸诈之徒所欺骗；不要过分自信自己的才干，以免受到一时意气的驱使；不要仰仗自己的长处去对比宣扬人家的短处；尤其不要因为自己的笨拙，就嫉妒他人的聪明才智。

其实，上述训导就是在要求后人树立客观公正的观察问题和处理问题的方法。而中国也有古话说："兼听则明，偏听则暗"，这也是在强调一个人要注意倾听多方面的声音，才能全面了解情况，进而有助于公正地处理事情。同时，古人还强调，有些人因自己有些能力或本领就盲目自信，往往瞧不起不如自己的人，以至目无一切；而这些人又对自己的不足往往喜欢掩饰，甚至以此妒嫉别人的长处。

其实，人有本领、能力强是好事，但如果借此而形成许多恶习，便变成了坏事。一个人如果过于自信就容易偏信一口之言，以此待人便会目中无人，这样意气用事，往往会被人利用。以至于妒人之能，却难以自知。

古人认为，一个修养好的人，往往具备公正、无私、诚恳、同情的品性，而偏袒、自私、欺骗、嫉妒则往往表现在修养较差的人身上。一个人善良的本性一旦被蒙尘，劣性便占了上风。可见，一个人究竟是君子还是小人，其关键完全在于自己的修省磨练。

唐朝建立后，很快就成为当时世界上最兴盛的封建帝国。这一盛世即与当时的君主和贤臣们不偏信自任紧密相关。贞观二年，唐太宗问魏征：君主怎样叫明，怎样叫暗？魏征回应说：兼听则明，偏信则暗。从前帝尧明晰地向下面民众了解情况，所以三苗作恶之事及时掌握；帝舜耳听四面，眼观八方，故共、鲧、驩兜不能蒙蔽他；秦二世偏信赵高，在望夷宫被赵高所杀；梁武帝偏信朱异，在台城被软禁饿死；隋炀帝偏信虞世基，死于扬州的彭城阁兵变。所以，仁君广泛听取意见，则贵族大臣不敢蒙蔽，下情得以上达。唐太宗即回应说：好啊！

只是，现实生活中，传言、谗言却大行其道；更有一些人天生就喜欢贬低或

嫉妒他人。这表明，人性中的偏信、自傲、贬抑、嫉妒等劣根性，每个人或多或少的都有。而当一个人的劣根性大于人性中的善良面时，其所思所见的一切都将变得丑陋不堪。

人的修养

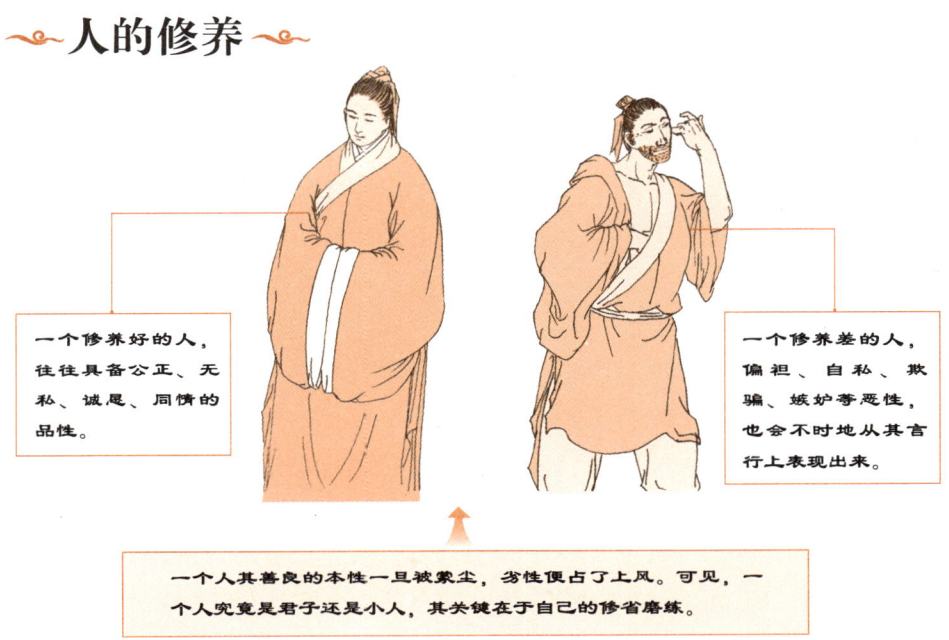

一个修养好的人，往往具备公正、无私、诚恳、同情的品性。

一个修养差的人，偏袒、自私、欺骗、嫉妒等恶性，也会不时地从其言行上表现出来。

一个人其善良的本性一旦被蒙尘，劣性便占了上风。可见，一个人究竟是君子还是小人，其关键在于自己的修省磨练。

魏征谏唐王

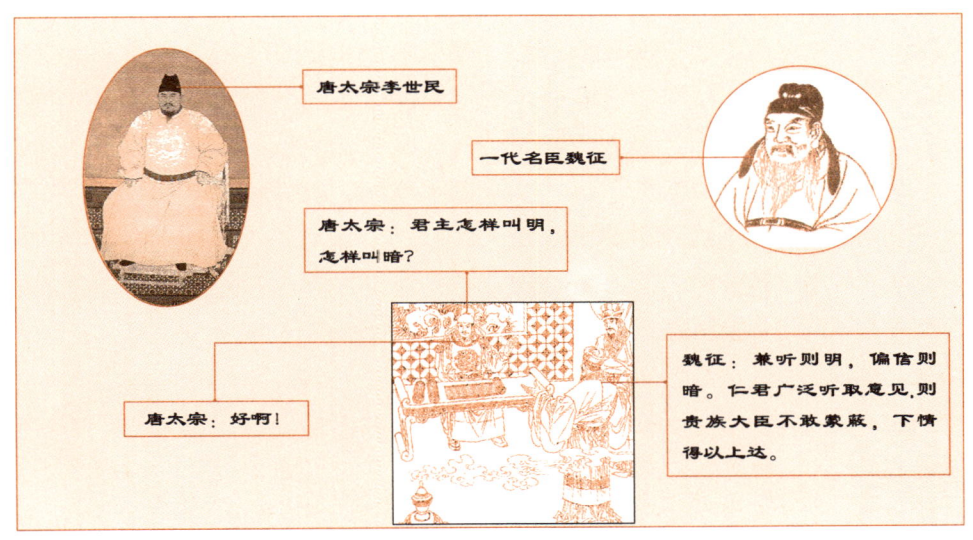

唐太宗李世民

一代名臣魏征

唐太宗：君主怎样叫明，怎样叫暗？

唐太宗：好啊！

魏征：兼听则明，偏信则暗。仁君广泛听取意见，则贵族大臣不敢蒙蔽，下情得以上达。

制怒 弥缝其短，化诲其顽

**[原文]**

人之短处，要曲为弥缝，如暴而扬之，是以短攻短；人有顽固，要善为化诲，如忿而疾之，是以顽济顽。

解读

原文所说：发现别人有缺点过失，要婉转地为他掩饰或规劝，假如在很多人面前揭发传扬，这不仅会伤害别人的自尊心，也证明自己的无知和缺德，是用自己的短处来攻击别人的短处；而当发现某人个比较愚蠢固执时，就要很有耐心地慢慢诱导启发他，如果厌恶，不仅无法改变他的愚蠢固执，也证明了自己的愚蠢固执，就像是用愚蠢救助愚蠢一样了。

中国有另一句俗语：说人是非者，便是是非人。其意也是表明，在背后说人是非，其行径无异于暗箭伤人，是挑拨是非的小人。

古往今来，人们最烦恼的莫过于被闲言碎语、是是非非所缠绕。不过，关键还在于自己的修养，自己对是非抱什么样的态度，是不是自己有时也会卷了进去还浑然不觉。其实，"以短攻短"、"以顽济顽"也是人们常犯的错误，也可以说是人性的一大弱点。尤其是人在激烈的争辩中，常会针尖对麦芒，不肯相让，这是出于一种防卫的心理。

一般人在揭发他人短处时，多少都会加上自己的批评。当这种攻击他人的话语经辗转所述之后，就会变得面目全非！更为重要的是，任何人都不希望自己的短处被人拿去到处宣扬，成为别人茶余饭后的话题。只是，生活中总有人不懂得将心比心，完全不顾及别人的感受，甚至还得意于自己的消息灵通。

古人早已总结出：喜欢道人是非者，往往也会自食恶果，会因此遭受别人的轻视与提防，进而变成别人排挤的对象。

如此，做人应当本着隐恶扬善的态度，不要妄议他人长短。要学会"制怒"，首要的是提高自己的道德修养，做到任何时候都不恶语相向。有此修养，心胸自然豁达，情绪自然开朗。如果有人向我们打听某人的作为时，我们也应本着"隐恶扬善"的态度相告。因为一个喜欢揭发人家短处的人，同时证明他自己的为人一定也有问题。

流言的流转

一般人在揭发他人短处时，多少都会加上自己的主观批评。而当这种攻击他人的话语经辗转所述之后，就会变得面目全非！

任何人都不希望自己的短处被人拿去到处宣扬，成为别人茶余饭后的话题。只是，生活中总有人不懂得将心比心，完全不顾及别人的感受，甚至还得意于自己的消息灵通。

说人是非者，便是是非人

"己所不欲，勿施于人。"做人要厚道，既然不喜欢人家说自己的坏话，自己又为什么要在他人面前搬弄是非呢？所以，可以多赞扬别人的长处，不可大肆宣扬他人的短处。

第壹辑 处世篇

观人 对阴险者勿推心，遇高傲者勿多口

[原文]

遇沉沉不语之士，且莫输心；见悻悻自好之人，应须防口。

解读

原文所说：当你遇到一个表情阴沉，不喜欢说话的人，千万不要一下子就推心置腹表示真情；而当你遇到一个自以为了不起又固执己见的人，就要小心谨慎尽量不要多言了。

人的表情往往是内心世界的反映，每个人有每个人的习惯、个性，表现出来的方式也不一样。而人立身于社会，不可避免地要与他人接触。但人性有善有恶，谁都无法保证自己终其一生只会遇到好人。所以与人往来，还是要先多一份观察才行。

人在处世时，学学观人本领是很有必要的。俗话说："逢人只说三分话，莫要全抛一片心。"不经过一段时间的观察，是看不出一个人的品性好坏的，也就很难决定交往的程度，说话的深浅。当然没有心理评判，仅凭表面观察同样也是不够的。

原文中的"沉沉不语"和"悻悻自好"，都不是胸怀坦荡的表现，所以对这两种人都应该加以提防，以免遭到暗算。俗话说："雄辩是银，沉默是金"。适时的沉默，既是防身之策，又是挫人之法。

范雎见秦昭王，秦昭王向他请教，头两次他都不说话，因为他发现秦昭王与他谈话时心不在焉，而他要讲的又是一套使秦国富强称霸的大道理，秦昭王不重视，讲出来无益。直到第三次，秦昭王单独会见他，专心致志、虚心向他求教时，范雎才推心置腹、畅谈起来。范雎的一席话也终于打动了秦昭王，他本人更被封为宰相。所以，像范雎这样，才真正是既不失人、又不失言的智者。

人与人之间的交往，主要是依赖彼此语言交流来实现的，这就反映出了语言交流的复杂性和重要性。如果一个人直言直语，不分场合和对象，任意信口开河，无论是对人或者是对事情，都会让别人无法接受。如果人家又不直接流露出来，自己就会为自己树立敌对面，人际关系便会出现障碍。进而，可能会因此受到别人暗中的打击报复。

沉沉不语的人与滔滔不绝的人

假如你遇到一个自以为了不起又固执己见的人,就要小心谨慎,尽量做到不和他说话。因为,此人属于高傲且自负的人。

假如你遇到一个表情阴沉,不喜欢说话的人,千万不要一下子就向他推心置腹,表示真情。因为,此人属于阴险之人。

范雎见秦昭王

范雎见秦昭王,秦昭王向他请教。可范雎发现秦昭王与他谈话时心不在焉,就两次不语。

直到第三次,秦昭王单独会见他,并专心致志、虚心地向他求教时范雎才讲了自己使秦国富强称霸的一套道理,秦昭王便封他为相。

第壹辑 处世篇

分寸 刻则失善人，滥则招恶友

[原文]

用人不宜刻，刻则思效者去；交友不宜滥，滥则贡谀者来。

解读

原文意在表明：用人要宽厚而不可太刻薄，如果太刻薄，即使想为你效力的人，也会由于受不了你的刻薄而离去；交友不可太轻率随便，如果这样，那些善于逢迎献媚的人就会设法接近你，来到你的身边。

很明显，用人之道与交友之道是不同的。用人之道在于发挥各人所长，使得人尽其才，所以宜宽不宜刻。只有"团结一切可以团结的力量"，才能称为是高明的领导艺术。所以用人时，应该看到他的长处，不要乱苛责他去做不善于的事情，而应让其去做善于做的事情。

汉末，黄巾事起，天下大乱，曹操坐据朝廷，孙权拥兵东吴。汉宗室豫州牧刘备听徐庶和司马徽说诸葛亮很有学识，又有才能，就和关羽、张飞带着礼物到隆中（今河南南阳城西）卧龙岗去请诸葛亮出山辅佐自己。但前两次诸葛亮都找借口外出不在，而张飞也不愿意再来，刘备只得留下一封信，表达了自己对诸葛亮的敬佩之情，并请他出来帮助自己挽救国家面临的危险局面。过了一些时候，刘备准备再去请诸葛亮。关羽却说诸葛亮也许是徒有一个虚名，未必有真才实学，不用去了。张飞则主张由他一个人去叫，如他不来，就用绳子把他捆来。刘备把张飞责备了一顿，仍然第三次探访诸葛亮。此次适逢诸葛亮正在睡觉，刘备没有惊动他，一直站到诸葛亮自己醒来，才彼此坐下谈话。诸葛亮见刘备有志替国家做事，而且诚恳地请他帮助，最终决定出来全力帮助刘备建立蜀汉皇朝。此事便被后人称为"三顾茅庐"。

其后，人们对那些懂得用人哲学，礼贤下士之事，就常喻为"三顾茅庐"了。

对于交友，中国早有古言："近朱者赤，近墨者黑。"交得俊友，则胜遇良师；交得狐朋狗友，则如身落染缸，能毁了一生。所以，古人也颇有心得地认为，人生有二三知几足矣。关于交友之道，古人还劝世人"无友不如己者"，意思就是说不要交品学不如自己的人，因为一旦交到恶友就会影响自己的为人，就会影响自己的前途。

用人与交友

用人之道在于发挥各人所长,使得人尽其才,所以宜宽不宜刻。只有"团结一切可以团结的力量",才能称为是高明的领导艺术。

对于交友而言,则不宜太滥。交得俊友,则胜遇良师;交得狐朋狗友,则如身落染缸,能毁了一生。

第壹辑 处世篇

三顾茅庐

建安十二年(207年),诸葛亮27岁时,刘备"三顾茅庐"于南阳隆中,会见诸葛亮,问以统一天下大计。诸葛亮精辟地分析了当时的形势,提出了首先夺取荆、益作为根据地,对内改革政治,对外联合孙权,南抚夷越,西和诸戎,等待时机,两路出兵北伐,从而统一全国的战略思想。两人的此次谈话也成为历史上著名的《隆中对》。

纳万物 山峻无木，水湍无鱼

[原文]

山之高峻处无木，而溪谷回环则草木丛生；水之湍急处无鱼，而渊潭停蓄则鱼鳖聚集。此高绝之行、褊急之衷，君子重有戒焉。

解读

原文所说：高耸云霄的山峰地带不长树木，只有溪谷环绕的地方才有各种花草树木的生长；水流特别湍急的地方没有鱼虾栖息，只有水深而且平静的湖泊鱼鳖才能大量生长繁殖。这是因为地势过于高峻、水流太过于湍急的缘故；而这些地方也都不是容纳生命万物之处，所以有德的君子待人处世必须严加戒除这种心理。

古人认为，伟大寓于平凡，在平凡中见伟大的人才是真伟人。才德之人见于细节，从点滴做起，这样才会在大是大非面前显示出品德的高尚。自命清高、孤芳自赏、标奇立异的人，属于"高绝之行，褊急之衷"之辈，是君子所不足取的。

在现实中，伟大的人实际上就在我们身边。如同历史上的伟人活着的时候，他身边的人并没有觉得他伟大，包括他自己也没有觉得，而是经过多年之后，后人的评价，才产生了伟大。而孤傲、自认为了不起的人，往往会失去周围的环境，活在自己的世界里，脱离了生活。

一天，哀公问孔子：什么样的人是君子？孔子回答说：讲话力求忠诚老实，不自以为是，具备仁义道德但表情上从不显出骄傲神色，思虑谋划明白通达但言辞上从不争强好胜，所以举止从容不迫，好像什么目的都可以达到，这样就可以称之为君子了。

所以，古人认为，君子就是谦谦之人，有涵养的人。君子尽可能不与人争执、论辩，把锋芒和力量深深隐藏起来，深谙韬略之术的人。君子所说每一句话，力求有根有据；做每一件事，力求有礼有节；君子随和、宽容、谦逊、自信，以静制动，以守为攻，以不变应万变。从外表上看，没有比君子更笨拙，更怯弱的人了。

生活中，虽然有德之人、建功立业的伟人是不怕孤独的，而真理也往往在少数人手里，耐得寂寞。但这不是说人要把自己放到空中楼阁之中，让思绪永远停留在理想世界里，因为人不可能离开现实世界而生活下去。

峻山与湍水

险峻的高山之上，树木无法生存。

在山下的溪谷里，却花草树木繁茂。

河流中水流湍急的地方，鱼虾无法聚集。而在水流平静之处，鱼虾众多。

第壹辑 处世篇

君子的特性

君子，就是谦谦之人，一个有涵养的人。他说每一句话，力求有根有据，他做每一件事，力求有礼有节。

君子的几个特点：
- 宽容
- 谦逊
- 随和
- 自信

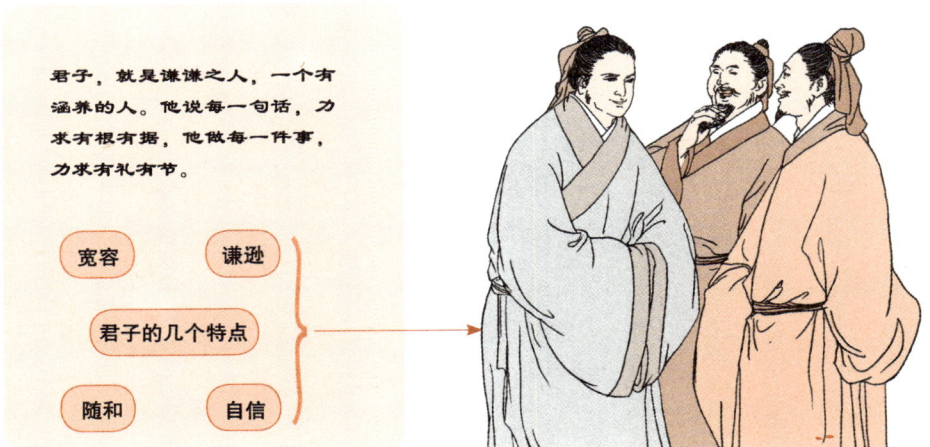

第贰辑 政论篇 2

"恩里由来生害，故快意时须早回头；败后或反成功，故拂心处莫便放手。""居轩冕之中，不可无山林的气味；处林泉之下，须怀廊庙的经纶。""读书不见圣贤，如铅椠佣；居官不爱子民，如衣冠盗；讲学不尚躬行，为口头禅；立业不思重德，为眼前花。"这些寓意深厚的哲理性语言，都是《菜根谭》送给古今居官从政之人的警世诤语。

本辑图版编目

1. 出世与入世 / 75
2. 人生的阶段 / 77
3. 人心不足蛇吞象 / 79
4. 平民鲁仲连称颂为明月 / 81
5. 庄子拒相 / 83
6. 激流勇退的张良 / 85
7. 善泳者死于溺，玩火者必自焚 / 87
8. 拒绝诱惑，内心安足 / 89
9. 刘陪修殿 / 91
10. 物质的东西 / 93
11. 居官与居乡的不同 / 95
12. 动静相间，运动不停 / 97
13. 爬得越高，摔得越重 / 99
14. 孔子与中庸之道 / 101
15. 世事不可太贪 / 103
16. 泥水洗脚 / 105
17. 好闲与劳碌的人 / 107
18. 保身与成功之道 / 109
19. 念起即觉 / 111
20. 品德与才学的关系 / 113
21. 进朱者赤，进墨者黑 / 115
22. 取笑与怜惜别人 / 117
23. 从容而不激烈 / 119
24. 做官的基本要求 / 121
25. 家族人伦之爱 / 123
26. 富贵多炎凉，骨肉多妒忌 / 125
27. 创业容易守成难 / 127
28. 身教重于言教 / 129

"思里由来生窘，故快意时须早回头；败后或反成功，故拂心处莫便放手。""居轩冕之中，不可无山林的气味；处林泉之下，须怀廊庙的经纶。""读书不见圣贤，如铅椠佣；居官不爱子民，如衣冠盗；讲学不尚躬行，为口头禅；立业不思重德，为眼前花。"这些寓意深厚的哲理性语言，都是《菜根谭》送给古今居官从政之人的警世箴语。

出入 轩冕客志在林泉，山林士胸怀廊庙

[原文]

居轩冕之中，不可无山林的气味；处林泉之下，须要怀廊庙的经纶。

解读

原文所说：身居政职的人，要保持一种隐居山林、淡泊名利的思想；身为平民居住在田园中的人，必须要胸怀治理国家的雄心壮志。

古往今来，中国的知识分子受儒、道思想影响极大，表现在对待人生的问题上，一方面是积极入世，力图实现理想抱负；一方面真心出世，力求品味林泉真趣。这也使得看似两相矛盾的东西，却机巧地统一为一个整体了。古人认为，如此这样，才可以在权势上保持几分山林雅趣，缓和过分热衷名利的紧张。

当然，这里的出世又分为真出世和假出世。假出世是以出世作为入世的手段，作为当官的资本；真出世是退隐，不屑于争权夺利、尔虞我诈。一个人只要能做到隐居山林间隐士们的高风亮节，就能体会出孔子所说的"富贵于我如浮云"的境界，也才能领悟到生活在林泉之下的哲理。不过，不管是真退隐还是假出世，都应不在其位而谋其政，关心国家大事这样的问题。所以，古人认为，尽管一个人可以过着闲云野鹤般自由自在的生活，但不可以完全忘记国家兴亡大事。

古人认为，凡夫俗子如果没有崇高的社会责任感，没有济世救民的宏大抱负，那就既谈不上入世也谈不上隐退，不过随波逐流，随生随灭而已。隐是以仕为前提的，退是以进为前提的，没有积累进取的志向就谈不上退隐林泉的超脱。

东汉初年的严子陵，东晋末年的陶渊明，都是古代杰出的隐士。前者在富春江潇洒地垂钓，后者在南山默默地躬耕，他们都不挤在冠盖云集的京华，而独处在僻远的山水田园，赢得了一代又一代人的敬仰。其实，在富春江钓鱼的不只严子陵，在庐山脚下耕田的也不只陶渊明，人们为什么单赞美他们两人呢？换句话说，如果他们两人只是普普通通的渔翁和农夫，就没有人对他们感兴趣了。要是他们像农夫渔父那样平庸草草过一生，与草木一同烂掉，怎么又可能美名流传千古呢？

相较与现代，人们参政议政的意识更强烈，表现个人意愿的方式也更多，社会的透明度越来越大，所以个人的生活方式存在着多种选择。但是，"志在林泉，胸怀廊庙"的传统依然影响着中国人。而社会的发展更不容许人把自己封闭于社会之外，锁在个人的小天地之中。

出世与入世

居官者想像山林之景。

耕作者胸怀治国之志。

第贰辑 政论篇

受儒、道思想影响的中国知识分子,在对待为政的问题上,一方面是积极入世,实现理想抱负;一方面真心出世,品味林泉真趣。看似两相矛盾的东西,却机巧地统一为一个整体了。

江南垂钓,南山躬耕

严子陵富春江垂钓。

陶渊明南山躬耕。

东汉初年的严子陵,东晋末年的陶渊明,都是古代杰出的隐士。前者在富春江潇洒地垂钓,后者在南山默默地躬耕,他们都不挤在冠盖云集的京华,而独处在僻远的山水田园,赢得了一代又一代人的敬仰。

当下 保已成之业，防将来之非

[原文]

图未就之功，不如保已成之业；悔既往之失，亦要防将来之非。

解读

原文是说：与其谋划没有把握完成的功业，倒不如维护已经完成的事业；与其懊悔以前的过失，还不如预防未来可能发生的错误。

生活中，人们总是认真思索自己的未来，然而，许多人在认真开创未来的时候，往往忽略了影响未来的最重要因素，这就是"把握现在"。因为，只有认真地活好当前每一天，才能积累实现未来的能量。

古人有这么一种说法：一个人看见天上的野鸭子飞过，便拿弓箭准备出门打落它。但是出门后，却想着抓了野鸭子后到底是炖着吃还是炒着吃，等他考虑好后，野鸭子早就飞不见了。

大思想家孟子即认为，谋取事在人，成事也在人；有成事的愿望远远不够，还应实实在在地按成事之道去做，才会有实效。

孟子在魏国时，有一次惠王问他：自己对于国家也算费尽心力了，河内受灾，就把那里的百姓迁到河东，同时把河东的粮食运到河内；河东饥荒，自己也用了同样的办法。自己曾考察别国的政治，也没有谁比自己更尽心的，可为什么他们国家的老百姓不见减少，而自己的百姓也不见增多呢？孟子认为：惠王只是如此这般不会把国家治理得比别国更好。因为惠王只依了天时行事，而自己该做的却没有做。于是，孟子进一步论道：做国君本来应该尽力使百姓休养生息，安居乐业，可是现在却是富贵人家的猪狗吃了百姓的粮食却不加以制止，道路上有了饿死的人也不开仓赈民，竟然还说"这不是我的罪过，这是年成不好"。这与拿刀杀了人却说不是自己杀的有什么不同呢？做国君的假若不去归罪年成，而真正动手改革政治，行仁政，就能真正治理好国家了。

孟子一席话所要表达的，就是"谋取事在人，成事也在人；有成事的愿望远远不够，还应实实在在地按成事之道去做，才会有实效"这样的道理。

其实，人的一生可划分成三个阶段，即过去、现在、未来。现代人正确的做法是：不懊悔或夸耀自己的过去，应检讨或反省过去；不轻视或不满现状，而应把握或迁就现实；不梦想或恐惧未来，而要策划或开创自己的未来。如同"前事

不忘，后事之师"的古训，我们可以检讨过去来借鉴眼前并策划未来，把精力放在当前，立足于眼下，从现在做起。这才是干事业者应有的意识。

～ 人生的阶段 ～

人的一生可划分为三个阶段，即过去、现在、未来。

过去	过去的已经过去，没有必要多想；
现在	现在的需要尽力完成，需要好好把握；
未来	未来的要好好策划，需要一点点地努力。

～ 愿望与实效 ～

孟子认为：谋取事在人，成事也在人；有成事的愿望远远不够，还应实实在在地按成事之道去做，才会有实效。

惠王问孟子：自己对于国家也算费尽心力了，可为什么别国的老百姓不见减少，而自己的百姓也不见增多呢？

贪念　一念贪私，万劫不复

[原文]

人只一念贪私，便销刚为柔，塞智为昏，变恩为惨，染洁为污，坏了一生人品。故古人以不贪为宝，所以度越一世。

解读

原文所说：一个人只要心中刹那间出现一点贪婪或偏私的念头，其原本刚直的性格便会变得很懦弱，原本聪明的性格便会被蒙蔽得很昏庸，原本慈悲的心肠会变得很残酷，原本纯洁的人格就会变得很污浊，结果是毁灭了一辈子的品德。所以圣贤认为，做人要以"不贪"二字为修身之宝，尤其是居官者。这样才能超越他人、战胜物欲度过一生。

明朝王阳明主张致良知。他说："良知无待他末尽人皆有，只是被物欲汩没了它。"可见人要是贪心一动，良知就泯灭。良知一泯灭，就失去了是非与邪正的观念，刚毅之气就化为乌有，光明的智慧也变成昏暗的了。对人施以恩惠的仁爱之心，也变作残酷刻薄的念头，清清洁洁的品德也染上了污点，如此一念之差，便使一生的人格破产。

古代的圣贤教人不起贪心，提倡天下为公的大道理，表达的也是这个意思。所以，圣贤能过超人的生活，居于常人之上，受到后世的无比尊崇。

就字义而言，"贪"是得到而不知足的意思。有句俗谚说"人心不足蛇吞象"，一个心有贪念的人，胃口只会愈来愈大，敛取的手段也会愈加胆大妄为。以至于"忠孝节义"这些为人准则，也被抛到九霄云外去了，更谈不上还有什么羞耻之心可言。至今，为了满足贪欲而不惜丧洁败德者早已不胜枚举。而他们中的许多人最终落得锒铛入狱、身败名裂的下场，也就不足为奇了。

如同好人变坏容易，坏人变好难；吸毒吸烟上瘾容易，而戒除就很难的道理一样，自古以来，任何坏事都是由一点贪念引起的，只要有一点贪念，就没有什么坏事到最后做不出来的。

现代社会也有类似的俗话：吃人家的嘴软，拿人家的手短。这其实也在提醒人们，生活中要是抵不住"贪"字，灵智就会为之蒙蔽，刚正之气也会由此消除。君不见，在如今的商品社会中，有多少人没能经受住贪私之诱，以身试法。甚至一些人大半生清白可鉴，却晚节不保，诚可惜哉。

如此,"不贪"真应如利剑高悬才对,警世而又可以救人。

人心不足蛇吞象

一个心有贪念的人,胃口只会愈来愈大,欲取的手段也会愈加胆大妄为。以至于"忠孝节义"的为人准则,也被抛到九霄云外去了,更谈不上还有什么羞耻之心了。

王阳明致良知

明朝王阳明说:"良知无待他求尽人皆有,只是被物欲汩没了它。"如此一念之差,即让一生的人格破产了。

人只要贪心一动,良知就会泯灭。良知一泯灭,就失去了是非与邪正的观念,刚毅之气也就化为乌有,光明的智慧也变成昏暗的了。

品行　多种功德，勿贪权位

[原文]

平民肯种德施惠，便是无位的公相；士夫徒贪权市宠，竟成有爵的乞人。

解读

原文所说：一个普通老百姓只要肯多积功德、广施恩惠、帮助他人，就等于一位，有实际爵禄的公卿宰相设应受到万人的景仰；反之，一个达官贵人假如一味贪婪权势而把官职作成一种生意买卖欺下瞒上，那么这种行径的卑鄙就如同一个有爵禄的乞丐那样可怜。

古人认为，行善或作恶不在名位高低，而在于人的品行；其区别只在于有爵之人影响比平民大些而已。假如一个人热衷于功名利禄、贪恋权位又没有品格，那他为了攀龙附凤获得权位就会阿谀谄媚、胡作非为。这种精神上、人格上的乞丐在现实生活中很多，也很可憎。

孔子说，"不在其位，不谋其政"。曾子也说，"君子思不出其位。"后孟子又强调"位卑而言高，罪也"等，都是这个意思。而儒家文化对人的要求就是，一个人在哪个位置就应该做哪些事。反过来，要是在那个位置，而不做合适的事情，就是潜在的一种心理反动了。

战国时秦军曾经围困赵国国都邯郸。迫于压力，魏王派使臣劝赵王尊秦为帝，赵王犹豫不决。平民鲁仲连挺身而出，以利害劝说赵、魏两国联合抗秦。两国接受了其主张，秦军也因此撤军。鲁仲连的高风亮节因此受到人们的称颂。

当然，古往今来的反面人物更是不乏其人了。

南宋初年，秦桧被金人放回后，一味主和，得到宋高宗的器重，当了宰相。可是他得意忘形，提出"南人归南，北人归北"的国策，又触怒了高宗，后在众臣的反对声中灰溜溜地下台了。罢相后，他不甘心失败，一味巴结主战派宰相张俊，投其所好，一反常态地抨击主和派，很快又升为次于宰相的枢密使。后来张俊负责的军队中出了叛乱，负咎辞职。高宗问他"秦桧能否当宰相？"秦桧一直以为张俊会推荐他，没想到性情耿直的张俊却说秦桧为人阴险，好搞小动作。于是，高宗就启用赵鼎为宰相，没有提升秦桧。秦桧记恨在心，又向新宰相赵鼎进行奉承拉拢。一次上朝，秦桧悄悄对赵鼎说，圣上很早就想召用他，都被张俊阻拦了。赵鼎见秦桧三番五次地透露内情，逐渐把他当作知己，改变了过去对秦桧的看法，甚至保荐秦桧再次升迁为右相。于是，秦桧再次获得了大行不义之事的多种便利。

后史即认为，秦桧热衷于功名利禄，贪恋权位，又丧失品格，为获得权位而阿谀奉承，谄媚取宠无所不为，无耻行径比比皆是，把这种人视为乞丐也算是抬举他们了。

～平民鲁仲连被称颂为明月～

～权人秦桧连乞丐也不如～

保节 勿犯公论，勿陷权门

[原文]

公平正论不可犯手，一犯手则遗羞万世；权门私窦不可著脚，一著脚则玷污终身。

解读

原文所说：凡是社会大众所公认的规范和法律绝对不可以触犯，一旦不小心或故意触犯了，那就会遗臭万年；凡是权贵人家营私舞弊的地方千万不可踏进一步，万一不小心或故意走进去，那你清白的人格就一辈子也洗刷不清了。

古人认为，一个有操守讲气节的人，宁可穷困也不会依附权贵，因为那种阿谀奉承达官贵人的言行和正直的人格水火不容。而一个正直的人同样不会去违背公德，触犯国法，因为他的操守决定了他不会那样去做。正因为不依附权贵，又奉公守法，那么这样的人就不可能去坑害国家致富，污损别人发财，而会安贫乐道，保持自己清白的人格。

比如楚王曾经派人去请庄子为相，庄子正在钓鱼而不搭理他们，他问使者，那些供奉在庙堂上的龟，是宁愿在庙堂上被供奉着呢，还是宁愿在水里生活着。使者只好老老实实地回答说是后者，庄子就这样表明了他的态度，宁愿自由自在的生活也不愿沾染权门。

每个人都有自己的处世原则，正直的人则有正直的原则。但古人之所以强调一个有操守讲气节的人，宁可穷困也不走后门依附权贵，是因为那种阿谀奉承达官贵人的言行做起来实在可悲。尤其是权势之家唯利是图，他们对人的态度是雁过拔毛。这些人把钱看得太重，只要你有求于他或接近他时，他必然借机向你有所敲诈，假如你不给他，也绝不会轻易把你放过。一旦你接受他的需索而行贿，那对于一个正直的人来说，清白的人格必然受到玷污，从此终身也难以洗清。

西晋时吴人张翰在洛阳为官，有一天他看到秋风吹起，想起吴中（江苏吴县）的莼菜羹、鲈鱼脍，便说：人生的可贵在于能够适情适性罢了。怎么能被羁留在离故乡数千里外的地方，为的只是虚名爵？于是叫人驾车赶回故乡。当时王室争权，不久，齐王败亡，张翰免于难，于是许多人都说张翰拥有先见之明。

对于现今的人们来说，公平的议论和适合道理的见解，人必须加以尊重，私情私见必须加以反对。对于那些有权势以及唯利是图的人，我们最好远离他们。

如果常常出入这等人家，自己不知不觉就受了他们的行为熏染，造成终生的耻辱与不可磨灭的污点，所谓："一失足成千古恨，再回头已百年身。"

庄子拒相

楚王曾经派人去请庄子为相，庄子正在钓鱼而不搭理他们。

庄子借供奉在庙堂上的龟，来说明自己宁愿自由自在地生活也不愿沾染权门的操守。

雁过拔毛

权势之家往往唯利是图，他们对人的态度是雁过拔毛。这些人把钱看得非常重，只要你有求于他或接近他时，他必然借机向你有所敲诈，假如你不给他，便绝不会轻易把你放过。

绝不放过能得利的机会。

权势之家，唯利是图者

第贰辑 政论篇

退隐 急流勇退，与世无争

[原文]

谢世当谢于正盛之时，居身宜居于独后之地。

 解读

原文所说：一个人要隐退家园不再过问世事，应该在你事业的巅峰阶段，因为只有这样，才能使你的英名永垂不朽；而一个人平时居家度日，最好是住在一个与世无争的清静地区，因为只有这样才能使你收到修身养性的实效。

换句话说，就是任何事情在达到巅峰之后，都会走下坡，此时往往有祸患随之而来。中国古代的思想认为事情到最高峰的时候，就是开始衰退的时候，明白了这个道理，就知道在最得意的时候要勇于急流勇退，保护自己，不然骄傲自大带来的肯定是毁灭。

从历史上看，已有很多事情都印证了这个道理。如王安石在政治变化的风口浪尖上，毅然退职回到乡里，欣赏田园的美景，吟咏诗歌。这表明，懂得见好就收的人，即使转换跑道后也会有不错的表现。再如张良、范蠡后来均在商界大放异彩，而同样帮助刘邦建立汉王朝的韩信，却因为舍不得离开自己的官位，终招致杀身之祸。

虽然功成身退的道理人人都懂，然而现世之人大都难以领悟这保全自己的不二法门，总要到狼狈不堪的地步时才知追悔。而能做到与世无争的人更是少之又少了。

李靖是唐太宗李世民旗下的一代名将，在唐朝的开国战争里所向无敌，连盛极一时的突厥都是被他一战平灭。立了如此惊天大功，不被猜忌显然是不可能的，而事实上，对于李靖的流言蜚语曾长时间地存在着。就算是襟怀坦荡的李世民，也不可能对这样的功臣一点怀疑都没有。好在李靖是个很懂进退的人，他保身最大的手段就是"能忍"，战场上是人见人怕的勇将军，生活中却是个谦虚朴实的好好先生。甚至在受了窝囊气的时候也不强辩，而是干脆利落地交出兵权闭门谢客。正因为能做到如此心态处之，相较于那些飞扬跋扈的政敌们多已犯事，惟独李靖善终于家。

再来看看大思想家孔子。史上所记，孔子平时一切言语、表情、行为均谨慎守礼，不贪、不骄、不苟且、不放肆。这其中，就包含着在现代生活的人情礼节中仍然有参考价值的许多内容。这对于身处公共场合时只顾自己、不顾他人，以

不文明为潇洒，甚至习惯于做出许多丑态，一味地污染他人的生活环境的诸多现代人，实在是大有借鉴之义了。

～激流勇退的张良～

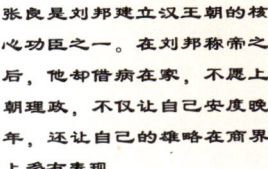

张良是刘邦建立汉王朝的核心功臣之一。在刘邦称帝之后，他却借病在家，不愿上朝理政，不仅让自己安度晚年，还让自己的雄略在商界上多有表现。

～谦虚的孔子～

史上所记，孔子平时一切言语、表情、行为均谨慎守礼，不贪、不骄、不苟且、不放肆。

孔子与乡亲、邻居相处，气色十分谦虚随和；上朝值班，虽然说话也很谨慎，但在关系礼法政策的大是大非问题上，却勇于也善于发表意见；孔子坐车，总是很好地坐在自己的位子上，不左顾右盼，不大声讲话，不指指划划。

自扰 不希荣达，不畏权势

[原文]

我不希荣，何忧乎利禄之香饵？我不竞进，何畏乎仕宦之危机？

解读

原文所说：如果一个人不希望荣华富贵，又何必担心他人用名利作饵来引诱自己呢？如果一个人不和人争夺高低，又何必畏惧在官场中所潜伏的宦海危机呢？

古代官场中四处布满陷阱充满荆棘，因此才有"善泳者死于溺，玩火者必自焚"，"香饵之下必有死鱼"的说法。所以，古代贤人力劝人们，为人处事要想不误蹈陷阱误踏荆棘，最好是把荣华富贵和高官厚禄都看成过眼烟云。

俗话说，"祸福无常，惟人自招"。荣辱祸福并不会无缘无故加诸任何人身上，大多都是世人自己招致的。

"缘觉寺"的开山老祖、佛光国师无学祖元和尚是南宋末期的高僧。在台州真如寺参禅时，恰逢元兵南下，蹂躏南宋大好河山，和尚于是移到温州的能仁寺避难，想不到很快元兵就占领了温州。乱兵一来，僧众们四处逃避，只有无学和尚泰然自若地在禅堂内坐禅。元兵首领把利刃架在无学祖元的脖子上时，无学仍神色自若，坦然诵诗："乾坤无地卓孤筇，喜得人空法亦空。珍重大元三尺剑，电光影里斩春风。"他所说的是：天地间竟没有一根禅杖的立锥之地，幸亏我已悟到人法如一，主观与客观同为一体。对于参透了生死之迷的祖元和尚来说，元人的三尺长剑按在脖子上，就像在电光里斩春风一样。元兵听后甚为惊异，于是向他陪礼作揖，并放了无学和尚。

的确，一个人如果不希冀官场的升迁自然就不会去投机钻营，不会去阿谀奉承，就会无所畏惧，权势更无法奈何自己。而想图功名者，以及那些小人，权势则是一种再好不过的诱惑了。这一古训，对于今天的人们来说，同样意义深刻。

再如东汉的杨震，"明经博览，无不穷究"，被誉为"关西孔子"，一生忧国忧民，清廉正直，抗节不屈，死而后已。杨震少年时代即好学不倦，其为人品格与学术造诣，在知识界影响极大，名重一时。他潜心学术，隐居教授二十余年，州屡次请召，均称病不就。可见，其耿介卓立不群，一尘不染的节操，在青

少年时期则已养成。尤为可贵的是杨氏一门五代忠正廉洁，威武不屈，富贵不淫，称得起是秉天地正气而生的顶天立地的男子汉，他们是杨震—杨秉—杨赐—杨彪—杨修。

善泳者死于溺，玩火者必自焚

俗话说，"祸福无常，惟人自召"。荣辱祸福并不会无缘无故加诸任何人身上，大多都是世人自己招致的。古代官场中四处布满陷阶充满荆棘，因此才有"善泳者死于溺，玩火者必自焚"，"香饵之下必有死鱼"的说法。

"关西孔子"杨震

东汉的杨震，"明经博览，无不穷究"，被誉为"关西孔子"，一生忧国忧民，清廉正直，抗节不屈，死而后已。他潜心学术，隐居教授二十余年，州屡次请召，均称病不就。

汉太尉杨秉

汉太尉杨彪

汉司空杨赐

东汉杨氏一门五代忠正廉洁，威武不屈，富贵不淫。他们是杨震、杨秉、杨赐、杨彪和杨修。

灵性 勿羡名位，勿忧饥寒

[原文]

人知名位为乐，不知无名无位之乐为最真；人知饥寒为忧，不知不饥不寒之忧为更甚。

解读

原文所说：一般人都只知道名誉与官职是人生的一大乐事，却不知没有名声没有官职才是人生真正的乐趣；一般人也都只知道饥饿和寒冷是最痛苦的事，却不知那些不愁衣食的达官贵人，他们的患得患失的精神折磨才是最痛苦的。

古人认为，一般世俗之人，都一心贪图功名利禄，总认为如此才能创造幸福的人生，然而事实上并非如此。老子早就指出，追逐外物必然丧失自己的本性。他认为，缤纷的色彩使人眼花缭乱，嘈杂的声音使听觉失灵，丰美的食品使舌不知味，驰马打猎使人心中发狂，贵重稀有的物品使人偷和抢。因此高尚的人只求安饱而不逐声色，拒绝物质的诱惑而保持内心安足的生活。

如同俗话所说，"无官一身轻"。因此陶渊明才不为五斗米折腰，挂冠而归田园，此事乃成为中国历史上的千古美谈。因为他讨厌官场倾轧，还有那些权势人。他的这种做法，从寻求内心平衡和道德完善的角度来讲，尽管生活有些清贫，却能不受精神之苦，行为相对自由洒脱而不受倾轧逢迎之累。所以，他的这种安贫乐道未尝不好，也是可以羡慕的。可见名位确实不能给人生带来真正乐趣。

我们今天的生活中，有的人只知拼命攒积金钱财富，只看重动物性的满足发泄，全部身心都沉浸在财富的追逐中，都浸泡在放纵感官肉体的快乐里面。这样，我们追逐到的财富越多，心灵就越空虚，本性丧失得就越厉害，精神就越贫乏，其生命表现就越少。

按现代心理学的说法，人的需求是有层次的，当生活温饱解决之后，在精神上就产生了不同的层次需求。虽然安贫乐道，消极等待是不对的，因为人们追求财富显贵而使生活过得更好些是很现实的，但并不能因此而忘却自身的修养。何况人们在没有达到一定需求层次，想象中的美好往往占满脑海，就像古时的农人只知皇帝生活好，但好到什么程度就没法想像了，也就更不知道每个层次会有不同的烦恼了。

如同曹雪芹所写："世人都晓神仙好，只有功名忘不了；古今将相在何方？荒冢一堆草没了！世人都晓神仙好，只有金银忘不了；终朝只恨聚无多，及到多时眼闭了。"所以，我们还是"勿羡名位，勿忧饥寒"，脚踏实地地生活吧！

拒绝诱惑，内心安足

老子早就指出，追逐外物必然丧失自己的本性。他认为，缤纷的色彩使人眼花缭乱，嘈杂的声音使听觉失灵，丰美的食品使舌不知味，驰马打猎使人心中发狂，贵重稀有的物品使人偷和抢。

陶渊明不折腰

陶潜(372年—427年)，字渊明，浔阳柴桑人。少怀高尚，博学善属文，尝著《五柳先生传》。陶渊明是个洁身自好、不慕虚荣的人。他厌恶人世的纷争，祈愿所有的人都能友好相处，在一起共同分享生活的乐趣。因为看不惯当时政治腐败，在家乡隐居。曾任彭泽令。除了文学成就之外，陶渊明在为官时也是一位关心百姓疾苦、宁愿饿死也不肯为五斗米折腰的清正官吏。

陶渊明终于彻悟：生他养他的故乡田园，才是他生命的最终归宿。这一年，陶渊明54岁。自那以后，他再未出仕。这次归隐是陶渊明人生中最重要的转折点，连他自己都意识不到，这次归隐竟使他成为"古今隐逸诗人之宗"。从此，中国吏治史上少了一个小吏，文学史上却多了一位大家。

归去来兮辞

"归去来兮，田园将芜胡不归！既自以心为形役，奚惆怅而独悲！悟以往之不谏，知来者之可追；实迷途其未远，觉今是而昨非……"

陶渊明和他横绝千古的名篇

第贰辑 政论篇

看破 明世相之本体，负天下之重任

[原文]

以幻境言，无论功名富贵，即肢体亦属委形；以真境言，无论父母兄弟，即万物皆吾一体，人能看得破认得真，才可以任天下之重担，亦可脱世间之缰锁。

解读

原文所说：就物质现象生活来说，不论官位、财富、权势都变幻无常，甚至连自己的四肢躯体也属于上天暂时给你的形象；假如从形而上境界的超物质生活来说，无论是父母兄弟等骨肉至亲，甚至于天地间的万物也都和自己属于一体。一个人只有能洞察物质世界的虚伪变幻，同时又能认得清精神世界的永恒价值，才可以担负起救世济民的重大使命，而且也只有这样才能摆脱人间一切困扰的枷锁。

换言之，人生是一大苦海，人们在其间载浮载沉，要想活得解脱，除返璞归真外别无他法。尤其是对一个有作为的人来讲，不摆脱物累而加入世俗的争逐就不会有为有成。而人之所以无法脱离苦海，就是因为被物欲所役使。

后汉皇帝刘聪立贵妃娥为皇后，刘聪十分宠爱她，决定大兴土木，为之建造凤仪殿。廷尉陈元达认为如此劳民伤财，极力劝谏。刘聪大怒，认为自己身为天子，营造一殿不用征询大臣们。甚至认为陈元达是口出狂言，涣散人心，不杀之宫殿就修不成。皇上要杀廷尉陈元达，群臣无奈，有人想出一计，让刘皇后出面劝谏。这位皇后倒是个明事理的人，她一边急令武士停刑，一边亲手写奏章劝谏，称"况四海尚未统一，应该爱惜民力。廷尉直言劝谏，这是社稷的洪福，陛下为我而营造宫殿而杀功臣，这是由于我；自古以为，国破家亡，皆由于女人，我内心十分痛恨这种女人，不料今天我也成了这样的人，请陛下恩赐我死于殿堂上，以堵塞陛下之过！"刘聪看毕奏章脸色都变了，大司徒及左右理臣等也为陈元达求情而叩头流泪不已。刘聪只得说，自己近些年来得了头风症，喜怒无常，不能控制自己。廷尉元达是忠臣啊……于是叫人把陈元达带上殿，把刘氏的奏章给他看，并说："朝廷上有您这样的重臣，内宫有这样的皇后，我还忧虑什么呢？"

只是，在物质文明发达的现代，人们的精神反而更显空虚。追求金钱，讲求致富已成为一种普遍的社会风尚。当人的心灵被金钱所锈蚀，那么人已经不再是自己精神的主宰者，而完全成为物质文明的被支配者。如同有的大款曾感叹自己

是除了钱以外什么都没有。这说明了人越是富有，贪图物质生活享受越多，精神也就越是空虚。当然，如果过分强调返朴归真、操守清廉也是不现实的，但一个人不讲道德情操，一个社会不讲精神追求，以至学子放下学业、先生丢下教鞭下海追求金钱致富，那么这种富有是畸形的。

刘聪修殿

后汉皇帝刘聪立贵妃娥为皇后，刘聪十分宠爱她，决定为之建造凤仪殿。廷尉陈元达认为如此劳民伤财，极力劝谏。刘聪大怒，想杀掉他。娥皇后出面劝谏，称"况四海尚未统一，应该爱惜民力。"刘聪警醒，并对陈元达说："朝廷上有您这样的重臣，内宫有这样的皇后，我还忧虑什么呢？"

困扰人的枷锁

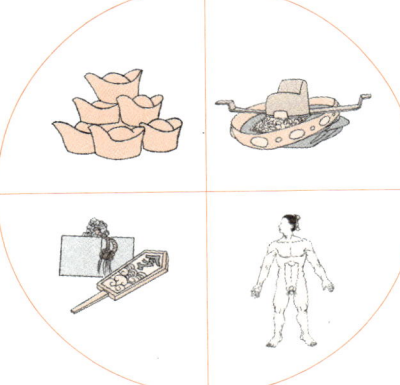

物质现象生活：官位、财富、权势、自己的四肢躯体，都变幻无常。

一个人只有能洞察物质世界的虚伪变幻，同时又能认得清精神世界的永恒价值，才可以担负起救世济民的重大使命，而且也只有这样才能摆脱人间一切困扰的枷锁。

云烟 去声华名利，做正人君子

[原文]

饮宴之乐多，不是个好人家；声华之习胜，不是个好士子；名位之念重，不是个好臣士。

解读

原文所说：经常举行酒会宴客作乐的，绝对不是一个正派人的家庭；喜欢靡靡之音和爱穿华丽艳服的，绝对不是一个正派的读书人；名利和权位观念太重的人，绝对不是一个好官吏。

古贤们认为，一切物质的东西，本来都是供人们生存生活的工具，如果把这些东西看得太重了，就会被它们所奴役，成为追求物质的奴隶。歌舞、宴饮、打牌，是人们工作之后的消遣，当它不过分时，不失为一种有益的娱乐，但如果它已占用了大量的时间，就会消磨人的意志，空乏人的身心；至于一个把精力放在吃喝玩乐或者衣服的颜色和款式上的人，又哪来精力充实自己呢？

孔子也说："君子食无求饱，居无求安，敏于事而慎于言，就有道而正焉，可谓好学也已。"他还说，"士志于道，而耻恶衣恶食，未足与议也。"后句话说，一个有志于学业，有志于未来的人，在享乐上过于贪图，在名位上太过看重是难以有所成就的。人的品性修养要在各个方面体现出来，不论是读书求知，居官从政，或是日常生活，只为追求私欲的满足，达到私心的要求，必然有损于集体，有损于公德。其最终结果是败坏自己的形象。而热衷于饮宴声乐之辈，必然轻浮；一门心思在名利场钻营，定然不会是为民造福坚持正确原则的人。

圣贤们还认为，不可贪图的恶行，常人不可为，在上位的君子更不可为。孟子就曾说：在上位的有什么爱好，在下面的人一定爱好得更厉害。

滕定公死时，太子派人向孟子请教怎么办理丧事，孟子建议他按照古制，实行三年丧礼。太子决定采纳这个建议，但滕国的父老官吏不同意，认为宗国鲁国和自己的祖宗都没有这样实行过，到这一代改变是不应该的。他们还强调史志上也认为，丧礼祭仪一律依祖宗的规矩。于是，太子感到为难，又派人去向孟子请教。孟子回答说：这件事是不能够求助于别人的。在上位的有什么爱好，在下面的人一定爱好得更厉害。君子的德好像风，小人的德好像草，风向哪边吹，草就向哪边倒。所以，这件事完全取决于太子本人。听了此话，太子就下定了决心，

在丧庐中住了五个月，不曾颁布过任何命令或禁令，官吏同族都很赞成，认为是知礼。等到举行葬礼时，四方的人都来观礼，太子容色悲哀，哭泣伤恸，观礼的人也无不动容。

后人们认为，这是说每个人都有自己应该做到的理解和礼貌。如果只是胡乱的进行奢侈的享乐，就不是一个正派的环境了，就滑向了邪恶的深渊。

物质的东西

一切物质的东西，本来都是供人们生存生活的工具；把这些东西看得太重，就会被它们所奴役；当不过分时，不失为一种有益的娱乐；如果占用了大量的时间，就会消磨人的意志，空乏人的身心，又哪来精力充实自己呢？

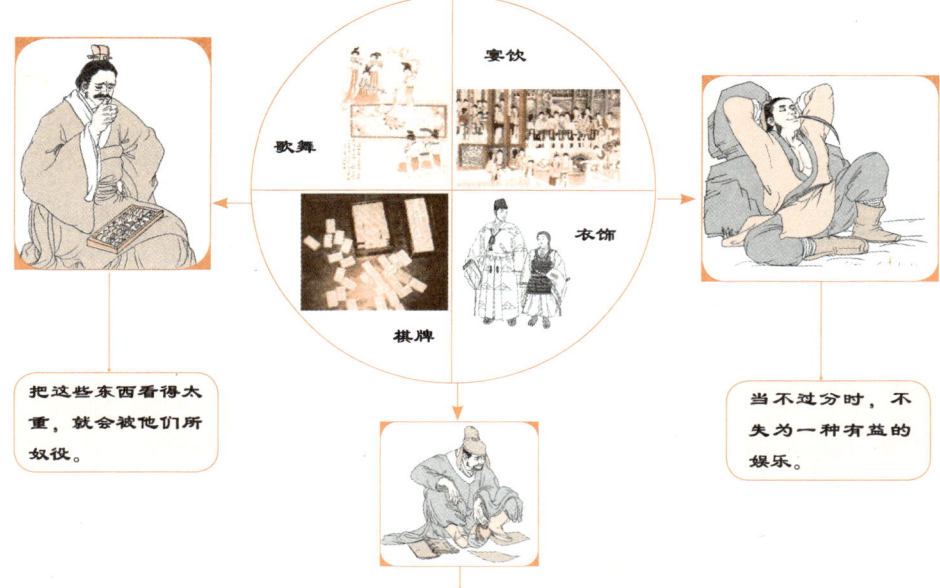

把这些东西看得太重，就会被他们所奴役。

当不过分时，不失为一种有益的娱乐。

如果占用了大量的时间，就会消磨人的意志，空乏人的身心，又哪来精力充实自己呢？

君子与小人之德

孟子说：在上位的有什么爱好，在下面的人一定爱好得更厉害。君子的德好像风，小人的德好像草，风向哪边吹，草就向哪边倒。

变换　居官有节度，居乡敦旧交

[原文]

士大夫居官不可竿牍无节，要使人难见，以杜幸端；居乡不可崖岸太高，要使人易见，以敦旧好。

解读

原文所说：一个作了官的读书人，和别人的书信交往不能无节制，对有所求的人要尽量少接见，以便防范那些投机取巧奔走专营的人；而一个退休了的读书人，当你隐居乡间田园以后，就不能再摆那种高不可攀的官架子，平日跟家乡父老要表现出和蔼可亲的态度，以便敦睦亲族邻里的感情。

古贤们强调，有利益的地方就会有纷争，而官场即是个利益的集散地，是非之争自然在所难免。所谓"官大担险，树大招风"就说明了这个道理。在官场因为利益的关系，一个人就算是正直无私，都会有很多谗言，更别说和谁都交往，什么人都来往于门庭，那就更加麻烦了。正因如此，为官者就要注意自己的言行。与人交往过密，门庭若市，难免遭人非议，为自己招来祸端；只有居官有节，要使人难见，才能杜绝隐患，树立威严。

其实，许多纷争都是因为利益的分配不均引起，并且一般官场内部都会分为几派互相争斗，只要是踏足进去，谗言和互相争斗打击就不可能避免。所以人们才认为，在官场的游戏规则中最重要的一点就是保持谨慎。如同俗话所说，树大招风，放在官场这个没事就起风浪的险恶地方，也就更不用说了。

至于一个人如果已经解甲归田，由官位退居民间，就不要再端着做官时的架子了。因为，此时的你与普通百姓并无不同，不同的只是你的心态。如果还是深居简出，以居官的心态来面对居家的生活，那么此人是无论如何也达不到心理平衡的，并且还会使自己身边的人感到疏远。正如荀子所说："君子贤而能容罪，知而能容愚，博而能容浅，粹而能容杂。"

关于在朝为官和退休乡居的应有态度，孔子的言行可供世人效法。据《论语·乡党》中记载，孔子在家乡父老面前，态度和蔼诚恳，好像不会说话的样子，可是一旦到朝廷，就能和各朝臣侃侃而谈，即使在君主面前也表现出相当的威信，这就是一种"居官有节度，乡居敦旧交"的具体表现。

总之，拥有宽容和善良的心怀，是人类崇高美德的表现，也是为人处世的一

个基本准则。

居官与居乡的不同

一个作了官的读书人，和别人的书信交往不能无节制，对有所求的人要尽量少接见，以便防范那些投机取巧奔走专营的人。

一个退休了的读书人，当你隐居乡间田园以后，就不能再摆那种高不可攀的官架子，平日跟家乡父老要表现出和蔼可亲的态度，以便敦睦亲族邻里的感情。

孔子的两种情态

孔子在家乡父老面前，态度和蔼诚恳。

一旦到了朝廷，就和各朝臣侃侃而谈，即使在君主面前也表现出相当的威信。

效法 闲时吃紧，忙里悠闲

[原文]

天地寂然不动，而气机无息稍停；日月尽夜奔驰，而贞明万古不易；故君子闲时要有吃紧的心思，忙处要有悠闲的趣味。

解读

原文所说：恰如我们每天所看到的，天地好像一动也不动，其实天地的活动一时一刻也没停止。早晨旭日东升，傍晚明月当空，可见日月昼夜都在奔驰，可在宇宙中，日月的光明却是永恒不变的。所以一个聪明睿智的君子，平日闲暇时胸中要有一番打算，以便应付意想不到的变化，忙碌时也要做到忙里偷闲，享受一点生活中的乐趣。

古人通过辩证地看待宇宙的变化规律来认识人生的处事法则。古贤们认为，宇宙间静中有动，动中有静，动静相间，运动不停，如此才能完成宇宙的旋转，这是宇宙变幻无穷的根本法则。如果说到人，就是要在闲暇无事时存有应变之心，忙碌紧张中要忙里偷闲多争取日常生活中的雅趣。

如同庄子在《养生主》中认为：人的生命是有限的，而知识却是无限的。以有限的生命去追求无限的知识，势必体乏神伤。既然如此还在不停地追求知识，那可真是十分危险的了！做了世人所谓的善事而不去贪图名声，做了世人所谓的恶事却不至于构成刑戮的屈辱，遵从自然的中正之路把它作为顺应事物的常法，这就可以护卫自身，就可以保全天性，就可以不给父母留下忧患，就可以终享天年。

庄子在这里所说的"顺应事物的常法"，正是劝诫人们"应效法大自然的变化"，在生活中学会调理自己的情绪不至于盲目，通过生活的乐趣来平衡自己的身心。

孟尝君没被齐王罢官前，养的贤士多达三千人。可齐王害怕他的名声会超过自己，于是罢了孟尝君的官位，他手下的贤士们也都一一离去。后在冯驩的精心劝谏下，齐王又恢复了孟尝君的宰位。同时还给了他原来封邑的土地，又给他增加了千户。冯驩去迎接孟尝君时，孟尝君深深感叹说："我素常喜好宾客，乐于养士，接待宾客从不敢有任何失礼之处，有食客三千多人，这是先生您所了解的。宾客们看到我一旦被罢官，都背离我而离去，没有一个顾念我的。如今靠着先生得以恢复我的宰相官位，那些离去的宾客还有什么脸面再见我呢？"听了这

番话后，冯骥收住缰绳说：万物都有其必然的终结，世事都有其常规常理。活物一定有死亡的时候，这是活物的必然归结；富贵的人多宾客，贫贱的人少朋友，事情本来就是如此。最后，冯骥还用人们一早拥向集市、日落离开集市的现象来说明上述道理。孟尝君听后，连续两次下拜说："我恭敬地听从您的指教了。"

总而言之，人生在世上，一定要保持"吃紧时忙里偷闲，悠闲时居安思危"的境界，并使其成为自己处理事物的一个基本方式。

动静相间，运动不停

古贤们认为，宇宙间静中有动，动中有静，动静相间，运动不停，如此才能完成宇宙的旋转，这是宇宙变幻无穷的根本法则。

吃紧时忙里偷闲，悠闲时居安思危

休闲时不忘上进之事。

人就要在闲暇无事时存有应变之心，忙碌紧张中又要忙里偷闲，多争取日常生活中的雅趣。

用功时不忘调适心胸。

知止 快意须早回头，拂心处莫便放手

[原文]

恩里由来生害，故快意时须早回首；败后或反成功，故拂心处莫便放手。

解读

原文所说：身处顺境得到恩宠时，往往会招来祸患，所以一个人志得意满时，应抱有"见好就收"、"急流勇退"的态度；不过有时遭受小小的挫折，反而会使人走上成功之路，因此遭受不如意的事打击时，千万不可罢休，停止继续奋斗。

换句话说，所谓"物极必反"也是如上道理。即任何事物在达到极致之时，每每峰回路转，形势逆转；而一个人太得意的时候，便要小心别人对你的敌意了。

生活中，急流勇退的道理人人皆知，但能真正付诸行动的人却少之又少，而这一念之差所导致的结局往往会有天壤之别。如张良、范蠡等人功成身退，急流勇退，常让后人感叹称赏；而李斯尽管为秦国建了大功却招致身亡，发出了"出上蔡东门逐狡兔岂可得出"的哀鸣。这似乎就印证了俗语所说的"爬得越高，摔得越重"的道理。

李斯是秦代政治家。战国末年楚国上蔡（今河南上蔡西南）人。早年为郡小吏，后从荀子学帝王之术，学成入秦。初被吕不韦任以为郎，后劝说秦王政灭诸侯、成帝业，被任为长史。秦王采纳其计谋，遣谋士持金玉游说关东六国，离间各国君臣，又任其为客卿。秦王政十年（前237）下令驱逐六国客卿。李斯上《谏逐客书》阻止，为秦王政所采纳，不久官为廷尉。在秦王政统一六国的事业中起了较大作用。秦统一天下后，李斯与王绾、冯劫议定尊秦王政为皇帝，并制定有关的礼仪制度，被任为丞相。他建议拆除郡县城墙，销毁民间的兵器，以加强对人民的统治；反对分封制，坚持郡县制；又主张焚烧民间收藏的《诗》、《书》、百家语，禁止私学，以加强专制主义中央集权的统治。还参与制定了法律，统一车轨、文字、度量衡制度。秦始皇死后，他与赵高合谋，伪造遗诏，迫令始皇长子扶苏自杀，立少子胡亥为二世皇帝。后为赵高所忌，于秦二世二年（前208）被腰斩于咸阳闹市，并夷三族。

实际上，人们总是贪恋名位，不愿舍弃所拥有的一切，结果就往往招致灾祸。在封建社会，"功高震主者身危，名满天下者不赏"，"弓满则折，月满则

缺"，"凡名利之地退一步便安稳，只管向前便危险"，都说明了"知足常乐，终生不辱，知止常止，终身不耻"的人生之理。

而从做人角度看，得意时更要谨慎，不骄不躁。至于"败后或反成功，故拂心处莫便放手"这句话其生活意义更明显。所谓失败乃成功之母，一个人不受挫折是不可能的，关键是受了挫折不应气馁。古人即已明白，这是人们根据长期生活积累而得到的经验之谈。

爬得越高，摔得越重

一个人志得意满时，应抱有"见好就收"、"急流勇退"的态度。所谓"物极必反"也是如上道理。

有时遭受小小的挫折，遭受不如意的事打击时，千万不可罢休，进而停止继续奋斗。所谓"失败乃成功之母"就说明了这样的道理。

李斯之死

秦代著名政治家李斯

李斯是秦代政治家。在秦王政统一六国的事业中起了较大作用。秦统一天下后，被任为丞相。秦始皇死后，他与赵高合谋，伪造遗诏，迫令始皇长子扶苏自杀，立少子胡亥为二世皇帝。后为赵高所忌，于秦二世二年（前208）被腰斩于咸阳闹市，并夷三族。

一代枭雄秦始皇

莫过 做事勿太苦，待人勿太枯

[原文]

忧勤是美德，太苦则无以适性怡情；澹泊是高风，太枯是无以济人利物。

解读

原文所说：尽心尽力去做事本来是一种很好的美德，但如果过分认真而使心力交瘁，就会使精神得不到调剂而丧失生活乐趣；把功名利禄看得很淡本来是一种高风亮节，但如若过分清心寡欲，对社会人群也就没有什么贡献了。

生活中，的确有一种人是追求完美的，对自己要求很高，做起事来十分投入，每每认真到废寝忘食，一点小瑕疵都不放过，刻苦精神让人赞佩不已。然而，务求尽善尽美的他们把愈来愈多的时间都给了工作，曾几何时，休闲娱乐对他们来说已然成了一种奢侈了。与之相反，另有一种人则是不为功名利禄所羁绊，他们恬静无为、清心寡欲，仿佛是与世隔绝的清修者。

然而，古贤孔子表明了这样一种观点：一是"过犹不及"，即凡事超越了分寸，就和没有达到标准一样不适当。所以，如果过度认真、刻苦，不但会令生活变得乏味，还可能让人觉得是刻意求表现。二是过度轻视功名利禄到不近人情，从而缺乏匡世救人的热忱，以致于不能有助于人、有利于物了。

于是，孔子提倡说：中庸这种道德，是最高的境界。为人处世，不要过分，也不要不及，过分与不及，都是偏离目标，不能中的。

中庸是儒家心目中的妙境，是艺术，是至高至美的理想，是需要人时时警醒，不懈努力去追求的。《礼记中庸》中就说：国家天下可使达到人人均平富裕（智与能），高官厚禄可以断然辞让（仁），锋利的刀刃可以毅然相向（勇），智仁勇俱全，但要做到中庸，还是"不可能"。

对于现代人来说，如上原则仍然具有普适性的作用。也就是说，在如今的生活中，什么事情都讲究适度的原则，什么事都不要走极端。假如以淡泊为名从而忘记对社会的责任，忘记人间冷暖以至自我封闭，甚至演变为不管他人瓦上霜而自私自利，肯定会被人视为没有公德、没有责任感，甚至还会被认为是有害于社会的，从而会被社会大众所唾弃。至于勤于事业，忙于职业的美德，固然是一种敬业精神，只是如果过度陷于事务圈中而不能自拔，或者因无谓的忙碌而使自己心力憔悴，从而失去自我，也是不足取的。

如此看来，中国儒家主张的中庸之道，对任何事物都要维持均衡心态的观点，我们确实应当以本然之性善加维持，让自己更自然，让自我更真实才对。

孔子与中庸之道

中庸是儒家心目中的妙境，是艺术，是至高至美的理想，是需要人时时警醒，不懈努力去追求的。

孔子提倡：中庸这种道德，是最高的境界。为人处世，不要过分，也不要不及，过分与不及，都是偏离目标，不能中的。

一是"过犹不及"，即凡事超越了分寸，就和没有达到标准一样不适当。所以，如果过度认真、刻苦，不但会令生活变得乏味，还可能让人觉得是刻意求表现。

二是过度轻视功名利禄到不近人情，从而缺乏匡世救人的热忱，以致于不能有助于人、有利于物了。

中庸 原其初心，观其末路

[原文]

事穷势蹙之人，当原其初心；功成行满之士，要观其末路。

解读

原文所说：对于一个事业失败陷入困境而心灰意懒的人，要思索而不是责备，要回想他当初奋发上进的精神；而对于一个事业成功感到万事如意的人，要观察他是否能永远坚持下去，考虑结局如何。

古人常说，知错即改方为智。人们还把事后才明白或后悔的现象称为事后诸葛，所以做事要事先慎重不盲动。但是对于没经过的事，对于可逞一时之雄的事，人们往往不去考虑后果，不去想不利的因素。只有经过了、实践了才会思考、醒悟，故就有"事悟痴除，性定而动"的经验之谈了。

所以，世间任何事都不可过贪，因为过分贪图享乐往往会得到反效果。但要达到遇事不慌，临风不动，行而不贪，做而不过的水准，也不是一朝一夕可成的，需要经过一个磨炼过程，才会建立和掌握一套方法。这就有必要先正心去痴，先打破愚痴和迷妄的执着，唯有这样才能稳定住本性。而性定就先要心定，行正先要心正。这样，对事物就不会只看到好的一面而忽略坏的一面，使我们随时保持清醒的头脑，用正确的方法做事情。所以，古人也常说：知耻而后勇。

如同《孟子·尽心章句上》中所说：人不可以没有羞耻，不知羞耻那才是真正的无耻。换句话说，聪明人不怕出错，因为他知道总会犯错误，但他随时准备改错。

对于现在的人们来说，"万事开头难"，"创业容易守成难"。人生在世谁也无法预料成功与失败，有人成功就会有人失败。可耀眼的花环总是戴在成功者头上，失败者往往会面临穷途末路。但古贤们强调，不应以成败论英雄。对失败者来说，最要紧的是要静下心来；对大众而言，应当客观看待失败者，想想他创业之初是否居心善良，奋发上进。俗语所谓"好的开始就是成功的一半"，意思就是强调只要出发点正确就有可能创一番事业。一时的得失，并不能决定一个人一生的成败。而只要善于总结，失败就可能是成功的前奏。同样，对于一个功成名就的人来说，就要看他是否能够守成，因为任何一个错误决策都可能导致策都可能导致事业的失败。如果不珍惜自己的成就，为贪小利而身败名裂，不仅会

让人觉得惋惜，甚至于让人怀疑他的成功就有可能是建立在一种自私自利的基础上，那么他的成功就很可能就是失败的开始了。

世事不可太贪

世间任何事都不可过贪，因为过分贪图享乐往往会得到反效果。

失败与成功的人

对于一个事业失败陷入困境而心灰意懒的人，要思索而不是责备，要回想他当初奋发上进的精神。

对于一个事业成功感到万事如意的人，要观察他是否能永远坚持下去，考虑结局如何。

《孟子·尽心章句上》

《孟子·尽心章句上》中所说：人不可以没有羞耻，不知羞耻那才是真正的无耻。换句话说，聪明人不怕出错，因为他知道总会犯错误，但他随时准备改错。

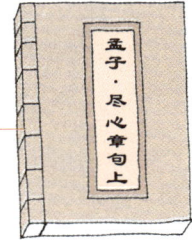

超达 立身要高一步，处世须退一步

[原文]

立身不高一步立，如尘里振衣，泥中濯足，如何超远；处世不退一步处，如飞蛾投烛，羝羊触藩，如何安乐。

解读

原文所说：立身处世若不能保持超然的态度，就好像在泥土里拍打衣服，在泥水里洗濯双脚，又如何能出人头地呢？处理人世事物若不抱多留一些余地的态度，就好比飞蛾扑火，公羊用角去顶撞篱笆，哪会使身心感到愉快呢？

古人们早已认知，人之所以无法摆脱困境，是由于眼光看得不够远，心胸放得不够宽所致！而一个人立身处世，必须要修身养性，尤其待人接物必须谦让，如此才不会落入陷阱，才能跨越障碍，走向前方。

相反，如果短视近利、只顾眼前，做事不看清楚客观环境就盲目努力，即使费尽心机、竭尽全力，结果也终将似"如尘里振衣，泥中濯足"、"如飞蛾投烛，羝羊触藩"，白费心力，使自己陷于进退两难的境地。如此又如何能有一番作为呢？

古人也强调，谦让品德的建立不是以无原则容忍退让为前提的，而是以立大志、高起点处世为前提的。这就是说，一个人生活在世界上，就要认识真理，修真养性，否则就如同凡夫俗子一般，终身在尘埃泥淖中打滚，难以超凡绝俗，有所成就。尤其是在做事时要看清客观环境，不要一味鲁莽。不知变化，不看全局的人，生活中必然会遭受他人的排斥而归于失败。

梁武帝信仰佛教，听说达摩大士到了中国，马上派敕使去召见。见到达摩，梁武帝开口便问，自他即位以来，供养佛僧，广建僧庙，抄写经牒，这究竟有多大功德？达摩则直言不讳地说："这根本没什么功德可言，你的所作所为只是一点世俗的小恩惠而已。真正的功德是圆融纯净的智慧，它的本体是空寂的。世俗的方法不可能得到它。"听后梁武帝又改口问，什么是圣谛第一义？达摩回答说，"廓然无涯，无古无今，超凡越圣。"武帝接着又问他，与自己对答的人是谁？言下之意即"你是圣者吗？"达摩见梁王萧衍不识禅机妙理，淡淡地说自己不知道，随即渡江北上了。

对于现代人而言，这句话的借鉴意义仍然鲜明。做人立身要高一步，处世须退一步，这样必将会使自己更顺利地走向成功。特别是对于那些进德修道，或者

是从政当权的人来说，必须要有坚定的意志和毅力，做到自己的心性坚定不移，无论处在什么样的环境下，都不为名利以及其他的欲望所迷惑，这样才能够排除一切杂念，走向自己所期望的人生集点。

泥水洗脚

态度超然，方可立身处世。

立身处世若不能保持超然的态度，就好像在泥土里拍打衣服，在泥水里洗濯双脚，又如何能出人头地呢？

飞蛾扑火

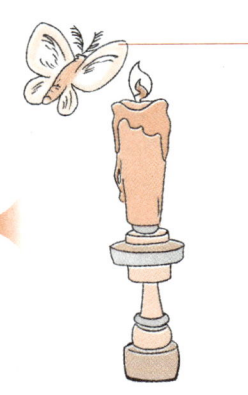

人世事物若不抱多留一些余地的态度，就好比飞蛾扑火，公羊用角去顶撞篱笆，那会使身心感到愉快呢？

一意孤行，行同自取灭亡。

梁王信佛

自称信仰佛教的梁王，其实并不识禅机妙理。

梁武帝信仰佛教。一次见到达摩，梁武帝的谈话使达摩明白了梁王并不识禅机妙理，于是达摩便淡淡地应付一番，随即渡江北上了。

佛教宗师达摩不屑与之谈佛。

静然 抱身心之忧，耽风月之趣

[原文]

人生太闲则别念窃生，太忙则真性不见。故士君子不可不抱身心之忧，亦不可不耽风月之趣。

解读

原文所说：一个人假如整天游手好闲，一切杂念就会在暗中悄悄出现；反之，假如整天奔波劳碌不堪，就又会使人丧失纯真的本意。所以大凡一个有才德的君子，既不愿使身心过度疲劳，也不愿整天沉迷在声色犬马的享乐中。

实际上，人心的真体，凡夫与圣人是一致的，并没有什么相异的地方。当一念不生之时，则善恶邪正的利害关系都不产生，好像水澄清的时候。能够这样澄然静坐，则见物听物，全都能显露出自然的妙用。见到天边云彩的飘浮，就悠然兴起离尘出俗之感；听见雨声淅沥而万念寂静，心地清醒；听到鸟啼，欣然而心有领会之处；看花儿落了则潇然而心有自得。

古贤们从历史经验中总结了如上的得意心境。他们认为，身体太闲逸，就容易胡思乱想、杂念丛生，正所谓"饱暖生闲事"，无中生有的事情往往是那些闲来无事，东家长西家短的人闲嗑出来的。所以人不能太闲，因为人是耐不住寂寞的。古贤们也同时认为，人也不能太忙，忙了就会把自己变成机器，整天按照程序跑来跑去，没有自己的独特的个性和修养，所以人需要放松。

孔子就很善于放松自己。有一次，他同几个学生在一起聊天，大家各谈自己的志向。有的说，自己能使一个小国家强大起来，不受大国欺负；有的说，自己要努力发展经济，使人民都富足；有的说，自己喜欢去办外交，主持些典礼仪式什么的。最后，孔子问正在弹琴的曾点，曾点说，自己与他们都不一样，只想在春末夏初，穿上单薄的衣服，邀几个人，到河里洗洗澡，在河边吹吹风，然后谈笑放歌地回家。孔子立即说，曾点的志向就是我的志向！

的确，孔子一生，克己复礼，栖栖惶惶，够紧张够执着了。但他并不是时刻都把解放全人类的担子背在肩上，像鲁迅所讽刺的，切西瓜吃还想到国土被瓜分！相反，他也有放下担子轻松生活的时候！

对于现代的人来说，每个人都有自己对事业的理解，真正不想做一点事，只想过"饭来张口，衣来伸手"那种寄生虫生活的人还是很少的。因为这种像植物

人一样的人，在如今的社会中是难以生存的。当然，这并不是说那些只讲劳碌，给自己当奴隶牛马，进而丧失人生应有乐趣的做法就应该提倡。正确的做法，就是劳逸结合。凡是与自己情趣、追求无关的事可以放一放，闲一闲；凡是和自己追求有关的事就要紧一紧，不停手地去做。一张一弛，才能忙闲结合，进而成就自己心中所想。

好闲与劳碌的人

一个人如果整天游手好闲，一切杂念就会在暗中悄悄出现。

一个人如果整天奔波劳碌不堪，就会使自己丧失纯真的本意。

大凡一个有才德的君子，既不愿使身心过度疲劳，也不愿整天沉迷在声色犬马的享乐中。

孔子的志向

孔子一生，克己复礼，栖栖惶惶，够紧张够执着了。但他并不是时刻都把解放全人类的担子背在肩上，他非常善于放松自己。他同几个学生谈到自己的志向时说：只想在春末夏初，穿上单薄的衣服，邀几个人，到河里洗洗澡，在河边吹吹风，然后谈笑放歌地回家。

心性 急处站稳，险处回首

[原文]

风斜雨急处要立得脚定，花浓柳艳处要著得眼高，路危径险处要回得头早。

解读

原文所说：在时局动荡风云变幻莫测的时候，要有坚定的信仰，要能在狂涛巨浪中站稳脚跟，把定方向；在美女云集香艳迷人的地方，要有远大的眼光，要能在挠人心魄的女色中把握自己的感情，不沉溺其中；在事情危急前途堪忧的紧要关头，要有果断的决心，要能在危险的关头急流勇退，毫不犹豫，尽早回头，以免陷入泥浊中而不能自拔。

所谓风斜雨急、花浓柳艳、路危径险都是比喻，比喻人生之路会有各种艰难险阻出现。孔子在《论语伯泰》篇中即说："危邦不入，乱邦不居；天下有道则见，无道则隐；邦有道，贫且贱焉，耻也，邦无道，富且贵焉，耻也。"大意是说，要提高自身的修养，不要到危险动荡的地方去。天下太平呢，就出去做事，济天下；不太平呢，就隐居起来，不要和残暴的统治者合作。国家太平，政治清明，如果还生活在贫困卑贱之中，就是一种耻辱；国家不太平，政治黑暗，却追求生活富贵，也是一种耻辱。

孔子又在《宪问》篇中说："邦有道，谷，邦无道，谷，耻也。""邦有道，危言危行；邦无道，危行言孙。"前句大意是说，国家有道，做官拿俸禄；国家无道，还做官拿俸禄，这就是可耻。孔子在这里认为，做官的人应当竭尽全力为国效忠，无论国家有道还是无道，都照样拿俸禄的人，就是无耻。后句则是说，政治清明时，尽可言直行正，国家失道时，行可正，言论则要变得圆滑些。

其实即使是古代邦有道，要富且贵就没有险隘？就能唾手可得吗？不论是有道无道之世，都应有操守，有追求，不怕难，不沉沦，不自颓，把得住自己的心性，遇事就不致沉陷于迷惑中。这都是儒家教诲世人的意旨，至今仍有其现实指导意义。

对于常人而言，平常时候往往是不需要太警醒的，因为平时显得无所谓。但是，在危险境地里，要是还不醒悟的话，那就会很危险了。对照上文中的古训来说，在动荡的时势下要是不机灵，就会跟不上局势，会被时代的大潮吞没；而身处在美女的包围中，要是不眼光长远，保持情感，就会沉迷于色欲之中，陷入欲

望的海洋不能自拔；而当一个人在事情发展到危急的时候，还不急流勇退的话，就会越陷越深，不能脱身，甚至可能丧命其中了。

这里强调的其实就是保身之道，谨慎、冷静、不冒进、不争先。当然，人要在关键的地方猛回头，需要大智慧、大毅力、大定力。

保身与成功之道

信心坚定，任他风高浪急。

在时局动荡风云变幻莫测的时候，要有坚定的信仰，要能在狂涛巨浪中站稳脚跟，把定方向。

声色迷眼，内心沉着。

在美女云集香艳迷人的地方，要有远大的眼光，要能在挠人心魄的女色中把握自己的感情，不沉溺其中。

果敢决心，把握时要。

在事情危急前途堪忧的紧要关头，要有果断的决心，要能在危险的关头急流勇退，毫不犹豫，尽早回头，以免陷入泥浊中而不能自拔。

觉早 知提醒，知放下

[原文]

念头昏散处要知提醒，念头吃紧时要知放下；不然恐去昏昏之病，又来憧憧扰矣。

解读

原文所说：当头脑感到昏沉纷乱时，人应该平静下来让大脑清醒；当工作烦琐情绪紧张时，人要把工作暂停一下，以便使情绪恢复镇定轻松。否则，恐怕刚刚治好昏沉纷乱的毛病，却又会在人的脑海里浮现出左右为难的困扰问题。

古人认为，"不怕念起，只虑觉迟。"如同坐禅是不可打瞌睡一样，既然打了瞌睡，那就是打瞌睡，不再是坐禅。同样，坐禅是不可以思考问题的，因为思考问题就是想什么，不是坐禅，所以要"念起即觉"，有了念头就觉悟到，并消解掉。也就是说，如果人起了妄念，打了瞌睡，用心有所放松，就该马上取"无"的公案再行坐禅参悟，这样就可以消除一个结，没有妄想，没有烦恼。

《列子周穆王》中有一段形象的比喻，即生动地说明：辛苦固然可叹，但如果整天机械地忙个不停，头脑不清醒，就会适得其反，谈不上事业了。

周朝有个姓尹的人，把精力用在增加家产上，他下面的奴仆从天不亮到天黑劳累得没有片刻休息。有个老奴精力已经消磨得没有了，却不停地被使唤，白天唉声叹气地工作，黑夜疲惫劳顿地熟睡。此人精神散漫，每天夜晚梦见自己做了一国君王，在千百万百姓之上，把持一国政治。宫殿园林、离宫别墅，要什么，有什么，快活得无以复加。可是醒来后又得辛苦劳动。别人安慰他过于勤苦时，他就说，人生不过一百年，白天黑夜各占差不多一半，自己白天做奴仆苦是苦，晚间做国君快乐得谁都比不上，还埋怨什么呢？尹姓人一心经营世上俗事，思虑集中于家产，心也劳累，身也疲乏，夜晚也因精力消乏而沉睡。每天夜晚都梦见自己做奴仆，奔走跟随，伺候照顾，什么都干，挨打挨骂，被吓唬被讥笑，都得忍受。睡眠中痛苦的哀叹呻吟，一直到天亮。因此，他以此为苦，便访问朋友。朋友对他说，你地位够高了，自己也够荣华了，钱财太多了，强于别人太远了。晚上梦做奴仆，乐极一定回到苦，那苦人便会回到乐，一苦一乐，这才公平，这是自然。你想醒时快乐，做梦也快乐，哪里能得到这种好事呢？于是，尹姓人听了朋友的话，放松了对老奴的劳役，也减少了自己的思虑，两个的梦境都觉得轻微了些。

这些古训对于现在的人们来说，即是工作要讲方法、有效率，不能认为整天忙忙碌碌就是有成绩，工作紧张而又条理清楚，收效显著才称得上有效率。

人的情绪，必须随时做适当的安排与调剂，既不可饱食终日无所事事过分疏懒，也不可日夜不停，机械般做个不停。不会休息就不会工作，而那种处于昏昏然工作状态的人，辛苦固然可叹，成效却不见得明显，有时还会适得其反。

～念起即觉～

坐禅是不可打瞌睡的，既然打了瞌睡，那就是打瞌睡，不再是坐禅。同样，坐禅是不可以思考问题的，因为思考问题就是想什么，不是坐禅，所以要"念起即觉"，有了念头就觉悟到，并消解掉。这样没有妄想，也就没有烦恼。

～醒时与梦境～

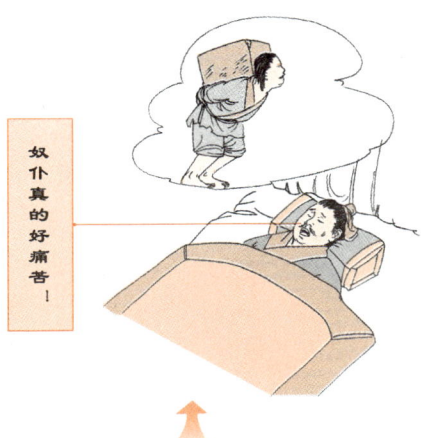

奴仆真的好痛苦！

一个老奴精力已经消磨得没有了，却不停地被使唤，白天唉声叹气地工作，黑夜疲惫劳顿地熟睡。每天夜晚梦见自己做了一国君王，在千百万百姓之上，把持一国政治。宫殿园林、离宫别墅，要什么，有什么，快活得无以复加。

皇帝的日子真好！

一个人的地位够高了，自己也够荣华了，钱财很多了，强于别人也太远了，可晚上却梦做奴仆。这表明乐极一定回到苦，而苦人便会回到乐，一苦一乐，这才公平，这是自然。想醒时快乐，做梦也快乐，世上哪里能得到这种好事呢？

111

德才 应以德御才，勿恃才败德

[原文]

德者才之王，才者德之奴。有才无德，如家无主而奴用事矣，几何不魍魉猖狂。

解读

原文所说：一个人的品德是才学才干的主人，而才学才干只不过是品德的奴隶而已。一个人假如只有才学才干而没有品德修养，就等于一个家庭没有主人而由奴隶当家，这样哪有不遭受精灵鬼怪肆意祸害之理？

中国自古即有"德才兼备"之求。古贤们更是认为，这是对人才的一个基本要求。因为一个有才能的人如果缺乏品德修养，便会逞能而恣意妄为，做事完全不顾及是否合情合理，并且恃才傲物，处处觉得别人不如己，认为自己有能力操控一切。而当事情的发展不如预期的好时，他只会将过错都推给别人，因为他坚信以自己的聪明才智，不可能评估错误。与此同时，古贤们也强调，有的人虽具有品德修养，但能力不够时，也只会让自己所从事的事业积弱不振。因为他恐怕连本身具备的竞争优势都不甚了解，又如何在激烈的社会竞争中幸存呢？

汇集了中国古典文化之精华的《儒林外史》中，就讲述了这样的一个人物——牛浦。

牛浦本是生活在社会最底层的市井小民，却不守本份，仅凭着读了两句诗，思想上便逐渐变得不大稳定，进入了清高虚浮的个人幻境之中。他大的干不来小的不愿干，寻寻觅觅，但终归冷冷清清。当唯一支撑生活的小店被他经营得倒闭，祖父一气之下归天去后，平时不听管教、不务实事的他此时也不由得大放悲声。因为他失去了唯一的亲人和依靠，渺茫的人生愈见荒凉。但他仍然把出路寄托在去依附权贵满足内心的欲望和虚荣上。生活的困苦，前途的无望，其精神世界已极度虚空和堕落。当他无力改变自己的命运而倍受现实鞭挞的时候，其心态和行为也一步步扭曲。他从不义报复中寻求快感，从欺骗中获得满足。最终他丧失了做人的最基本道德，连文人的那一层道貌岸然的面纱也撕裂得荡然无存！其嘴脸已由小流氓而变得愈见狰狞，其行为也透出了德之不存的真实结果，沦落为时代的牺牲品，实在是可悲可叹！

就现在的社会来说，人才无疑是最为需要的了。谁拥有了人才，谁就占据了

发展的有利位置。而作为一个管理者来说，不但需要才，更需要德。只有这样，才能留住人才，发掘自己周围的各种能力，最大化地发展自己的组织或事业。只是现实生活中，不重视品德的人或事很多，人们更重视的是眼前的利益。这一方面表明了商品社会人们的道德水准似乎在下降，另一方面也透示出社会对个人的品德要求正越来越高。

品德与才学的关系

一个人的品德需要意志长久磨练，需要静心思考体味，需要在生活中慢慢养成。只有这样，也才能在最关键的时候表现出来，发挥它深厚的内在作用。

品德好而有才能的人

没有品德只有才能的人

一个有才能的人如果缺乏品德修养，便会逞能而恣意妄为，做事完全不顾及是否合情合理，并且恃才傲物，处处觉得别人不如己，认为自己有能力操控一切。而当事情的发展不如预期的好时，就会将过错都推给别人了。

一个管理者如果只有品德修养，但能力不够时，只会导致组织积弱不振，因为这样的人往往连本身具备的竞争优势都不甚了解，又如何在激烈的社会竞争中幸存呢？

其实人不仅要培养自己的才智，更要修养自己的品德，两者缺一不可。当两者灵巧结合时，就会产生不容忽视的力量。

习染 近朱者赤，近墨者黑

[原文]

教弟子如养闺女，最要严出入、谨交游。若一接近匪人，是清净田中下一不净的种子，便终身难植嘉禾矣。

解读

原文所说：教导子弟，就要像养育一个女孩那样谨慎才行，最关键的是要严格管束他们的出入和注意所交往的朋友。万一不小心结交了行为不正的人，就好像是在良田之中播下了坏种籽，从此就可能一辈子也难以长成有用之材了。

古人已说："故近朱者赤，近墨者黑；声和则响清，形正则影直。"到如今，中国便有了"近朱者赤，近墨者黑"的俗语。这说明环境对人的影响之大。

人的道德修养也是如此。如果你接触美好的事物或品质优秀的人，就有可能由于耳濡目染而不知不觉受到陶冶，不自觉地接受真善美的世界观，从而让自身成为一个优秀的人；但如果你置身于一个"假、恶、丑"的生活环境和生活方式中，自然会或多或少地受到坏的影响，这就是近墨者黑了。

孔子也说"无友不如己者"。就是激励人和有才能的人来往，自己也能受到激励，学到东西，而不和只让自己变坏的人来往。中国另有古话说，"人之初，性本善，性相近，习相远"。这也表明了周围环境对自己的习染不可不谨慎的道理。

孟母教子的故事，很能说明这一问题。孟轲的母亲，很懂得人的道德学问是逐渐养成的，所以对孟轲平时生活和学习上细节十分重视，通过"渐化"的方式培养孟轲的好习惯。起初，孟家离一处公墓不远，小孟轲看了一些送葬人的情景，自己就摹仿起来，成天在沙地上埋棺筑墓。孟母看出这地方对孩子影响不好，就搬了家。可搬的地方是一个集镇，小孟轲又学着那些挑提卖货的人吆喝叫卖，孟母就又一次搬了家。这次搬到了一所学校附近，小孟轲摹仿学校的孩子们，在游戏中摆弄俎豆祭器，学习揖让进退的礼仪，孟母才终于放心地说：这是我孩子可以居住的地方！可孟轲上学以后，有点贪玩，进步不大。有一次孟母问他学习得怎么样。孟子回答说还是那个样。孟母听后，拿过剪刀就剪断了织机上的线，对他说：你荒废学业，就像我割断织机上的线，布就织不成了一样，不好好学习，以后就只有成为供人使唤的下人。从此，孟轲便拜孔子孙子的学生为师，勤奋学习，终于成了著名的儒家宗师。

所以，对于今天的我们来说，就更要提高警惕，争取多接触一些美的事物，多熏陶自己，注意防微杜渐，坚决摒弃丑恶的东西。

近朱者赤，近墨者黑

一个人如果长期和那些具有高尚节操的朋友在一起，即使他的行为不怎么好，也都只是暂时的。因为在那些节操高尚朋友的潜移默化下，不久的将来，这个人也一定会变得高尚起来。

如果一个人如果成天和那些行为、举止十分卑鄙的人在一起，过不了多久，他做事和说话就会和那一帮人相似了。

孟母三次搬家

孟柯的母亲对孟柯平时生活和学习上细节十分重视，通过"渐化"的方式培养孟柯的好习惯。为了孟柯的成长，孟母先把家从一处公墓附近搬到一个集镇上，后看到小孟柯学着那些挑提卖货的人吆喝叫卖，孟母就又一次把家搬到了一所学校附近。

看到小孟柯摹仿学校的孩子们在游戏中摆弄俎豆祭器，学习揖让进退的礼仪，孟母才终于放心。而孟柯也通过勤奋学习，终于成了著名的儒家宗师。

和气　春风解冻，和气消冰

[原文]

家人有过，不宜暴怒，不宜轻弃；此事难言，借他事隐讽之；今日不悟，俟来日再警之。如春风解冻，如和气消冰，才是家庭的型范。

 解读

原文所说：如果家里的人犯了什么过错，不可以随便大发脾气乱骂，更不可以用冷漠的态度进行冷战而不管他。如果他所犯的错你不好意思直接说，就要假借其他事情来暗示让他改正；如果没办法立刻使他悔悟，就要耐心等待时机再殷殷劝告。因为循循善诱，就好像春天温暖的和风一般，能消除冰天雪地的冬寒，同时也像温暖的气流一样，能使冬天冻得如石块的冰完全融化，这样充满一团和气的家庭才算是模范家庭。

《论语》中说：你听说别人罪过的实情后，应该哀之怜之，而不应该庆幸自己获得了真相。也就是说，法官落实了罪证，就应该起哀怜之心。

而古贤们早就说过，"齐家治国平天下"。一个人的事业再有成就，对外的人际关系再好，倘若家庭气氛不和谐，同样谈不上圆满成功。所以哪怕脾气再不好的人，也要注意对家人的态度和方式，稍微有不当的地方，就会严重的影响家庭的和谐和双方的心情。

事实上，人生在世，谁也不能保证自己就没有缺点过失。如有人小气贪财，有人情多好色，有人懒惰，有人马虎，有人浮躁，有人懦弱……大多数人尽管平时生活得很好，可是当在一定的时候，一定的情势之下，就有可能走错一步，做下错事。这其中，有的人知道了别人的过失，就当作笑谈，幸灾乐祸；而有些人则不同，他们心里仿佛被揪了一把，认为做了错事的人，真是可怜可惜。这两种不同的态度，也表映出了两种不同的人格，高低境界也就自然彰显出来。

更何况如今的人们都好面子，没有人希望别人对自己大呼小喝，即使错在自己，也总希望别人能温柔规劝，给自己台阶下。但很多人在与外人相处时会留意到自己的态度，回到家里面对最亲近的家人时，却反而失去了爱心和耐心，毫无保留地发泄自己的负面情绪。也有人因此认为，家人与外人最大的不同，就是对家人不必掩饰自己的喜怒。只是无论有什么理由，如果对家人都没有爱心和耐心，那这个人其实也很难对社会存在爱心。

如今，人们相互间更注重交际方式，其能力也越来越成为一个人能否成功的重要因素之一。所以，在处理这类问题时，一定要讲究相应策略。当我们对周围的人们能做到宾礼相待时，就更没有理由不对自己的家人如此。实践已经无数次地印证，温暖的语言就要比严厉的语言有用的多。

取笑与怜惜别人

有的人知道了别人的过失，就取作笑谈，幸灾乐祸。

有些人知道了别人的过失，他们心里仿佛被揪了一把，认为做了错事的人，真是可怜可惜。

以上两种不同的态度，也反映出了两种不同的人格，高低境界也就自然彰显了出来。

容卹 处亲从容，对友剀切

[原文]

处父兄骨肉之变，宜从容不宜激烈；遇朋友交游之失，宜剀切不宜优游。

解读

原文所说：当你不幸遇到父母兄弟或骨肉至亲之间发生家庭纠纷或人伦惨变事故时，你应该忍住悲痛心情，保持沉着的态度，绝对不可以感情冲动，采取激烈言行而把事情弄得更坏；当你跟知心朋友交往时，万一遇到朋友犯了什么过失，你应该很亲切诚恳地来规劝他，绝对不可以由于怕得罪他而眼看着他继续错下去。

一说，苏东坡记起到黄州上任时王安石嘱咐他取瞿塘中峡水之事。于是从水路走，可顺便取中峡之水。东坡顺流而下，因鞍马颠簸、身体困倦，不觉睡过去了，没有吩咐水手打水，到醒来时已是下峡。东坡赶紧吩咐拔转船头，要取中峡水。但逆水行舟，很是费劲，而且用不上力。途中遇见一个老者，便问三峡哪一峡水好。老者回答，三峡水昼夜不断，难分好坏。于是，东坡认为没有必要一定取中峡水，便叫水手将下峡水装满了一瓮，回到黄州。王安石便问带中峡水的事情。东坡说已经带来了。王安石赶紧取来瓮，命令下人生火煮水，冲泡阳羡茶，但茶色半响方见。王安石便问东坡水从何处取的。东坡回答"巫峡"。王安石再问是不是中峡水，东坡再次肯定。此时，王安石笑着说东坡又来欺他了，此水乃下峡之水，不可假名中峡。听此话后苏东坡大惊，说是问过当地有经验的老者，告诉三峡之水都一样，于是听信了他取了下峡之水。随后，王安石便教育东坡读书人不可轻言妄信，凡事要寻根究底。他向东坡解释说，上峡水性太急，下峡水太缓，只有中峡缓急相半。此水煮阳羡茶，上峡味浓，下峡味淡，中峡浓淡之间。当看到茶色半响方见时，就知道取的是下峡水了。东坡听后，心悦诚服，离席谢罪。而王安石也安慰他说没有什么罪，还指出了他因过于聪明，才致疏略。

由此可见，王安石对苏东坡这次做错了事，且开始还想混过去，并没有直接去斥责他。他采取的正是上文所提倡的方法：一方面中肯地指出东坡过于聪明，反而不能寻根究底，容易犯自以为是的毛病；另一方面又向东坡介绍了三峡之水上中下的区别，使东坡心悦诚服。

对于今天的人们来说，无论是对于家人还是朋友，当发现他们有什么过失

时，就应该诚恳地批评指出，而不能怕得罪于他装作没看见，使他们的错误继续下去。

从容而不激烈

当你不幸遇到父母兄弟或骨肉至亲之间发生家庭纠纷或人伦惨变事故时，你应该忍住悲痛心情，保持沉着的态度，绝对不可以感情冲动，采取激烈言行而把事情弄得更坏。

诚恳而不纵容

当你跟知心朋友交往时，万一遇到朋友犯了什么过失，你应该很亲切诚恳地来规劝他，绝对不可以由于怕得罪他而眼看着他继续错下去。

东坡取水

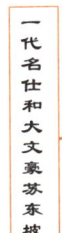
一代名仕和大文豪苏东坡

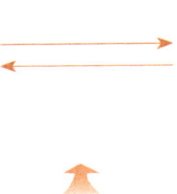

变革家王安石

王安石请苏东坡利用走三峡的机会给自己取一些中峡水。可苏东坡因为鞍马颠簸、身体困倦，不觉睡了过去。当听到途中一个老者说三峡水昼夜不断，难分好坏时，苏东坡认为没有必要一定取中峡水，便叫个水手将下峡水装满了一瓮带给了王安石。后王安石在烧水时识破了所取之水不是中峡水时，并没有一味地指责苏东坡，而是诚恳地讲了他因过于聪明，容易疏略的道理。苏东坡心悦诚服。

明威 为官公廉，居家恕俭

[原文]

居官有二语，曰"唯公则生明，唯廉则生威"；居家有二语，曰"唯恕则情平，唯俭则用足"。

解读

原文所说：做官有两句必须遵守的箴言：态度公正无私才能产生明确判断，行为清白廉洁才能使人敬服；治家也有两句必须遵守的箴言：多替别人设想心情自然平和，生活节俭朴素家用自然充足。

古贤们认为，身居仕途，但凡品德高尚或是有些抱负的人，都希望能够做到公正廉明。为官从政，造福于民本来就是一项至高无上的原则，而公正廉明则是古代做官的基本要求。对清官来讲，首先是不贪，然后是无私，不贪则廉，无私则公，公则生明，廉则生威。

而"唯恕平情，唯俭足用"，则是持家的基本原则。古贤认为，"一粥一饭，当思来之不易；半丝半缕，恒念物力唯艰"，这正是劝诫人们要节俭。换句话说，就是居家过日子，一家人要有宽恕的心胸，要有乐观的人生态度，对家人和蔼可亲，这样才能够使全家人心平气和，大家和睦相处，并且能够勤俭持家，不该浪费的就要节省，要精打细算，这样才能够使全家人都能过上幸福的生活。

由此古人还认为，做官的人就是在维持一个大家庭，他们就是老百姓的父母官。所以，为官在政的人，不论是什么职位，都要有治国的良策，如何为老百姓谋利。如果为政的人，不心存治国之心，又如何善待老百姓？如果心中没有善良的意念，只是为自己谋取私利，不为老百姓做事，就会有亡国的危险了。所以为官的人，不可以不修身，只有这样才是一个正直的父母官。

据司马迁《史记》记载，郅都为官忠于职守，公正清廉，对内不畏强暴，敢于摧扑豪强权贵；对外积极抵御外侮，使匈奴闻名丧胆。郅都被时人称为酷吏"苍鹰"，而后人誉他为"战克之将，国之爪牙"。汉文帝时，郅都踏入仕途，初任郎官，为文帝侍从。汉景帝继位，郅都被晋为中郎将。他性格耿直，"敢直谏"，也能抛开情面，"面折大臣于朝"，很快便得到汉景帝的重视。汉景帝七年（前150年），郅都迁升为中尉，掌管京师治安，亲领北军。他执法不阿，从不趋炎附势，或视权臣脸色行事。皇亲国戚、功臣列侯犯法，郅都不论何官何

人，一律以法惩之。列侯宗室对郅都是又恨又慎，见他皆侧目而视，背后称他为"苍鹰"，喻指他执法异常凶猛。汉景帝原太子刘荣，因其母栗姬失宠被废为临江王。汉景帝中元二年（前148年），他又因侵占宗庙地修建宫室犯罪，被传到中尉府受审。郅都责讯甚严，刘荣恐惧，请求给他刀笔，欲写信直接向景帝谢罪，郅都不许。窦太后堂侄魏其侯窦婴派人悄悄送给刘荣一刀笔，刘荣向景帝写信谢罪后，在中尉府自杀。

如今看来，古贤们总结的从政、持家的原则在当代更有着实际意义。当代为官者，同样应该公正廉明；当代人居家过日子，也应宽恕节俭。

做官的基本要求

为官从政，造福于民本来就是一项至高无上的原则，而公正廉明则是古代做官的基本要求。

做官的要求

对清官来讲，首先是不贪，然后是无私，不贪则廉，无私则公，公则生明，廉则生威。

居家的要求

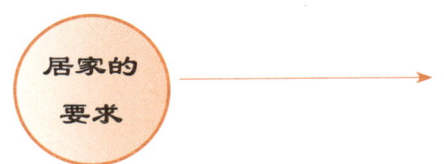

居家的要求

居家过日子，一家人要有宽起的心胸，要有乐观的人生态度，对家人和蔼可亲，这样才能够使全家人心平气和，大家和睦相处；并且能够勤俭持家，不该浪费的就要节省，要精打细算，这样才能够使全家人都能过上幸福的生活。

公正清廉的郅都

郅都为官忠于职守，公正清廉，对内不畏强暴，敢于摧扑豪强权贵；对外积极抵御外侮，使匈奴闻名丧胆。郅都被时人称为酷吏"苍鹰"，而后人则誉他为"战克之将，国之爪牙"。

孝恭 伦常本乎天性，不可任德怀恩

[原文]

父慈子孝，兄友弟恭，纵作到极处俱是合当如此，著不得一毫感激的念头。如施者任德，受者怀恩，便是路人，便成市道矣。

解读

原文所说：父母对子女的慈祥，子女对父母的孝顺，兄姐对弟妹的爱护，弟妹对兄姐的尊敬等等，即便拿出最大爱心做到最完美境界，也都是骨肉至亲之间所应做的。因为这完全都是出于人类与生俱来的天性，彼此之间绝对不可以存有一点感激的想法。假如父母养育子女，兄姐友爱弟妹，个个都怀着一颗思恩图报之心；子女对父母的孝顺，弟妹对兄姐的尊敬，也都怀着感恩报答的心理，那就等于把骨肉至亲变成了路上陌生的人，而且也把出自真诚的骨肉之情变成了一种市井交易。

这里提及的家族人伦之爱，即是维系着中国社会几千年的核心传统。古贤们早就指出，这种爱是自然的，是金钱权力所不能交易到的，是不存在德行与恩惠观念的，是感情生活中的一块净土。古人们强调，子女不是物品，父母的辛劳与恩情也无法量化，只能用心去体会，亲子间如果真要斤斤计较付出与回报，那就跟买卖交易没有什么不同的了。

所以，人世间，如果父母子女之间的真情挚爱可以论斤称两地计较，父母还能成其为父母、子女还能成其为子女吗？

庄子与宋国的宰官荡曾经说过这么一段话：以敬行孝容易，以爱的本心行孝难；以仁行孝容易，以虚静淡泊的态度对待双亲困难；忘掉亲情容易，让双亲也能虚静淡泊地对待自己困难；让亲人忘我容易，要我虚静淡泊地对待天下就难；忘记天下容易，让天下忘我更难。所以具备天德的人不为尧舜，他施于后世的恩泽天下人都不知，这岂是侈谈仁孝能够做到的？孝悌仁义，忠信贞廉，都是为勉励自己而伤害天性，不足称道。所以，至贵就是连国君高位都不要，至富就连倾国财富都不顾，至愿就是弃声名毁誉于不顾。所以，大道是永恒不变的。

对于如今的人们来说，古贤们的上述思想具有的现实意义更无可置疑。因为如今的商品社会中，父母教养子女或子女孝敬父母的本分，应当履行的责任与义务，已被有些父母或子女忽略掉了，就成了条件化的亲子关系。例如，有的父母

会以自己的价值观来支配子女未来，其出发点固然是为子女着想，但子女毕竟是独立的个体，有决定自己未来的权利。而许多求好心切的父母更是无法接受子女违背自己的心愿，在子女坚持走自己的路的时候，往往习惯性地指责子女不孝；而更有不少子女们，也习惯了埋怨父母没有能力给予自己优厚的生活条件，甚至有的还以此来衡量父母们的关爱是多是少。

所以，中国还有一个词汇说得很是简单到位，那就是"真爱无价"。

家族人伦之爱

家族人伦之爱，即是维系着中国社会几千年的核心传统。

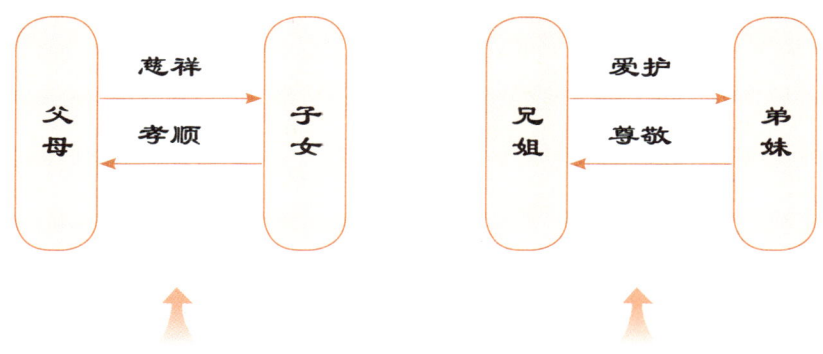

父母对子女的慈祥，子女对父母的孝顺，兄姐对弟妹的爱护，弟妹对兄姐的尊敬等等，即便拿出最大爱心做到最完美境界，也都是骨肉至亲之间所应做的。因为这完全都是出于人类与生俱来的天性，彼此之间绝对不可以存有一点感激的想法。这里提及的家族人伦之爱，即是维系着中国社会几千年的核心传统。

庄子说大道

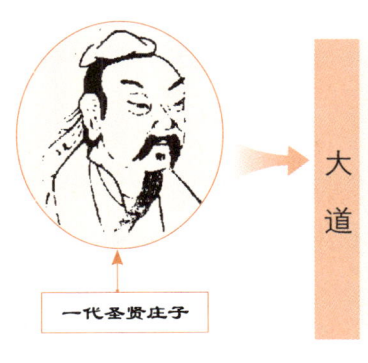

一代圣贤庄子

→ 大道：以敬行孝容易，以爱的本心行孝难；以仁行孝容易，以虚静淡泊的态度对待双亲困难；忘掉亲情容易，让双亲也能虚静淡泊地对待自己困难；让亲人忘我容易，要我虚静淡泊地对待天下就难；忘记天下容易，让天下也忘我更难。所以具备天德的人不为尧舜，他施于后世的恩泽天下人都不知，这也是侈谈仁孝能够做到的？孝悌仁义，忠信贞廉，都是为勉励自己而伤害天性，不足称道。所以，至贵就是连国君高位都不要，至富就连倾国财富都不顾，至愿就是弃声名毁誉于不顾。所以，大道是永恒不变的。

本来 富贵多炎凉，骨肉多妒忌

[原文]

炎凉之态，富贵更甚于贫贱；妒忌之心，骨肉尤狠于外人。此处若不当以冷肠，御以平气，鲜不日坐烦恼障中矣。

解读

原文所说：人情高低、冷暖、厚薄的变化，在富贵之家比在穷困人家显得更鲜明；而嫉妒、妒恨、猜忌的心理，在兄弟姐妹骨肉至亲之间甚于陌生人。一个人如不能用冷静态度来应付这种人情上的变化，或者不能用理智来压抑自己不平的情绪，那就要陷于日坐愁城中的烦恼状态了。

中国的古贤们早就指出，对于世上的人来说，往往在得到一种东西之前会以这种东西作为奋斗目标，而一旦有了这种东西也就会有了利益之争。古人们还认为，人间骨肉亲情虽血浓于水，但自古以来骨肉相残、兄弟阋墙之事却时有所闻，尤其多见于权贵之家。

例如魏武帝曹丕对其弟曹植的迫害、李世民与其兄建成太子的决战玄武门，帝王之家为权势而战的事例多不胜数；而汉武帝、武则天、唐太宗等等无不为了权力而曾骨肉相残；残暴的隋炀帝，已经被册立为太子，可是为了早日当皇帝竟谋杀亲父隋文帝而即位。如此等等，在中国的二十四史中随处可见。

所以，古贤们提醒后人，"共患难易，共富贵难"。现实生活中，我们也常会听到这样的例子：患难夫妻胼手胝足地打拼事业，辛苦多年后终于小有成就，家境愈来愈富裕。但原本鹣鲽情深的夫妻关系却随之起了变化，因相互间算计而劳燕分飞者更是比比皆是。这种状况或情形的发生，在那些产业丰厚的豪门中，似乎也更加常见。骨肉至亲常常因为争夺家产而反目成仇，各自为了多得到一些好处，兄弟骨肉之间的情分早已荡然无存。

在如今的商品经济社会中，这样的例子也很多。有些人往往是有了钱还要更多些，有了权还要更大些，以至生活中终日钻营处处投机的小人，多像苍蝇一样四处飞舞，个人的私欲也总处于极度的膨胀状态。曾有媒体报道，一位性命垂危的父亲住院，前来探视的子女却为了争夺家产而吵闹不休，一旁的医护人员在忙于劝阻之余，也只能为那名正与死神搏斗的父亲感到悲哀。这种状况一方面印证了"富贵多炎凉，骨肉多妒忌"的状况，另一方面也随时地提醒着我们自己，身处此种现实中时，应时时不忘提高自己的修养水平，用冷静客观的态度来应对人情变化维系骨肉亲情。

富贵多炎凉，骨肉多妒忌

对于世上的人来说，往往在得到一种东西之前会以这种东西作为奋斗目标，而一旦有了这种东西也就会有了利益之争。

虽有富贵，却相互猜忌。

虽然清贫，却互相体贴。

人情高低、冷暖、厚薄的变化，在富贵之家比在穷困人家显得更鲜明；而嫉妒、妒恨、猜忌的心理，在兄弟姐妹骨肉至亲之间比跟陌生人显得更为厉害。

炀帝杀父即位

隋炀帝杨广（569年~618年）是隋朝的第二个皇帝，杨坚的次子。因人民无法负荷他一而再、再而三的穷兵黩武，遂以残暴留名于世。

隋文帝

残暴的隋炀帝，已经被册立为太子，可是为了早日当皇帝竟谋杀亲父隋文帝而即位。

德泽 念积累之难，思倾覆之易

[原文]

问祖宗之德泽，吾身所享者是，当念其积累之难；问子孙之福祉，吾身所贻者是，要思其倾覆之易。

解读

原文所说：假如要问我们的祖先是否给我们留下有恩德，就要看看我们现在生活所享受的程度是否高，假如确实高，那就算祖先累积下了恩德，我们就要感谢祖先当年留下这些德泽的不易；假如我们要问我们的子孙将来是否能生活幸福，就必须先看看自己给子孙留下的德泽究竟有多少，假如我们给子孙留下的恩惠很少，就要想到子孙势将无法守成而容易使家业衰败。

古人的上述说法，用一句更直接的话说，即是智慧与财物都是先人遗留给我们的恩泽，它们即使得来容易，而作为后代的我们要守住它并将其发扬光大却绝非易事。

《诗经》中就说："哀哀父母，生我劬劳；养我育我，不辞劳苦。"这表明了对于父母长辈的养育之恩，儒家提倡做子女的应该感谢才是。而感谢的方式当然是要尽到孝道。中国的大思想家荀子就认为，忠君不是绝对的，但尽孝却是绝对的。即使父母有过错，子女后人也要恭恭敬敬，不可冒犯。

孔子的弟子子路便是孝敬父母的典型例子。子路性格直率勇敢，十分孝顺，早年家境很贫穷，时常在外面采集藜藿等野菜当食物。为了赡养父母双亲，却常常到百里以外的地方背回米来，尽到自己的孝心。父母去世以后，子路南游到楚国。楚王非常敬佩恭慕他的学问和人品，给子路加封到拥有百辆车马的官位。当家中积余下来的粮食达到万钟之多时，子路仍然不忘父母的劳苦，感叹地说，虽然希望再同以前一样生活，吃藜藿等野菜，到百里之外的地方背回米来赡养父母双亲，可惜没有办法如愿以偿了。

子路的这种眷眷之情、拳拳之心，曾令无数人为之动容。孔子就赞扬他"侍奉父母，可以说是生时尽力，死后思念哪！"

其实，子女赡养父母，侍奉父母，尊敬父母，在任何时代都是为人的基准。中国另有俗话说"儿不嫌母丑"，所要表达的核心思想也是人间这种至亲至情。无论一个人走遍了天涯海角，他依然还是母亲的儿子；即使他出任王公将相，也

依然改变不了一个为人之子的身份。人类世纪变迁，一个人的身份、地位、名誉也不时改变，但他与父母的血缘亲情关系是不可改变的。

至于我们自己，今天所努力的一切，百年之后也都将传给子孙。所以原文中才有"要问子孙之福祉，吾身所贻者是"。如果我们自己失根忘本，不懂得珍惜所拥有的一切，不仅等于是在糟蹋虚耗祖宗先人的恩泽，更是在挥霍透支子孙们的财富。

创业容易守成难

创业的先人，一分收获一分辛劳。

今人的舒适皆来于先人的勤劳。

智慧与财物都是先人遗留给我们的恩泽，它们即使得来容易，而作为后代的我们要守住它并将其发扬光大却绝非易事。

子路负米养亲

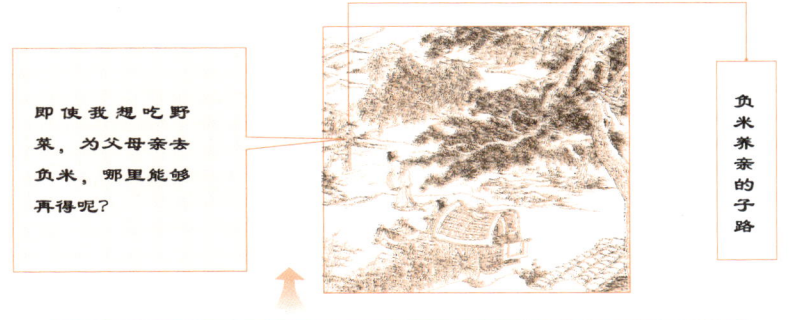

即使我想吃野菜，为父母亲去负米，哪里能够再得呢？

负米养亲的子路

孔子的弟子子路十分孝敬父母。他做官之后，每当坐在垒垒的锦褥上，吃着丰盛的筵席，就常常怀念双亲。

种德 心善子孙盛，根固枝叶荣

[原文]

德者，事业之基，未有基不固而栋宇坚久者；心者，后裔之根，未有根不植而枝叶荣茂者。

解读

原文所说：一个人的高尚品德是他一生事业的基础，就如同兴建高楼大厦一样，假如不事先把地基打得稳固，就绝对不能建筑坚固而耐久的房屋。前辈的居心行事，是后代的根本，根本不牢固而枝叶却能繁茂，那是不可能的。

中国自古就有"身教重于言教"之说，强调了为人长辈者日常生活中的一言一行，都是下一代学习效法的对象，对于子孙人格的形成影响极大。一个心地善良的人，其日常言行都是以善为出发点，儿女子孙经过长时间的耳濡目染，自然也都能延持，并会创下一番事业，此所谓"积善之家庆有余"。反之，则"上梁不正下梁歪"了。

历史上，尧有十个儿子，但他不把王位传给其中任何一个而传给了舜，因为只有舜德高望重，堪当此任。舜有九个儿子，他不把王位传给其中任何一个而传给了禹，因为禹治水有功，对国家和人民做出了很大贡献。史上明君周文王发现并重用了一个七十二岁的老人，依靠他灭殷兴周，以至于周武王在泰山的祝拜中，还念念不忘"虽有周亲，不如仁人"。可见，古贤们早就明了不搞父子兵、以德才取人是多么重要！

在个人修身自省方面，中国古贤们十分强调德——道德品质的重要性，强调德才兼备而又以德为主导，认为德乃人生事业的基础，是个人才能的统率与主心骨。反之，离开了道德的建树、立业，也就失去了稳固的基础，如艳丽一时而不可长存的花朵；缺乏道德的约束，个人的卓越才能还有走向反面的可能，会耗尽在鬼蜮的猖狂作为中。

中国历史上有一个人物赵高，便是无德的典型代表。秦朝末年，宦官赵高将一只鹿称为"马"献给秦二世。糊涂的秦二世还不至于糊涂到不辨鹿马的地步，所以就笑着纠正说这是鹿而不是马。赵高却不改初衷，一口咬定那匹鹿是一匹"马"。对此，朝中大臣中，有附和赵高的信口雌黄之言者，也有反驳赵高混淆鹿马的正直不阿者。结果，赵高在日后借故除掉了这些正直的大臣，秦二世也难

逃杀身之祸。作为家奴宦官且无德的赵高将秦国搅得乌烟瘴气，进一步加速了秦王朝的灭亡。

由此看来，对于今天的人们而言，留给后代子孙最珍贵的遗产并不是财富名位，而是心存善念、以德为基的价值观。只有使良善之心代代流传，才能为儿孙种下幸福的根苗。

身教重于言教

为人长辈者日常生活中的一言一行，都是下一代学习效法的对象，对于子孙人格的形成影响极大。所以，才有"上梁不正下梁歪"，"积善之家庆有余"之说。

尧舜禅让

帝尧

帝舜

尧有十个儿子，但他不把王位传给其中任何一个而传给了舜，因为只有舜德高望重，堪当此任。舜有九个儿子，他不把王位传给其中任何一个而传给了禹，因为禹治水有功，对国家和人民做出了很大贡献。

指鹿为马

秦朝末年，宦官赵高将一只鹿称为"马"献给秦二世。秦二世笑着纠正说这是鹿而不是马。赵高却不改初衷，一口咬定那匹鹿是一匹"马"。对此，朝中大臣中，有附和赵高的信口雌黄之言者，也有反驳赵高混淆鹿马的正直不阿者。结果，赵高在日后借故除掉了这些正直的大臣，秦二世也难逃杀身之祸。无德的赵高进一步加速了秦王朝的灭亡。

赵高

第叁辑
励志篇
3

"困苦穷乏,锻炼身心";读心中之名文,听本真之妙曲。"古亦有名训:"英雄不怕出身低。"艰苦的环境最能激发人的斗志,而优越的生活环境也最容易让人在不知不觉中变成"温室的弱苗"。古往今来,多少仁人志士就是在清苦的环境之中成就了自己的人生梦想。《菜根谭》励志篇,无疑糅合了这其中的所有精华。

本辑图版编目

1. 泛驾之马 / 133
2. 司马迁与巨著《史记》/ 135
3. 夕阳之美 / 137
4. 李广射"虎" / 139
5. 攀比之心要不得 / 141
6. 急于求名在不得 / 143
7. 全自矿出 / 145
8. 自然之机 / 147
9. 美好时光,且莫虚度 / 149
10. 君子之记 / 151
11. 沈括与《梦溪笔溪》/ 153
12. 谦受益,满招损 / 155
13. 之人成虎 / 157
14. 生活中的两种人 / 159
15. 鹰立如睡 / 161
16. 铁杵磨针 / 163
17. 圣人之勇 / 165
18. 山水之美 / 167
19. 老谋深算知不可半途而废 / 169
20. 学会享受生活 / 171
21. 读书只为了…… / 173
22. 用心触物 / 175
23. 质扑之书 / 177
24. 管宁割席 / 179
25. 东施效颦 / 181
26. 根基之重 / 183

"困苦穷乏,锻炼身心;读心中之名文,听本真之妙曲。"

古亦有名训:"英雄不怕出身低。"艰苦的环境最能激发人的斗志,而优越的生活环境史最容易让人在不知不觉中变成"温室的弱苗"。古往今来,多少仁人志士就是在清苦的环境之中成就了自己的人生梦想。《菜根谭》励志篇,无疑糅合了这其中的所有精华。

悔悟 泛驾之马，跃冶之金

[原文]

泛驾之马可就驰驱，跃冶之金终归型范。只一优游不振，便终身无个进步。

白沙云："为人多病未足羞，一生无病是吾忧。"真确实之论也。

解读

原文的意思是说：一匹性情凶悍不易控驭的马，只要训练有素驾驭得法，仍然可以骑上它飞奔疾驰；在熔化时爆出熔炉的金属，最终还是被人注入模型变成器具。一个人如果只贪图吃喝玩乐游手好闲，就会使精神陷入萎靡不振的状态，如此就会一辈子没有什么作为。明代学者陈献章说："做人有过失并没什么可耻的，只有一生一点错都没有才最值得忧心。"这真是一句至理名言。

现实生活中，人们往往很难以一颗平常心去对待那些曾经做过错事的人。而古人却告诉我们，一个人要是一生中没有一丁点的错误，那才是最奇怪的；一个人只要有一颗悔过的心，才是最难能可贵的。

《左传·宣公二年》记载了这样的典故：春秋时，晋国的国君晋灵公是个暴君，对大臣们的屡次劝谏置若罔闻。有一次，晋灵公用餐时觉得厨师煮的熊掌不够熟，就立刻下令把厨师杀掉。大臣士季赶忙进宫劝谏晋灵公不要滥杀，士季还未开口，晋灵公就说："我知道错了，今后一定改正。"其实，晋灵公把语气重点落在前一句，只是想用这个话堵住士季的口，并不是真想改正错误。士季便说："人谁无过，过而能改，善莫大焉。"士季的话把重点落在一个"改"字，每个人都有做错事的时候，只要知错能改，坏事也就变成了好事，他是想让晋灵公悔悟自己的错误。

宋朝大文豪苏洵年少时很不喜读书，到处游荡，不知自强和上进。苏洵年老时也承认"昔予少年，游荡不学，子虽不言，耿耿不乐，我知子心，忧我泯没。"到25岁时苏洵突然醒悟，决定"治学"，且每日发奋读书，经过十多年的闭门苦读，学业大进，成为一代文豪。随后还把自己的两个儿子苏轼、苏辙也培养成为历史上有名的大文豪，人称"一门父子三词客，千古文章八大家"。如果没有苏洵的悔悟，也许历史上就缺少了三大文豪。

所以，古贤们才说：性情凶悍的马，可以通过调教而变得温顺；融化的金子，可以按照模型制作出理想的工艺品；更何况有血有肉的人呢？

生活中，人不能对自己的过错一再放纵，也不要将自己曾经的错误背负在肩。保持平常心态对待自己和他人的缺点，生活才会更惬意！

泛驾之马

性情凶悍的马只要训练得当，人可以骑着它驰骋。

跃冶之金

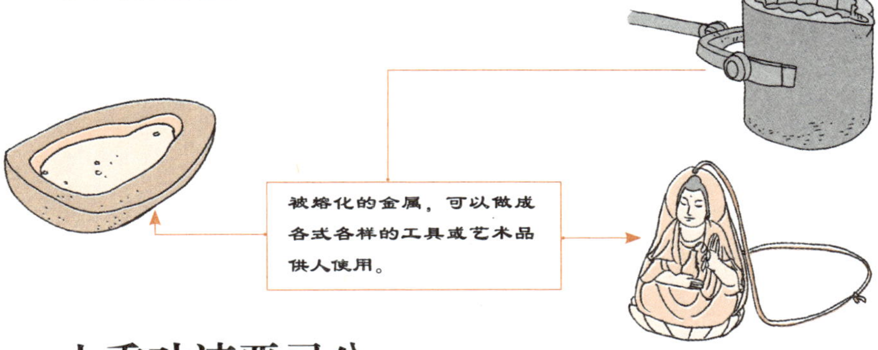

被熔化的金属，可以做成各式各样的工具或艺术品供人使用。

士季劝谏晋灵公

晋灵公：这熊掌怎么不够熟呵？来人呵，把厨师拉出去给我斩了！

厨师：大王，饶命呵！

士季：大王，人人都有做错事的时候，只要能知错就改，坏事也会变成好事的。

困穷 困苦穷乏，锻炼身心

[原文]

横逆困穷是锻炼豪杰的一副炉锤，能受其锻炼则身心交益，不受其锻炼则身心交损。

解读

原文意在说明：横逆困难是锤炼英雄豪杰心性的烘炉，接受这种锻炼对形体与精神均有益处，反之如果承受不了这种恶劣环境的煎熬，那么将来他的肉体和精神都会受到损伤。

每个人的一生几乎都不可能始终是一帆风顺的，没有丝毫困难的人生只是美丽的幻想。每个人的一生也不可避免会遇到一些困难，有先有后，有大有小。而这些困难，犹如紫荆花的落红，给人的成长提供了充足的肥料。孔子在仕途不顺时整理编写了《春秋》；司马迁遭受宫刑后百折不挠地完成了历史巨著《史记》；屈原遭到陷害后，在困境中创作出《离骚》。历史上许多的英雄和伟人，正是在逆境中留下了他们的丰功伟绩，为我们今天所铭记和赞颂。

孟子说，上天要把重大使命降落到某人身上时，一定要先使他的意志受到磨练，使他的筋骨受到劳累，使他的身体忍饥挨饿，使他备受穷困之苦，做事总是不能顺利。这样才能震动他的心志，坚韧他的性情，增长他的才能。越王勾践在一次战争中被吴国打败，只得向吴王屈辱求和。在吴王的威逼之下，勾践还到吴国宫廷中服了三年的苦役，过着牛马不如的生活。勾践被释放回国以后，为了奋发图强，报仇雪耻，他睡觉躺在硬柴上，坐卧饮食都要尝一下苦胆，以不忘国家破亡的痛楚，激励自己的勇气和斗志。最终，越王勾践忍人所不能忍之辱，受人所不能受之苦，卧薪尝胆二十年，终于使越国富强了起来，并打败吴国，创下了人类君王史的奇迹！

所以说，当人遭到灾厄，置身于逆境的时候，就如同在烘炉里的钢铁一样，身心得以锻炼方可成为拥有钢铁意志般的人。一个人只有经受得住灾厄与逆境的艰难险阻，才能享受到成功的甘甜。没有经过此种锻炼的人，则禁不住风霜的打击，终究成不了英雄，只能过着平庸的生活而已。古语所说的："忧危启圣智，厄穷见人杰"，也是要告诉人们，当处在困穷的时候，千万不要灰心丧气，而应知道这正是促成自己向前发展的一个契机，正是在锻炼一个坚强且即将成功的人。

横逆困难是垂炼英雄豪杰的心性

生活中遇到的一些困苦、磨难是一个人成长的沃土，是人进步的阶梯，也是造就英雄和伟人的"练兵场"。

司马迁与巨著《史记》

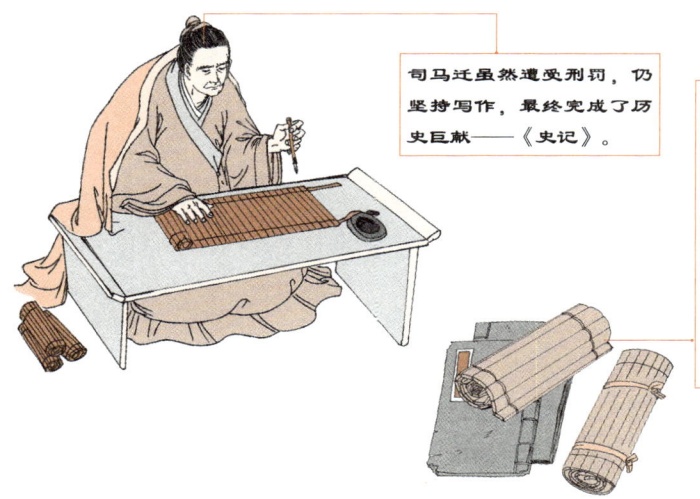

司马迁虽然遭受刑罚，仍坚持写作，最终完成了历史巨献——《史记》。

《史记》在中国散文发展史上起着承前启后的作用，它既开创了中国纪传体史学，也开创了中国的传记文学。它记叙了上自黄帝下至汉武帝太初年间，共计三千多年的历史，全书共103篇，五十多万字。

成功之路

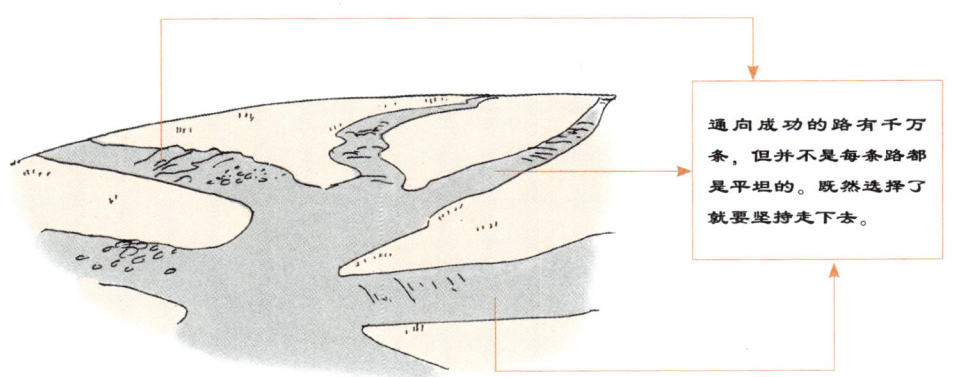

通向成功的路有千万条，但并不是每条路都是平坦的。既然选择了就要坚持走下去。

第叁辑 励志篇

日暮 老当益壮，大器晚成

[原文]

日既暮而犹烟霞绚烂，岁将晚而更橙橘芳馨，故末路晚年，君子更宜精神百倍。

解读

原文意在说明：夕阳西下时，在天空所出现的晚霞是那么灿烂夺目；而深秋季节，金黄色的柑桔正吐露扑鼻的芳香，所以，君子到了晚年更应振作精神奋发有为。

人们总是说秋天是萧瑟的季节，没有生机。而在深秋之时，登临西山，映入眼睑的是"万山红遍，层林尽染"的美景，给人以灿若朝霞的振奋之感。秋天如人的老年，虽岁至迟暮，却更为璀璨耀眼。老年人经验丰富、性情温和，成熟之后，更具美感。他们阅尽沧海桑田之变幻，更加不失奋发向上之气节。

曹操击败袁绍父子后，也平定了北方乌桓，其时他已经五十三岁，可谓已人到迟暮之年。而曹操仍然踌躇满志，乐观自信，他一扫汉末文人感叹浮生若梦、劝人及时享乐的悲调，慷慨高歌曰："老骥伏枥，志在千里。烈士暮年，壮心不已。"曹操自比一匹上了年纪的千里马，虽然形老体衰，屈居枥下，但胸中仍然激荡着驰骋千里的豪情。他说，有志干一番事业的人，虽然到了晚年，但一颗勃勃雄心永不会消沉，一种对宏伟理想追求永不会停息的！

这是多么豪迈的生活态度！廉颇老的时候，还在想着去战场建功；李白在老年被流放的途中，还想去参军平定安史之乱；杜甫在晚年认为自己的才学和丰富的经验仍可为朝廷出一分力，等等。所以说，老年人的奋斗，是一股自强不息、真爱生命的精神，就像经霜的枫叶一样更能让人感动。

世人有个普遍的观念，人在中青年时才是创事业的最佳年龄段，而人一到老年，就不会再有什么建树，还会带来很多社会问题，以至有人慨叹"人到中年万事休"。当然如果硬要说"人生七十才开始"也是不切实际的，每个年龄段都具有特定的作用。中青年阶段是一个人奋发有为创造事业的黄金时期，但历史上也有不少人是在老年时才有所作为。如姜子牙年少时胸怀大志，勤苦学习，始终不倦地研究、探讨治国兴邦之道，可一直没有遇到"伯乐"，也没有施展才华的机会。直到暮年，姜子牙才遇到西伯姬昌，英雄终有了用武之地。

岁寒而后知松柏之苍劲

年纪大并不是就意味着要放弃生活，老年也是人生的一个阶段，生命中的每一刻都应该去奋斗，去体验。"岁寒而后知松柏之苍劲"，人到晚年固然有夕阳黄昏之叹，但"老当益壮"、"老骥伏枥"之雄心和精神更显得振奋人心。人的一生，没有精神追求，即使是正当少年，但颓靡自堕，又有何用？有精神追求和理想抱负，即使在老年却生机勃勃，又何来"徒伤悲"之叹呢？

夕阳之美

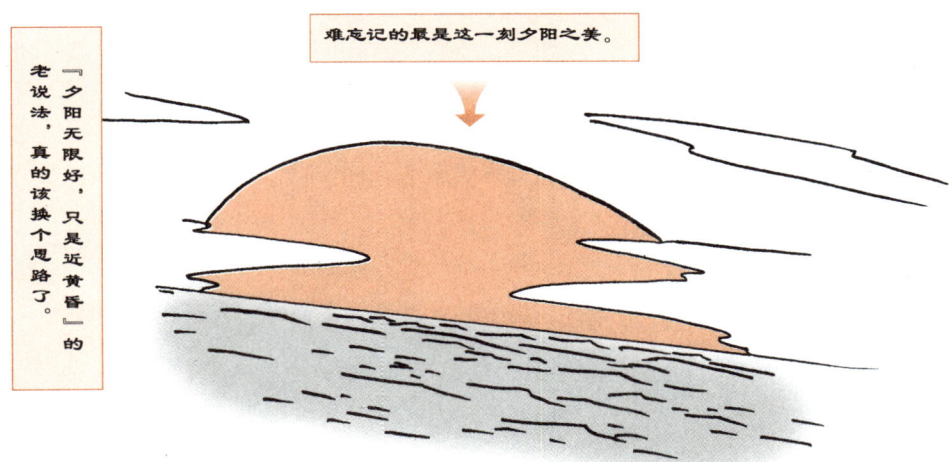

难忘记的最是这一刻夕阳之美。

"夕阳无限好，只是近黄昏"的老说法，真的该换个思路了。

曹操暮年

步出夏门行

神龟虽寿，犹有竟时；
腾蛇乘雾，终为土灰。
老骥伏枥，志在千里；
烈士暮年，壮心不已。
盈缩之期，不但在天；
养怡之福，可得永年。
幸甚至哉，歌以咏志。

迟暮之年的曹操，仍是豪情万丈。

精诚 诚可感动天地，伪则形影自愧

[原文]

人心一真，便霜可飞，城可陨，金石可镂；若伪妄之人，形骸徒具，真宰已亡，对人则面目可憎，独居则形影自愧。

解读

原文所说：一个人的精神修养功夫如果能做到至诚地步，就可以感动上天，变不可能为可能，如邹衍受了委屈感动了上天，竟在盛夏降霜为他打抱不平；而杞植的妻子由于悲痛丈夫的战死竟然哭倒了城墙，甚至就连最坚固的金石也会被真诚的精神力量凿穿。反之，一个人如果心存虚伪邪恶的念头，那他只不过是空有人的形体架势而已，肉体虽存，其实灵魂早已经死亡；由于心术不正，与人相处时，也会使人觉得面目可憎而惹人讨厌；一个人独处时，会忽然良心发现，不由得面对自己的影子也会觉得万分羞愧。

诚是中国文化中最重要的一个成分，也是对人最低的要求和最高的要求。荀子说，君子要有好的品德，最首要的是要具备真诚；孟子说，天地之间，日月星辰的运行，春夏秋冬的交替，花鸟鱼虫自然万物的生长繁息，都是真实、实在的，没有丝毫虚妄；虚妄的东西，在自然中不能存在。这也是在告诉人们要以真实的面貌对待事物和他人，这样才能真实地面对自己。

西汉时期，有一位著名将领叫李广，他精于骑马射箭，作战非常勇敢，人称"飞将军"。一次，他去冥山南麓打猎，忽然发现草丛中蹲伏着一只猛虎。李广急忙弯弓搭箭，全神贯注，用尽气力，一箭射去。李广箭法很好，他以为老虎一定中箭身亡，于是走近前去仔细一看，未料射中的竟是一块形状很像老虎的大石头。不仅箭头深深射入石头当中，而且箭尾也几乎全部射入石头中去了。李广很惊讶，他不相信自己能有这么大的力气，于是想再试一试，就往后退了几步，张弓搭箭，用力向石头射去。可是，一连几箭都没有射进去，有的箭头破碎了，有的箭杆折断了，而大石头一点儿也没有受到损伤。世人对这件事感到很惊奇，疑惑不解，就去请教学者杨雄。杨雄回答说：如果诚心实意，即使像金石那样坚硬的东西也会被感动的。从此，"精诚所至，金石为开"这一成语也便流传下来。

古书《大学》中说，要想治理好自己的国家，一定要先治理好自己的家庭；要想治理好自己的家庭，一定要先修养好自己本身的德行；要想修养好自己本身

的德行，必须先端正自己的心意；要想端正自己的心意，必先使自己的念头真诚、无私；要想使自己的念头真诚无私，必先明理——穷究事物的道理；要想明理致知，必先要革除物欲，修正其不正确的观念。这句话强调的正是中国文化中的一大要义：做人要先"诚"，然后才能谈得上"修身齐家治国平天下"。

真诚是中国文化中的一大要义。一个人拥有一颗真诚的心，还会发愁活的不坦荡吗？真诚犹如太阳，是什么就照出什么，容不得虚假。

李广射"虎"

精诚所至，金石为开

李广善骑射，作战勇敢，人称『飞将军』。

把石头当作老虎，全神贯注，用尽气力，箭深深射入到石头之中。

《大学》

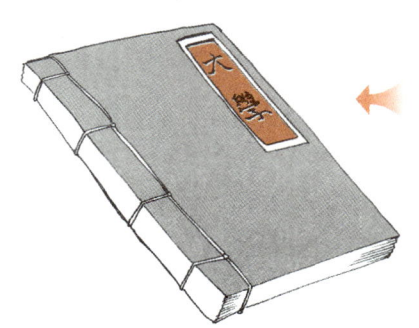

《大学》原本是《礼记》中一篇，在南宋前从未单独刊印。传为孔子弟子曾参所作。南宋朱熹把《大学》从《礼记》中抽出来，与《论语》、《孟子》、《中庸》并列，到朱熹撰《四书章句集注》时，便成了《四书》之一。按朱熹和宋代另一位著名学者程颐的看法，《大学》是孔子及其门徒留下来的遗书，是儒学的入门读物。所以，朱熹把它列为"四书"之首。

拂逆 处逆境时比于下，心怠荒时思于上

[原文]

事稍拂逆,便思不如我的人,则怨尤自消；心稍怠荒,便思胜似我的人,则精神自奋。

解读

原文意在说：遇事稍微有些不如意，就去想那些处境不如自己的人，那么怨恨就会自然消失；心中稍微有些懈怠的念头，就去想那些比自己强的人，精神就自然能振奋起来。

人的欲望是无止境的，有的人在得不到想要的事物时就沮丧万分、寻死觅活，总是哀叹命运不好。人生的道路上不可能总是宽敞平坦的，难免会有沟壑险滩，遇到不如意时要看开一些，想想那些不如自己境况的人，心情就会轻松很多。人的快乐境界全由自己的心理平衡而定，在境遇上不要总与比自己强的人比，而要多向下比，自然心存满足。

民间有句俗语，"一山更比一山高，强中自有强中手。"世界上的事往往没有最好只有更好。世上美好的事物很多，即使你已追逐得精疲力尽，看到的还是人上有人。在生活中，处处与他人攀比，受苦受累的恐怕只是你自己。而每天能看到很多人乐呵呵地、无忧无虑，原因就是他们知道"知足者常乐"的道理。不知足的人哪怕是亿万富翁也照样会活在煎熬之中，因为他还想追求更多；而对于一个虽然不富裕的人，即使生活平淡也能开心幸福，这就是生活的态度。所以，古贤们认为，与其痛苦，何不让自己开心快乐些？

东汉学者赵岐在《三辅决录》中这样说：自己书法虽比不上崔杜那些名人，但是比罗赵等人又绰绰有余。由此，"比上不足比下有余"在民间流传开来。这并不是说告诉人们不求上进，而是让人们有一种平衡的心态。唐代诗人王梵志有一首这样的诗："他人骑大马，我独跨驴子。回顾担柴汉，心下较些子。"大意是说：看到他人骑马，我骑着毛驴，心里头不大高兴，但是回头看见还有步行并且还要担柴的，心里头又平衡了一些。

现代人在生活中不妨学习上述古贤的这种态度，学会安慰自己，懂得放弃。其实，人总会有擅长和不擅长的，拿自己不擅长的和他人擅长的相比，必然会感到自愧不如，产生自卑心理；反过来，拿自己擅长的和他人不擅长的相比，则较容易产生骄傲自满的心理。

一山更比一山高，强中自有强中手

做人要有更高的追求，生活才有动力，社会才会进步。面对人生，我们要学会的是常持一颗"知足常乐"之心，又不乏凌云之志，才能在快乐的人生中品尝丰收的果实。

攀比之心要不得

王梵志：他人骑大马，我独跨驴子。回顾担柴汉，心下较些子。

刻意与他人相比外在的事物，并不是生活的本真意义。保持一颗平常的心，去追求更好的生活，收获会更多。

比上不足比下有余

东汉学者赵岐：这字比崔杜是有差距，但比起罗赵等人好很多了。

"比上不足比下有余"，并不是告诉人们不求上进，而是让人们有一种平衡的心态。

蛰伏 伏久者飞高，开先者谢早

[原文]

伏久者飞必高；开先者谢独早。知此可以免蹭蹬之忧；可以消躁急之念。

解读

原文所说：隐伏很久的鸟，飞起来一定很高；早开的花，凋谢也早。人只要明白这个道理，可以免除怀才不遇的忧虑，可以消除急于求名的念头。

孔子说，不要担心别人不了解自己，而应当担心自己本身的能力够不够；真正的君子只是担心自己有没有真才实学。在现实生活中，我们要想在某一行业取得成功，就应先谦虚地向他人学习来充实自己，使得自己具备足够的能力胜任工作，积累的经验越多，能力越强，以后的路才能越走越宽。

孔子有个叫子夏的学生。有一天，子夏对孔子说，他的父亲做了莒父邑的长官，不知道该如何治理政事。孔子回答：不要图快，也不要贪小便宜。图快反而达不到目的，贪小便宜就办不成大事。其实，在我们现在的生活中也是如此，任何事情都不能只图速度而走一些捷径，过于想成功，反而会忽略自己修养的储备以及经验的累积，往往容易遭到失败。对于青少年而言，不要贪图一时的名利而放弃学习的机会，要把时间和精力更多用在提高自己的能力上。相信只要是金子总会发光的，只要自己有能力，耐得住无名无利的寂寞，终会有成功的一天。

现实生活中，很多年轻人都想拥有自己的事业，他们有着天不怕地不怕的胆量，做事果断、有冲劲。但往往为人处事鲁莽、急躁，他们只想"一夜成名"、"一夜暴富"。怀着这样的心态学习、工作，都不会取得好的结果；只有耐心地去做好自己应该做的事情，实现自己理想的那一天才最终会到来。

也有些人在年轻的时候就春风得意，但由于没有成熟的心态去面对突如其来的名和利，很容易把持不住自己。年纪大些的人，因为长期的生活积累获得了丰厚的知识和人生阅历，痛苦的蛰伏和漫长的等待又造就了他们坚韧的品质。当厚积薄发时，经历过岁月沉淀展现出来的才是精华；而面对成功，他们更容易珍惜那份得来不易的收获。这就是为什么那些急于崭露头角的人往往难成大气候，急功近利的人更不足成大事的原因。

急于求名要不得

不必为怀才不遇失意苦恼，更不要为了名利而急躁冒进。只要脚踏实地、静待时机，一分努力自会有一分收获。

等待羽翼丰满，才会飞得更高。

只有那些守正而待时的人，善于抓住机会且具有坚定的志向，才有可能走向成功。

自身吸收养分足够，花朵才更鲜艳。

修省 幻中求真，雅不离俗

[原文]

金自矿出，玉从石生，非幻无以求真；道得酒中，仙遇花里，虽雅不能离俗。

 解读

原文的意思是说：黄金是从矿山中挖出来的，美玉是从石头中产生的，可见不经过幻变就不能得到真悟；道理是杯酒中悟出来的，神仙也许能在声色场上或繁花丛中遇见，可见即使是高雅之士也不是完全隔绝世俗情欲的。

雅并不拒绝俗，没有俗，雅也就失去了赖以生存的基础。雅的东西并不能脱离它产生的环境，就像一个人不可能天生就是一个高雅之士，他很可能在"俗"的环境里成长，而高雅诞生的关键是以后的磨炼。大文豪苏东坡精通文学、音乐、绘画，可以称得上是文人雅士。可是他也不避俗，喜欢饮酒、喝茶，喜欢吃"东坡肉"。孟子说，人的嘴巴对于食物味道有共同的取舍；人的耳朵对于声音也有共同的取舍；人的眼睛对于颜色也有共同的取舍。虽然这些共同之处只限于一些具体的、常识的、现实的事物和趣味上，但也说明雅俗共赏的道理。

这就像流芳百世的英名，多是抱着不屈不挠的精神，从逆境中挣扎奋斗过来的一样。没有在逆境中历练过，一帆风顺、一生成功的，历史中或许也有，但是我们铭记住的并不多。

孙膑是孙武的后世子孙，年少时和庞涓一起跟随鬼谷先生学习兵法。庞涓到魏国封为将军后，得知孙膑有《孙子兵法》一书。据说谁要得此书就可以雄霸天下。庞涓更是想得到此书，因为他深感自己的本领不如孙膑，怕孙膑超过自己，于是他就派人将孙膑召到魏国，施以膑刑，将孙膑的膝盖骨剔掉，使孙膑致残。孙膑残疾后，并没有放弃自己的理想，虽屡次遭到庞涓的陷害，仍是顽强地与敌人抗争，最终成为历史上有名的军事大家。

至于大浪淘沙的金子更是耀眼，人生亦是如此。有时候日坐愁城，有时候一筹莫展，进而陷入进退维谷的境地。尽管如此，人们却只有在悲风之中才能领略到人生的深奥，置身绝境才可感悟出生活的真滋味。而在各种经历中真正"悟"出道理来，也是自我修养的一种提升。

但在现实生活中，人们对往往会对"雅"和"俗"产生一些严重的误解，甚至偏见。在某些人的潜意识中，一味地视古为雅、视今为俗；以寡为雅、以众为

俗；以远为雅、以近为俗，等等。这是应该摒弃的陈腐偏见。如同人不经过历练也不能成为完人一样，雅是对俗的升华。超俗的人不在于做的事与俗人不同，而是他们有自己做事的独特方式。

金自矿出　玉从石出

要成为一个道德深厚的高雅之士，需要金玉之质，更离不开后天磨炼，应该逐渐发现本性中的良知，在现实之中不断磨炼而使之大放异彩。

∽ 金自矿出 ∽

没有矿石，也就不会有金子。

金子要经过很多程序的提炼，人们才能看到它的光芒。

∽ 雅俗共赏 ∽

雅并不拒绝俗，没有俗，雅也就失去了赖以生存的基础。雅的东西并不能脱离它产生的环境，就像一个人不可能天生就是一个高雅之士一样。

天然 生生之意，天地本心

[原文]

草木才零落，便露萌颖于根底；时序虽凝寒，终回阳气于飞灰。肃杀之中，生生之意常为之主，即是可以见天地之心。

解读

原文的意思是说：草木的枝叶刚开始枯萎凋落时，在根底就已萌发出新芽；季节虽然已进入寒冬，也终究会回归到温暖的飞花时节。在深秋肃杀萧索的氛围中，大地仍然蕴含着主导时势的无限生机，由此可以看出天地孕育万物的本心。

人在生活中难免遇到寒冷、严酷，但是大自然总会留下生机。在最艰苦的时候，往往就是事情的转机快要到来的时候。只要能坚持住走过去，事情就会有转机。所以，古贤们认为，应当效法自然界生生不息、日新月异的精神，面对生活应当自力更生，发奋图强，不断前进，勇于拼搏。同时，也应当像大地那样厚实宽广，载育万物；与人相处时，要心胸开阔、意志高远，严于律己、宽于待人。

唐朝诗人白居易曾这样赞颂小草顽强的生命力："离离原上草，一岁一枯荣，野火烧不尽，春风吹又生"。小草春来发芽，秋来枯萎，即使遇到野火的威力，也不屈服，只要春天一到，它还会生机盎然。大自然赋予万物无限生机，正因为如此，万物是不会因暂时的萧条和衰落而枯萎陨落的。冬意正浓的时候，春天已开始了它的脚步，天地万物就这样生生不息。旧事物的凋陨，只不过是为了让新生得以更好地延续。草木枯荣、四季交替都是大自然的机理所在，花开花谢、夏雨冬雪也是自然的正常现象。

人虽贵为万物之灵，但生老病逝也是自然的规律。2200多年前，秦始皇取得了至高无上的权力，为了永久享有这样的权力，他妄想得到"长生不老之术"。于是，他不断派人去寻求长生不老的仙药，结果都是徒劳无功。其实，世上根本就没有这种药，只要明白了自然的规律，便能理解畏惧年老和死亡如同害怕风霜雨雪般毫无意义。所以，人只要拥有一颗博大的胸怀和一种自强不息的奋斗精神，抓住时代脉搏一直前行，生命的意义就不会衰老。

～ 自然之机 ～

《周易》中认为，天宇的运动刚强劲健，变易是天宇中永恒不变的规律。乾坤分别是天宇中最刚强和最阴柔的两极，互相在最顶点转化。相应于此，君子应该像天宇一样运行不息，要有坚强的意志，永不止息的奋斗精神，不断努力完善自我，完成并发展自己的学业或事业，能这样做才体现了上天的意志，不辜负宇宙给予君子的职责和才能。

第叁辑 励志篇

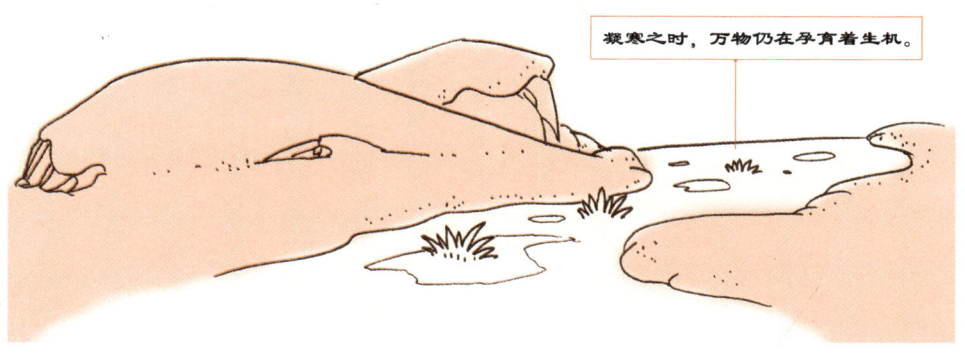

凝寒之时，万物仍在孕育着生机。

～《周易》～

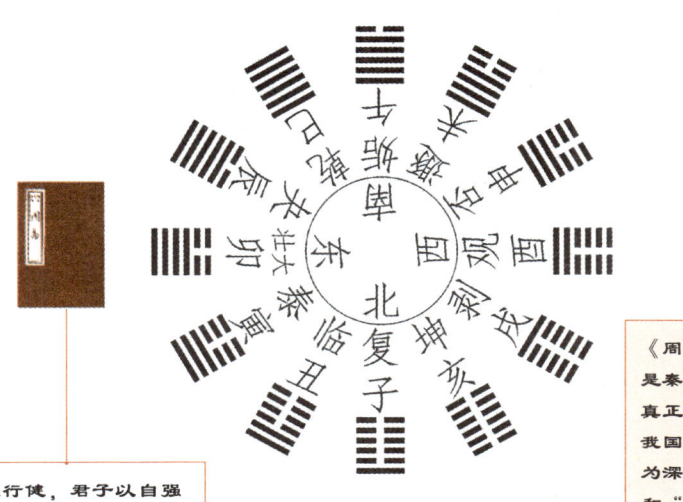

天行健，君子以自强不息；地势坤，君子以厚德载物。

《周易》又称《易经》，是秦汉后直至今日仍无人真正通晓的上古典籍，在我国和全世界的影响都极为深远。它分为"经部"和"传部"。提倡天宇的运动刚劲强健，变易是天宇中永恒不变的规律。

惜时 花鸟尚绘春，人生莫虚度

[原文]

春至时和，花尚铺一段发色，鸟且啭几句好音。士君子幸列头角，复遇温饱，不思立好言，行好事，虽是在世百年，恰似未生一日。

解读

原文意在表达：春天来临时，风和日丽，花草树木争奇斗艳，为自然增添了一份美丽的景色，连鸟儿也发出婉转动听的鸣叫。一个读书人如果能通过努力有幸出人头地，又能够过上丰衣足食的生活，却并不思考为后世写下不朽的篇章，为世间多做几件善事，那么他即使能活到百岁，也宛如没有在世上活过一天一样。

《庄子·知北游》中说，人生活在天与地之间，生命的历程犹如一只小马驹在一道细小的门缝前闪过一样。人生在世短短几十年，有的读书人在享有功名利禄之后，便开始虚度人生，不再读书，更不用说去写书立说了。这样的人即使活到一百岁，也枉费了生命。

西晋左思出身寒微，小时候跟人学书法、弹琴、读书，但学习成绩并不是很好。左思父亲很泄气，认为这孩子没有出息。左思很不服气，从此发愤读书学习，决心追回失去时光。几年后，他开始着手撰写《三都赋》。他把读书、抄录、写作结合起来，发愤攻读，勤于动笔，抄录了无数书文警句。他在室内的门上、墙上，以及厕所里都挂满了纸、毛笔，随读随记。他还把随时看到的语句或想到的东西也随时记下。经过十年构思、琢磨及反复修改，左思终于完成了《三都赋》。这一消息很快传开，一时轰动了整个洛阳城，大家竞相传抄，因为用纸太多，洛阳纸张都涨价了，由此流传下了"洛阳纸贵"的佳话。左思成为我国西晋著名的文学家，他还为读书人开创了抄录读书法，让更多的读书人在诵读中再进行抄写，然后记忆经典文章。左思告诉后人，抄录读书法全过程重在"思"，读中思，写中思，记中思。

资质并不聪慧的左思，能够珍惜每一分钟去学习，不仅自己收获了许多，也为后人留下了佳作。而对于那些贪图名利的人，只顾享受眼前的温饱，并不为社会奉献一丝的力量，这样的人只是躯壳而已，其人生也毫无意义。孔子说，无是非、无骨气的好好先生是足以败坏道德的小人。这种人生活在人群中，就像稗草危害庄稼、紫色混乱朱红一样，最能危害人道。

花鸟尚绘春，人生莫虚度

一个人可以过着平凡的生活，但不能过着庸俗的生活。在平凡的生活中，做出一件令人怀念的事，不仅是为自己的人生添加了精彩的一笔，也为人类的春天增添了一份美景。如果能从花鸟的音色中体会出它们的喜悦，那么你也能够从自己的奉献中获得快乐。

美好时光，且莫虚度

花鸟为春天的到来尽现自己的力量。

年少的时光也如这美景一般很是短暂，珍惜生命的每分每秒，做些对自己和社会有意义的事情，才不枉费此生。

老大徒伤悲

这一生，什么也没有留下。哎……

与其老来常悲叹，何不早年把艺钻。中国自古以来即有艺不压身之语，其意也在于教导后人，要趁年轻多做些对人生有意义的准备事情。

隐智 心事宜明，才华须韫

[原文]

君子之心事，天清日白，不可使人不知；君子之才华，玉韫珠藏，不可使人易知。

解读

原文所阐述的是：有道德修养的君子，他的心地应该像青天白日一样光明磊落，没有什么不可告人的事；而他的才能应该像珍藏的珍宝一样，不宜轻易让人看得出来。

有一次，孔子的弟子司马牛请教如何去做一个君子，孔子回答说，君子的内心没有忧愁，也没有恐惧。司马牛不大明白，接着又问，不忧愁不恐惧，这样就可以称作君子了吗？孔子回答，如果自己问心无愧，那还有什么忧愁和恐惧的呢？孔子所说的，君子坦荡荡，不仅是一个行为端正的问题，同时也指人的内在品德。古人认为，君子有三种基本品德：仁爱、智慧和勇敢。孔子说，一个人如果有一颗博爱之心，有高远的人生智慧，有勇敢坚强的意志，那么他就必然会具有良好的心理和精神状态，从而心底宽广、胸怀坦荡。这样的人可以容忍各种事情，且不计个人得失；而那些处处与他人为难的心胸狭窄的小人，其实是与己为难，因为他们时常忧愁，猥猥琐琐，这些人成不了君子，也没有什么大的才能。

君子为人处世要坦然，而对自己才华要懂得珍藏，不要轻易让人看出自己的才华。世人千万种，并不是每个人都有坦荡的胸怀，有的人会有嫉妒之心，处处为难君子。在自然界中，当相对弱小的动物受到强大对手的攻击时它往往会以各种形式隐藏自己来蒙骗敌人、保护自己。同样的道理，每一个人都有自己独特的生存本领，当面对强大的对手攻击时，要隐藏自己，懂得保护自己。这种自我保护，并不是像小人那样苟且偷生，而是一种能屈能伸的处世方式。适当的隐智，可以使自己在竞争生活中更清楚地观察周围的环境。

其实，适当的隐智还包含着谦卑的品质，也就是甘愿让对方处在重要的位置，让自己处在次要的位置。谦卑是一种心胸开阔的姿态和谦虚向他人学习的态度。《易经·谦卦》认为，谦卑是指人因为虚心所以能进入对方的心，被别人接纳。在与他人交流沟通时彼此接纳是很重要的，因此谦卑作为一种品格也非常重要。一个人不懂得谦卑，在生活中就不容易被他人接纳。不被他人接纳的人，在

生活中往往会处于孤立的状态；而如果人与人之间能够相互谦卑、互相尊重，那人与人之间的关系就会和谐融洽，大家团结一致就没有做不成的事情。孔子弟子三千人，仍能够秉持谦卑的态度，虚心地向郯子、师襄、苌弘、老聃等人学习，不愧是"一代大师"。因此，隐智并不只是一种处世的策略，也是一种美德。一个甘愿处于次要位置的人，一个谦卑的人，最后会赢得大家的尊重和爱戴；而一个骄傲自大的人，一个锋芒毕露的人，常常因为无法接纳他人的意见，从而失去他人的支持，最终陷入孤立卑贱的境地。

～君子之心～

每个人都有发挥个人才能的机会，不过才能必须在恰当的时机和适宜的环境里发挥，如果时机不对或所处的环境充满猜忌，就不要急于展现自己的才华，以免招来别人的嫉恨。"木秀于林，风必摧之"说的就是这个道理。

溯源 读心中之名文,听本真之妙曲

[原文]

人心有一部真文章,都被残篇断简封锢了;有一部真鼓吹,都被妖歌艳舞淹没了。学者须扫除外物,直觅本来,才有个真受用。

解读

原文意在表述:每个人心中都有一部真正美妙的好文章,可惜都被残缺不全的杂乱文章所封闭;每个人心中都有一首旋律美妙的好乐曲,可惜都被那些妖冶的歌声和浮华的艳舞所掩盖。做学问的人一定要排除外界的诱惑,直接去寻求人心中最自然的本性,才能求得真正享用不尽的真学问。

人们往往被覆盖在事物外表的华丽所迷惑,看不到真正的好文章,也听不到美妙的天籁之音。古人告诉我们,这是因为人缺乏一种溯源的探索精神。历史上,但凡有所成就的人,无不具有这一精神。

南朝医学家陶弘景,有一天读到《诗经·小宛》中"螟蛉有子,蜾蠃负(抱)之,教诲尔子,式谷似之"几句时觉得有些疑问,就查阅资料,发现很多书上都这样解释:蜾蠃(一种细腰蜂)有雄无雌,繁殖后代,是由雄的把螟蛉(青蜘蛛)的幼虫衔回窝里,叫那幼虫变成自己的样子,而成为后代。恰好一个朋友也来问陶弘景这是怎么回事。陶弘景想,这些书尽是我抄你,你抄我的,即使再查书也查不出什么名堂了,我何不亲自到现场看个究竟呢?于是,陶弘景来到庭院里找到一窝蜾蠃。经过几次细心地观察,他终于发现,那螟蛉幼虫并非用来变蜾蠃的,而是蜾蠃衔来放在巢里,等自己产下的卵孵出幼虫时,作为它们的"粮食"。蜾蠃不但有雌的,而且有自己的后代。蜾蠃衔螟蛉幼虫作子之谜,终于被陶弘景用调查研究的办法揭穿了。从这件事,陶弘景得出一个结论:治学要重视调查研究和追本溯源,不能因为别人怎么说自己也跟着怎么说。正是这种溯源精神,使陶弘景不被外界的书籍所影响、蒙蔽,从而成为南北朝时有名的医学家,著有多本医学书籍流传后世。

这表明最美妙的乐曲是在心灵的深处,最深的学问藏在书山的深处,只有孜孜不倦追求的人才能聆听到最美妙的心灵之曲,才能领悟到世界上最深奥的道理。而表面上的东西总是假象,只有经过披沙拣金的寻找,才能发现事物的本真;只有真正的掌握了知识,才能唤醒内心,才能分辨是非,掌握真理。

北宋人沈括小时候常想：为什么自己所在的地方的花都开败了，山上的桃花才开始盛开呢？为了解开这个谜团，沈括约了几个小伙伴上山实地考察一番，四月的山上，乍暖还寒，凉风袭来，冻得人瑟瑟发抖。沈括茅塞顿开，原来山上的温度比山下要低很多，因此花季才来得比山下来得晚。凭借着这种溯源求索精神，长大以后的沈括写出了涉及历史、文艺、科学等各种知识的笔记文学体裁的巨作《梦溪笔谈》。

蜾蠃衔螟蛉幼虫作子之谜

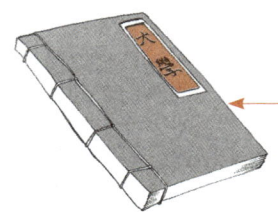

最权威的书里也可能有错误，有疑惑就要追本溯源。

陶弘景（456—536），字通明，齐梁间道士，道教思想家、医学家，撰写了大量重要的道教著作，并对天文历算、地理方物、医药养生、金丹冶炼诸方面也都有所著述，据统计，全部作品达七八十种。惜多亡佚。

沈括与《梦溪笔谈》

沈括（公元1031——1095年），北宋杭州钱塘县人（今浙江杭州），汉族。北宋科学家、政治家晚年以平生见闻，在镇江梦溪园撰写了笔记体巨著《梦溪笔谈》，在中国乃至世界科学史占有得要地位。

《梦溪笔谈》是我国北宋大科学家沈括的传业著作。全书共列有条文609条，遍及天文、数学、物理、化学、生物以及冶金、机械、营造、造纸技术等方面，许多科学成就均达到了当时世界的最高水平，被称为"中国科学史的坐标"。

谦受益 虚心明义理，实心却物欲

[原文]

心不可不虚，虚则义理来居。心不可不实，实则物欲不入。

解读

原文要阐述的是：一个人一定要抱着虚怀若谷的胸襟，因为只有谦虚才能容纳下真正的学问和真理；同时一个人又要抱着执著的态度，因为只有坚强的意志才能抵御外来物欲的侵入。

一个人不可能掌握宇宙全部的知识，也不可能通晓万物的所有真理，只有在向他人不断地学习中，才能充实自己；只有怀着执著学习的态度和坚强的意志，才能使自己不迷失在物质横流之中。

《庄子·秋水》讲了这样一个故事：

来自遥远高山的一支小溪，一路向着东方奔流去寻找海洋。一开始他们是明澈的、欢快的，但后来在途中他们遇到了许多挫折，也走了很多弯路，还有许多浑浊之水也要加入他们的行列，他们没有拒绝。就这样，这支溪水的气势越来越浩浩荡荡，也越来越混浊。人们把它叫做黄河。带领这条大河的那一滴水，被大伙儿尊称为河伯。黄河越来越强大，以致于隔着宽阔的河面也看不清对岸的牛马了。河伯不禁得意洋洋，以为天下之美都被他一个人占尽了。他甚至开始怀疑河水奔流的方向，他已经占尽风光，为什么还要寻找海洋呢？

黄河继续不断壮大，河伯越来越自大狂妄。后来他们终于到达海洋了。当河伯看到浩瀚无边而又神秘的海洋，惊得目瞪口呆。好半天，他才回过头来，对海神叹息：听到了许多道理，就以为没有人比得上自己，我曾经听到有人小看孔仲尼的见闻、轻视伯夷的义行，开始我还不相信；如今我看见您的大海难以穷尽，我如果不到您的面前来，那就危险了，我会永远被明白大道理的人所讥笑。

海神哈哈大笑说，你之所以自大狂妄，恰恰是因为你过高估计了自己，以为自己已经拥有了世界。天底下有多少人都在这样自以为是啊。不过，现在你终于知道了，人们只会笑话那些依然狂妄、不谦虚的人，却再也不会笑话你。你已经达到了海洋，你成了海洋中的一滴水，那就让我们一起享受海洋、一起进入海洋的深处去探索它的奥妙吧！

浅显的故事寓意深刻：在浩瀚的宇宙面前，每个人显得微小、单薄；同样的

道理，在无穷尽的知识面前，没有人可以夸口说，自己拥有了所有知识，可以停止学习了。孔子说，三个人同行，其中必定有他的老师。孔子毕生都在执著地追求自己的理想。正是这种虚怀若谷的情怀和坚强的意念，智者才拥有更多的智慧。

谦受益，满招损

做人处世如果不懂得谦虚，所蒙受的损失将无法估量。成功并非单靠自己的力量就能达到，在很多时候，他人的意见或鼓励才是触发或支持自己努力不懈的动力来源。正如大海能容纳百川，做人也应该敞开胸怀，虚心接受别人的建议，然后择其善者固守之。同样的道理，一个人做事、做学问，如果只是敷衍了事或者被外界的物质利益所迷惑，永远也不会有真正的成功。没有执著精神和坚定意志的人，终生一事无成，而那些保持一颗纯洁、坚定的心，执著追求理想的人，会收获真正的幸福和快乐。

择善 辨别是非，认识大体

[原文]

毋因群疑而阻独见，毋任己意而废人言，毋私小惠而伤大体，毋借公论以快私情。

解读

原文阐述：不要因为大多数人都疑惑就放弃自己的独特见解，也不要太固执己见而忽视别人的忠实良言，不可因个人私利，在背地里施小恩小惠笼络人心而伤害整体利益，更不可以假借社会大众的舆论，来满足自己的私人愿望，发泄个人不满。

《战国策·魏策二》讲述了这样一个故事：魏国和赵国订立了友好盟约。为了使盟约更有效，两国之间决定互送人质作保。于是，魏王就把自己的一个儿子送到赵国的都城邯郸去作人质。为了儿子的安全，魏王派大臣庞葱陪同儿子前往。但庞葱却担心魏王不会一直相信自己。于是临行之前他对魏王说：如果有一个人说大街上来了一只老虎，大王相信不相信？魏王回答，不相信，老虎怎么会跑到大街上来？庞葱接着再问，如果有两个人一齐对大王说大街上来了一个老虎，相信不相信呢？魏王回答，如果有两个人都这么说，他就有些半信半疑了。庞葱又说，如果有三个人一齐对大王说大街上来一个老虎，相信不相信？魏王回答，如果大家都这么说，那他就只好相信了。听魏王这样回答，庞葱就更担心了。他叹了一声说，大王，老虎是不会跑到大街上来的，这是人人皆知的事情。只是因为三个人都这么说，大街上有老虎便成为真的了。邯郸离魏国的都城大梁，比王宫离大街远得多，而且背后议论他的人可能还不止三个。魏王听懂了庞葱的意思，就点点头说，庞葱的心思他知道了，让庞葱只管放心去吧！于是庞葱陪同魏王的儿子到了邯郸。庞葱走后不多久，果然有很多人对魏王说起了庞葱的坏话，而且，就像听到三个人说大街上有虎就相信有虎那样，魏王最终相信了一些大臣的话。于是，当庞葱回国以后，魏王就一直没有召见庞葱。这就是"三人成虎"的故事。

故事说明，人们往往会被大多数人的观点所迷惑，从而放弃了自己做事的原则。孔子说：不要光凭一个人说什么来认识他、推举他，也不要因为一个人有缺陷而摒弃他好的思想言论。这就需要我们要能够分辨真话假话，要去实地考察再做出决断。

总之，一个人在做事时，要坚信自己的明理判断，也要辨别是非，听取善意的忠告。既不能轻信他人的言语，轻易放弃自己的目标，因它这样可能会失去很多成功机会；也不应明明知道自己做错了，还在固执坚持，这样会浪费自己很多精力；更不应因为个人的私利和情感发泄，而去伤害他人成集体的利益，否则最终失败的人将是自己。

三人成虎

切戒 勿妄自菲薄，勿自夸自傲

[原文]

前人云："抛却自家无尽藏，沿门持钵效贫儿。"又云："暴富贫儿休说梦，谁家灶里火无烟？"一箴自昧所有，一箴自夸所有，可为学问切戒。

解读

原文是说：以前有人说："放弃自己家中的大量财富，却模仿乞丐拿着钵到处乞讨。"又有人说："一个突然暴富的穷人，千万不要老向人家夸耀自己的财富，其实哪个人家的炉灶不冒烟呢？"上面这两句谚语，一句是用来劝说那些看不清自己德行的人，一句是用来忠告那些夸耀自己财富的人，这些都是做学问的人必须彻底戒除的事。

几乎每个人都渴望一生能有所作为，有所建树，而很多人的失败往往不是被敌人打败，而是被自己的懦弱或自负击倒。

人生在世，不要随意放弃自家无穷无尽的宝藏不用，而去向别人乞讨，这就是要规诫人们，不要忽视自己所拥有的；另外，不要向他人夸耀自己的才华与财富，你所拥有的别人未必比你少。同样的道理，读书人也要领悟这句至理名言。有的读书人，家里有很多藏书，却不去好好品味欣赏，而是到处向人诉苦，这世上没有什么好书值得读；有的人，买来很多书籍，却不曾翻阅，只是向来客们炫耀自己的书房花费了多少钱，自己买了多少本书。这些人都不是真正的读书人和做学问的人。

孟子说，希望尊贵，这是人们共同的心愿。其实每个人都有自己可尊贵的东西，只是很多人不去思考它罢了。人的心里就是这样，总是不去反省自己，从而导致易犯自卑和自傲的错误。自卑的人，自己都瞧不起自己，还能有谁瞧得上呢？而一味自夸的人，虽然显尽自己的财富和能耐，但是在别人眼中却已经一文不值。

天下万物都是独一无二的，都有其存在的价值。人贵在有自知之明，认识了自己，才能明白自己的优缺点，充分发挥优点，不断改掉缺点。为人处世中，不要跟人比较，不必妄自菲薄，也不要自傲自夸。

生活中的两种人

家里虽有万贯财宝，可却要学着乞丐沿街乞讨。这样的人，也许永远不会知道自己的价值所在。

愿做"财奴"的人

我有很多的财宝呢。

一夜暴富的人，总是爱吹嘘自己的财富。其实，他不知道，听者有时比他更富有。

穷得只剩下了"金钱"的人

第叁辑 励志篇

莫露逞 藏才隐智，任重致远

[原文]

鹰立如睡，虎行似病，正是它攫人噬人手段处。故君子要聪明不露，才华不逞，才有肩鸿任钜的力量。

解读

原文的意思是说：老鹰站在那里像睡着了，老虎走路时像有病的样子，这就是它们准备捉人吃人前的手段。所以，一个真正具有才德的君子要做到不炫耀、不显露才华，如此才能培养出肩负重大使命的力量。

"适者生存"是自然界的规律。老鹰和老虎为了自己的生存，运用各种手段。同样的道理，真正的君子在为人处世中，也需要一些隐藏的计谋。

《韩非子·说难》中记载了这样一个故事：郑武公一直想吞并胡国，但是他深知胡国防范很严，对自己素怀警戒，于是便精心设计了一个长远的计谋。郑武公先是与胡国结下儿女亲家，将女儿下嫁胡国君之子，博得胡国君的信任。过了一段时间，郑武公又故意张扬练兵以待出征，并有意征询臣子们的意见，若出征先出兵何地。一位叫关其思的大夫直言回答，当然是先取胡国。武公闻言，勃然大怒，命手下人将其斩首，并说，胡国与郑国已结秦晋之好，怎么可以大动干戈。日后如果再有人劝他攻打胡国，一律不饶！此事惊动四方，传到胡国，胡国君从此对武公倍加信任，不再如往日一般防卫。不久，郑武公趁胡国不备，突然袭击，一举吞灭了胡国。关其思先取胡国的观点无疑是正确的，算得上是一个聪明人，但他为什么却惹来杀身之祸呢？他错就错在自己虽然了解武公想进攻胡国的意图，却不明白武公只是想迷惑敌人的本意，贸然把自己的真实想法说了出来，糊里糊涂送了性命。

一般而言，人性都是喜直厚而恶机巧的，而胸怀大志的人，要达到自己的目的，没有机巧权变，又绝对不行。尤其是当他所处的环境并不尽如人意时，那就更要既弄机巧权变，又不能为人所厌戒。所以就有了鹰立如睡、虎行似病的藏巧用晦的各种做人的方法。

春秋时代的宁武子，经历了卫国的两代变动。由卫文公到卫成公，两代完全不同，卫文公时政治清明，卫成公时社会混乱，环境险恶，而宁武子却安然做了卫国的两朝元老。在天下太平时，政事清简无所效力，宁武子并不巧立名目，兴

事弄术表现自己有才干；社会动荡时，晋国把卫成公废黜、囚禁的时候，他利用自己的品德和为晋人所赞赏的地位，立朝不去，从容地行走在大国之间，周旋于暗君之侧，一心保全卫国。后来，晋侯派人要毒死卫成公，宁武子又贿赂医生，减少毒药的份量，保全了成公的性命。孔子评价说，宁武子在国家安定时是一个智者，在国家动乱时是一个愚人；他智的一面，别人赶得上，而愚的一面，别人是无法赶上！可见，宁武子深得"大智若愚"的妙处。

鹰立如睡

老鹰看似在睡觉，其实已经做好捕捉猎物的准备。

常被表面诱惑的人，终生不会成就大事。

虎行似病

看似病态的老虎，早已瞄准了猎物。

分析事物，勿以表象定论。

大智若愚的君子

君子不仅要有才有德，还要懂得隐藏自己。

宁武子在国家安定时是一个智者，在国家动乱时则是一个愚人。

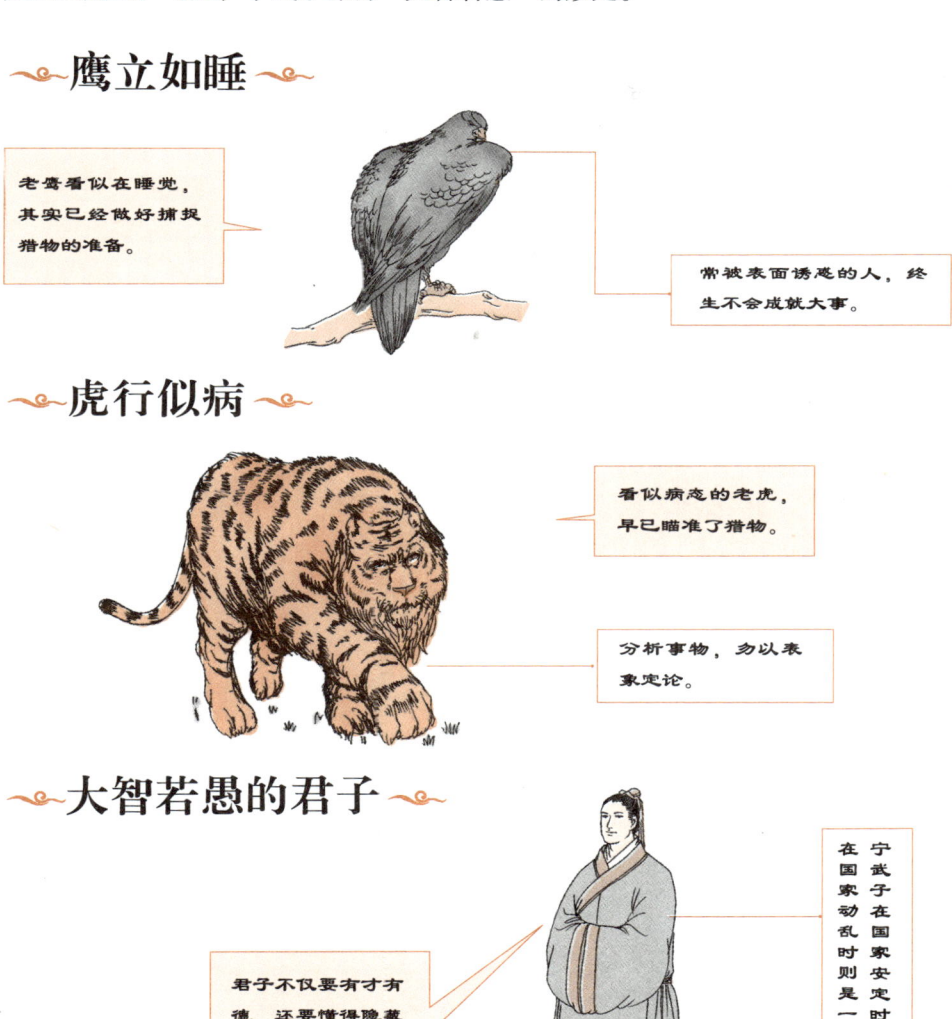

坚持 水滴石穿，瓜熟蒂落

[原文]

绳锯材断，水滴石穿，学道者须要力索；水到渠成，瓜熟蒂落，得道者一任天机。

解读

原文的意思是：把绳索当锯子摩擦久了可锯断木头；水滴落在石头上时间一久就可贯穿坚石，做学问的人也要努力用功才能有所成就；各方细水汇集在一起能形成一道河流，瓜果成熟之后自然会脱落枝蔓而掉落，修行学道的人也要听凭自然才能获得正果。

唐朝著名大诗人李白小时候不喜欢上私塾读书，常常逃学到街上去闲逛。一天，李白又没有去上学，在街上东溜溜、西看看，不知不觉到了城外。暖和的阳光、欢快的小鸟、随风摇摆的花草使李白感叹，这么好的天气，如果整天在屋里读书多没意思。走着走着，在一个破茅屋门口，坐着一个满头白发的老婆婆，正在磨一根棍子般粗的铁杵。李白走过去就问："老婆婆，您在做什么？"老婆婆抬起头，对李白笑了笑，说要把这根铁杵磨成一个绣花针，接着又低下头继续磨着。李白很惊奇就问，是缝衣服用的绣花针吗？老婆婆回答道，当然是缝衣服用的绣花针了。李白说，铁杵这么粗，什么时候能磨成细细的绣花针呢？老婆婆反问李白，滴水可以穿石，愚公可以移山，铁杵为什么不能磨成绣花针呢？李白就说，可是老婆婆的年纪已经这么大了。老婆婆坚定地说，只要她下的功夫比别人深，没有做不到的事情。李白听了老婆婆的一番话，感到很惭愧，于是回去之后，再没有逃过学。每天的学习也特别用功，终于成了名垂千古的诗仙。

故事启示我们：做事要有一种坚持执著的精神，方能达到目的。不少人在做事时，一心想着早日有所成就，却不知道这需要一个长久的过程，一滴水滴落在硬石上，不可能将其穿透，这需要长年累月的坚持。做学问亦是如此，不可能读一两本书，就会成为大师级别的人物。读书之人坚持日复一日地去研读经典著作后，自然会才思泉涌，有所写作。同样，在生活中做其他事情也是如此。干任何事都要抱有坚持的态度，凭一时的感情冲动往往干不成事。

王献之自幼聪慧好学，在书法上专工草书和隶书，也很擅长画画。他七八岁时始学书法，师承父亲王羲之。一天，小献之问母亲郗氏，他只要再写上三年就足够了吧？母亲摇摇头。小献之又说，五年总行了吧？母亲又摇摇头。献之急了，冲着母亲说，那究竟要多长时间？王献之的母亲语重心长地对他说，写完院里这18缸水，字才会有筋有骨，有血有肉，才会站得直立得稳。功夫不负有心人，献之练字用尽了18大缸水，在书法上突飞猛进。后来，王献之的字到了力透纸背、炉火纯青的程度，他的字和王羲之的字并列，被人们称为"二王"。

铁杵磨针

坚持不懈、成功的人物很多，他们的事迹告诉我们，人生有很多选择，坚持下去就是一生之抉择，而轻易放弃会失去更多。

李白：老婆婆，您在做什么呢？
婆婆：我要把铁杵磨成绣花针啊。

聪明伶俐的小李白

李白：是缝衣服用的绣花针吗？
婆婆：当然啊。

李白：铁杵这么粗，什么时候才能磨成细细的绣花针啊？况且您年纪这么大了啊？
婆婆：水滴可以石穿，愚公可以移山，只要我坚持下去，肯定能把它磨成绣花针的。

玄机 观形不如观心，神用胜过迹用

[原文]

人解读有字书，不解读无字书；知弹有弦琴，不知弹无弦琴。以迹用不以神用，何以得琴书佳趣？

解读

原文要阐述的是：人们只懂得读有文字的书，却不懂得研究大自然这本无字的书；人们只知道弹奏普通有弦琴，却不知道欣赏自然界无弦琴的美妙声音。也就是只知道运用有形迹的事物，而不懂得领悟无形的神韵，这种庸俗的人又如何能理解音乐和学问的真正乐趣呢？

在古代，大多读书人为了仕途而去读书，并不去真正理解文字背后的意义。这也就是说，世人只去读念可以理解的有字的书，而不能阅读和理解无字的书。文字是人类伟大的发明，是代表人类思想的符号，但仅去捉摸符号而不去研究符号所代表的意义，就没有什么用处了。世人只能了解字中的意思，而不能看破字的妙理。如果人们能透过文字，发现自然之妙理，就会发现宇宙的万象、诸般的人事都是没有文字的活书籍。世人只知道弹有弦的琴，而不知道弹没有弦的琴，只知道应用物的外形，而不知捉摸物的精神，这样就不能领会出其中的趣味。

孔子被世人尊称为"至圣先师"，他是儒家的开派宗师和集大成者，其学说博大精深，为后人所景仰。据《论语》记载，孔子率领弟子周游列国，手不释卷，琴不离身。但由于孔子的学说不为当时的统治者采纳，故常常处于困顿甚至危险之中。他有两次遇险，却都能做到君子坦荡荡，而且从容地弹琴论道，化险为夷。

有一次，在卫国的匡地，卫国人将孔子和他的弟子们误当仇人，团团围困。弟子们一片惊惶，孔子却若无其事，一边悠然地弹琴，一边结合眼下的处境，向弟子们讲授"大勇"与"小勇"的道理：不逃避蛟龙的追击，是渔夫的勇气；不畏惧猛虎的攻击，是猎人的勇气；面对死亡而毫无惧色，是烈士的勇气；处于困厄窘迫之中，而能冷静地分析这是时势命运所致，临难不惧，等待转机，这才是圣人的勇气。在孔子的悠悠琴声与娓娓讲述中，弟子们镇定下来。最后，卫国人消除了误会，赔礼道歉，一路放行。另外一次是在楚国，他们半路上被派兵围困了七天七夜，缺粮断炊，只好挖野菜充饥。弟子们在沮丧绝望中感到走投无路，而孔子却神态自若，依然弹琴论道。这次孔子讲了"岁寒然后知松柏之后凋"的

道理，讲了"三军可夺帅，匹夫不可夺志"，告诫弟子们要在险境中磨砺意志，坚定信念。弟子们如沐春风，以至忘掉了随时可能遭遇的杀身之祸。终于等到解围，他们又踏上了去楚国的路途。

生活就是人生最真实的一本无字书，自然界的天籁之音，才是最打动心灵的乐曲。静下心来体味生活，你会发现，一切都很美好；听惯了嘈杂的烦恼声音，不妨停下来听听鸟儿的鸣叫，你会发现其中别有滋味。

圣人之勇

孔子真正做到用心去领悟世事，这便是学问和音乐的真正魅力所在。这也告诉人们，仅仅取用物的形象尚不能了解真味，唯有捉摸其中的精神才能得实际的妙用。

怒气冲冲的卫国人

孔子若无其事，一边悠然地弹琴，一边向弟子们讲授"大勇"与"小勇"的道理。

"大勇"与"小勇"

不逃避蛟龙的追击，是渔夫的勇气；不畏惧猛虎的攻击，是猎人的勇气；面对死亡而毫无惧色，是烈士的勇气；处于困厄窘迫之中，而能冷静地分析这是时势命运所致，临难不惧，等待转机，这才是圣人的勇气。

莫做作 诗思野兴，出于自然

[原文]

诗思在灞陵桥上，微吟就，林岫便已浩然；野兴在境湖曲边，独往时，山川自相映发。

解读

原文的意思是说：送别在霸陵桥上会使人诗兴勃发，刚刚低声吟罢，丛林山峰就已经变得诗意盎然；镜湖曲江的水边充满自然的情趣，独自漫步到那里，就会感到山水交映令人陶醉。

古人告诉我们，美好的诗思既出于天然，又来自内心，送别之地，杨柳依依，千山万水含情脉脉，文思泉涌是自然而然的事，无需矫情；镜湖曲边生机盎然，独步而往，山川含笑，水映人心，自然之趣油然而生，何须半点做作？自然的无穷魅力需要一颗玲珑剔透的心去解读，诗情画意出于天然又在心头。诗情画意，需要情与景的交融，它是在情与景的交汇、心灵与自然的撞击中产生。以情观景则动人，景中有情则动心。单纯的自然蕴含诗情却无法发露，期待着人的解读；心灵没有外物的感动撞击也不会产生诗情。

诗歌源于自然，源于生活。历史上出现了很多描写田园山水的文人墨客，他们把自然之景作为审美对象，采用细腻的笔锋描写静谧辽阔的田野和山林，创造出了一种田园牧歌式的生活。

我国的田园山水诗歌源远流长，《诗经》中就有描写各个地方的山水田园诗句。东晋诗人陶渊明则全力写田园诗，他的田园诗歌数量最多，成就最高，被世人认为是田园诗的一座丰碑，其中田园诗歌的代表作有《桃花源诗并记》、《归园田居》、《归去来兮辞》等。陶渊明的诗歌多取材于自然的田园风光、平常生活，运用朴素、真实的语言、白描的手法，直率地抒写而出，这就使人感到自然、亲切，情感真挚，没有任何人工雕琢的痕迹，让人体味其中悠然淡淡的情致，走进诗人所营造的意境中去。欧阳修盛赞陶渊明的《归去来兮辞》说，晋代没有什么好文章，唯有陶渊明的《归去来兮辞》。苏东坡说，古今的贤人，贵在真；人贵真，诗亦贵真，诗真乃由人真而来，一个"真"字，就概括了陶诗经久不衰的魅力所在。

田园山水诗在盛唐时发展到了繁荣时期，出现了以写山水田园诗为主的诗人

群体，人们称之为"山水田园诗派"，主要代表人物是孟浩然和王维。此外还有储光羲、常建、祖咏、裴迪等人。盛唐诗人在继承了前代田园山水诗人的成就上，又有新的发展，他们笔下景物不仅惟妙惟肖，又能以清新的语言表达出田园之趣味、山水之精神。在山川风物中融入诗人的感情，即景会心，浑然天成。

而有很多文人并不追求文章的朴实、自然，他们往往用很华丽的词汇来描写事物，只为了填满字数。用文字来追求名和利，只能算是谋生之计，而非真正的君子之风。

山水之美

饮 酒
（之一）

东晋　陶渊明

结庐在人境，而无车马喧。
问君何能尔？心远自地偏。
采菊东篱下，悠然见南山。
山气日夕佳，飞鸟相与还。
此中有真意，欲辨已忘言。

自然之景，本是最美的诗。

小链接

我国田园山水诗歌源远流长，在盛唐时期最为繁荣，出现了以写山水田园诗为主的诗人群体，人们称之为"山水田园诗派。"主要代表人物是孟浩然和王维。东晋的陶渊明则被称为"田园诗的第一座丰碑"。

陶渊明（约365－427），又名潜，字元亮，自号五柳先生，东晋著名文学家，田园诗人，辞赋家，散文家。陶渊明是汉魏南北朝最杰出的诗人。陶诗今存125首，多为五言诗。从内容上可分为饮酒诗、咏怀诗和田园诗三大类。主要有《饮酒》、《述酒》、《杂诗》、《读山海经》、《桃花源诗并记》、《归园田居》、《归去来兮辞》等。

守恒 学贵有恒，道在悟真

[原文]

凭意兴作为者，随作则随止，岂是不退之轮；从情识解悟者，有悟则有迷，终非常明之灯。

解读

原文阐述了：一个人只凭一时的意气、兴趣办事，情绪高的时候就去行动，冲动一过马上就停止，这样怎能成为不断前进永不倒退的车轮呢！从情感出发去领悟事理的人，有所领悟，也会有所迷惑，这样终究不是永保明亮的智慧之灯。

战国时期，魏国有一个叫乐羊子的人。他的妻子是一个非常贤慧的女子。有一天，乐羊子离开家到了一个很远的地方，去拜师求学。没过多久，乐羊子突然回到家中，他的妻子正在家中织布，妻子很惊讶地问他：学业这么快就完成了吗？乐羊子喃喃地说：学业还没有完成，可是他在外面，天天想家，就放弃了学业回家了。他的妻子听了以后，转身拿起织机上的一把剪刀，三两下就把织布机上已经织好了的布剪成了两段。乐羊子忙上前阻挡，他的妻子就对他说：这织布机上的布，是一丝丝地累积成尺、成丈、成匹，是长期辛劳的结果，现在把它剪断了，就等于前功尽弃，白白浪费了时间。读书求学和纺线织布是一个道理。乐羊子被妻子的话所感动，于是立刻离开家，继续拜师求学。几年后，乐羊子终于完成学业，才返乡回家看望妻子。他的妻子高兴地迎接满载而归的丈夫。

孟子说，一个人的作为就像挖井一样，挖呀挖，没水，再挖呀挖，还是没有水。眼看就要见到水了，他却停了下来，再也不愿挖了。这不是井抛弃了他，而是他抛弃了井。不是他的力量不够，而是他的意志不坚啊！这就是人们常说的，下定决心做一件事是容易的，但能够有恒心做完一件事就不那么容易了。有的人，头脑热一些，没有估计到困难，困难一出现，就退缩了；有的人头脑冷静一点，估计到了困难，可没估计到困难有那么大，也退缩了。眼看就要成功了，一步之遥，一纸之隔，可却没有了坚持下去的恒心，半途而废，一切都前功尽弃。

少年李时珍受家庭熏陶，耳濡目染，对医学很感兴趣。但由于当时医生社会地位低下，父亲希望李时珍跻身仕途。但李时珍三次参考，都没有考中，于是他决心弃儒从医，继承父业。李时珍酷爱阅读典籍，他涉猎群书，搜罗百氏，更是读遍古今医籍，掌握了精湛的医术，开始行医。当时医学书籍对一些药材的记载

说法不一致，有的含糊不清，李时珍就决定重新编写一本真正的本草书籍，他辞去官职，开始了追求真道的历程。为了完成修改本草书的艰巨任务，李时珍几乎走遍了湖北省、湖南、江西、安徽、江苏等地的名川大山，行程不下万里。同时，他又参阅了八百多部书籍，经过3次修改稿，终于在61岁的那年，编成了医学巨作《本草纲目》，这书籍包含着李时珍将近30年的心血，记录着李时珍持之以恒、饱尝苦辛的艰难历程。

由此可见，在求学问道的路上，做学问的人各有自己的经验，但真正有所作为的人，无不是具备持之以恒的精神。同时，还要注意的是必须保持理智的思维和冷静的头脑，感情用事的人终将一事无成。

求知不可半途而废

求学和织布是一个道理，没有持之以恒的精神，永远没有收获。

书山有路勤为径，学海无涯苦作舟。

李时珍与《本草纲目》

李时珍（1518—1593），字东璧，晚号濒湖山人。蕲州（今湖北省蕲春县蕲州镇）人，是明代杰出的医药学家和科学家。著有《本草纲目》。

《本草纲目》共有52卷，载有药物1892种，其中载有新药374种，收集医方11096个，书中还绘制了1111幅精美的插图，是我国医药宝库中的一份珍贵遗产。它采取了"析族区类，振纲分目"的科学分类，共分为16部62类。

潇洒 宽严得宜，勿偏一方

[原文]

学者有段兢业的心思，又要有段潇洒的趣味。若一味敛束清苦，是有秋杀无春生，何以发育万物？

解读

原文意在说明：一个做学问的人，既要有细密的思考、谨慎的行为、刻苦敬业的精神，又要有潇洒脱俗的高超胸怀，这样才能保持生活的情趣。假如只知一味克制约束自己，使自己过着极端痛苦的生活，就会暮气沉沉而无生机，如同大自然中只有落叶的秋日，而没有阳光和煦的春天。这又怎能培育万物的成长而至开花结果呢？

古人讲究勤奋读书，如果一个读书人为了追求高深的学问，每天都兢兢业业地苦读，这种奋发向上的精神固然很好，但不要忽略读书之外的潇洒趣味。相反，如果每天捧着书，却总是怀着颤颤抖抖恐惧之心，好像走近深渊怕坠落，好像踩在薄冰上怕陷没。如此求学，也终不能成功。

做学问的人，无论他研究的是什么学问，心里都要有一种认真钻研的精神，但同时也要有潇洒热情、超凡脱俗的胸怀，而不是像一个苦行僧那样，不食人间烟火，过分约束自己，过分的清心寡欲，这样的生活并不会给自己带来什么益处，反而会使自己的生活困顿不堪，君子要懂得调节自己的生活情趣，追求理想、事业是一方面，但也要有放松的心理，使自己的生活充满情趣。

楚王派两位大臣去拜访庄子，请庄子去做官，管理国事。正在濮水垂钓的庄子头也不回地说，宁肯如活着的小龟甩着尾巴，在泥水中快乐自在，也不愿像死去三千岁的神龟一样，被用丝巾包着藏在庙堂之上。追求自己的生活，不肯违心，不想让荣华富贵损了真性，庄子的洒脱无人能及。

古人告诉我们，做学问是一件清苦的事情，它需要学者具有坚韧的毅力和刻苦的精神。但是没有任何一种学问的目的是使人痛苦，真正的学问应该使人感到快乐，应该融入生命的规律，融入人的性情。有兢兢业业的治学之心，却没有潇洒超脱，只是在死板地读书，他的学问无法融入社会，无法化为现实的力量。君子治学既要不失学者的严谨刻苦，又要保持一种率性洒脱的心态，才不会陷入治学的死角，才能有意想不到的收获。

学会享受生活

一个人不仅要追求事业，而且也应该要追求精神上的快乐，只有精神上的富有，才能够更体现出人生的价值。无论一个人拥有多少财富、仕途多么成功，但如果在精神很贫瘠，这就失去了人生的另一种趣味。

不懂得生活的人，一味地钻在"书"里，并非是明智之人。

唉，这书可真难读，日子真无趣。

读书之人要懂得享受美好的生活。

真知均从生活中来，书外世事巧机众多。

在生活中，多寻找一些事业和学问之外的精神生活和乐趣，提高自己的精神生活质量，从而减少自己的精神压力，从而使生活显得充实而有情趣，人生才丰富多彩。

无旁骛 修德须忘功名，读书定要深心

[原文]

学者要收拾精神，并归一路。如修德而留意于事功名誉，必无实诣；读书而寄兴于吟咏风雅，定不深心。

解读

原文的意思是：求取学问一定要集中精神，专心致志于研究。如果立志修德却又很在意功名利禄，必然不会取得真实的造诣；如果读书只把兴致寄托在吟咏诗词等风雅事上，一定不会深入内心体悟其中真意。

陶渊明生活的时代，朝代更迭，社会动荡，人民生活非常困苦。公元405年秋天，陶渊明为了养家糊口，来到离家乡不远的彭泽当县令。随后的冬天，皇上派来一名官员来视察，这位官员是一个粗俗而又傲慢的人，他一到彭泽县的地界，就派人叫县令来拜见他。陶渊明得到消息，虽然心里对这种发号施令的人很瞧不起，但也只得马上动身。不料他的管家拦住陶渊明说，参见这位官员要十分注意小节，衣服要穿得整齐，态度要谦恭，不然的话，这位官员会在上司面前说你的坏话。一向正直清高的陶渊明再也忍不住了，他长叹一声道，他宁肯饿死，也不能因为五斗米的官饷，向这样差劲的人折腰。陶渊明马上写了一封辞职信，离开了只当了八十多天的县令职位，从此再也没有做过官。

孔子说，真正的君子关心的是自己应该做什么，而小人只是关心自己能得到什么功名利禄。读书如果只是为了附庸风雅，那么就失去了读书的真正价值；如果只是把读书拿来当作换取"黄金屋"、"千钟粟"的敲门砖，那读书就只是一种工具而已。如此读书又怎么能够心无旁骛、学有所得呢？名利之心确实比修进学业更有诱惑力，就像野草总是比庄稼更容易生长。只有清除这些杂念，知识与道德的良田才可能免于荒芜枯萎。吟咏之乐总是要比著书立说更吸引人，但这只能算是对文学的一种爱好，而不是钻研。

明朝有一位宦官王振，他深得皇上宠爱，从而以权谋私，纵揽权势。每逢朝会，各地官僚为了讨好他，多献以珠宝白银。而大臣于谦每次进京奏事，总是不带任何礼品。于谦的同僚劝他说，虽然不献金宝、攀求权贵，也应该带一些著名的土特产如线香、蘑菇、手帕等物给王宦官，以表示一点人情呀。于谦笑着举起两袖风趣地说，他带有清风。于谦的这种高尚品德与那些饱读圣书，反而拿财宝

贿赂宦官的阿谀奉承之风形成鲜明对比。

真正君子为人正直，绝不会拿功名利禄玷污自己的品格。

～读书只为了……～

学术之事，容不得半点含糊，做学问之人，唯有收拾精神，并归一路，才能取得精深的造诣。

～修德忘功名，读书要深心～

如果立志修德却又很在意功名利禄，必然不会取得真实的造诣；如果读书只把兴致寄托在吟咏诗词等风雅事上，一定不会深入内心体悟其中真意。

道心 胸次玲珑，触物会心

[原文]

鸟语虫声，总是传心之诀；花英草色，无非见道之文。学者要天机清澈，胸次玲珑，触物皆有会心处。

解读

原文意在表述：鸟的语言和虫的鸣声我们虽然听不懂，但都是表达它们之间感情的方式；花的艳丽和草的青葱我们固然都能看到，但其中蕴藏着大自然的奥妙文章。研究学问的人，必须使灵智清明透澈，必须使胸怀光明磊落，这样跟事物接触时，才能达到豁然领悟的境界。

面对大自然的美景，人们往往感到无法用语言全部将其描绘出来。只有用心体会时，方能领悟出这些美景才是无形的最好的文章。我们今天所读到的很多古人描写自然的精美诗句，可谓是景中有情。这些优美的诗歌，不仅描绘了自然之景，也蕴含着诗人内心的情感。

四季变幻，自然之景也在悄然变化。杜甫笔下"迟日江山丽，春风花草香。泥融飞燕子，沙暖睡鸳鸯"的春天之美，让人眼前展现了一副这样的画面：白天时间延长了，春天的到来使江山显得更加美丽，春风带来了陈陈醉人的花草的香气。河滩上冰雪融化，泥土变得潮湿而松软，引得燕子飞来含泥筑巢，温暖的沙子上还偎依着一双双的鸳鸯。辽阔的大地上立刻是一派春意盎然、生机勃勃的景色，这里也展示了诗人一种愉悦的心情。

到了夏天，处处是鸟语蝉鸣、万木葱茏、莲叶满池。空中没有一丝云彩，头顶上一轮烈日，没有一点风，一切树木都无精打采地、懒洋洋地站在那里。突然"风声撼山翻怒涛，雨点飞空射强弩"，夏天的雨就这样急速而来，急速而走。秋天是个收获的季节，在美丽的田野上，放眼望去，火红火红的高粱不得不驮着沉甸甸的穗子弯下了腰、金灿灿的玉米在翩翩起舞、雪白的棉花在唱着快乐的歌、苹果露出了一张张灿烂的笑脸、柿子树上挂起了一盏盏红灯笼。人们笑呵呵地收获着丰收的果实。西北风刮起，冬天而至。李白有诗"燕山雪花大如席，纷纷吹落轩辕台"，形象地描写出燕山的雪花大如席子，风雪交加都把轩辕台吹落了。

天地自然中处处充满无限乐趣，只有心灵通透光明，才能对它们真正的心领神会。大自然无时无刻不在用美妙的声音和肢体语言向我们诉说，用它秀丽的山川、辽阔的大地，用它周而复始的运转，传达着它每一秒的喜怒哀乐。每一朵鲜花都是大地的微笑，每一声莺啼都是天空的歌唱。世界本身就是一首动人的诗歌，学者和世人都需要有最通脱的心灵才能心领神会，并为之动容、慨叹。

世事洞明皆学问。善于读书的人，世间一切都是书，山水是书，鱼虫是书，花月也是书。只要用一颗清澈透亮的心去领悟，定会心领神会自然之文章。

～用心触物～

自然之书，胜于书本之书，用心触物，会有另一番收获。

春暖鸭先知

秋瑟冬即前

春 秋
夏 冬

夏浓万物生

冬至天飞雪

拙 拙意无限，道以拙成

[原文]

文以拙进，道以拙成，一拙字有无限意味。如桃源犬吠、桑间鸡鸣，何等淳庞。至于寒潭之月、古木之鸦，工巧中便觉有衰飒气象矣。

解读

原文着意表述：不论写文章或做学问都要用质拙的方法才有进步，尤其是修养品德必须抱着朴实的态度才有成就，可见"拙"字含有无穷奥义，恰如桃花源中的狗叫、阡陌间的鸡鸣，这该是一种多么淳朴充实的风俗。至于寒潭中所映出的月影、以及古树上所栖息的乌鸦，表面看来充满诗情画意，然而实际上却显示出萧瑟凄凉的景象。

孔子说，质实多于文采，就难免粗陋；文采多于质实，就难免虚浮；文采和质实配合得恰到好处，才可以称为是君子。过于老实、木讷，在所有人面前均出自真心相示，对所有事都丁是丁、卯是卯，这样的人缺乏生趣，也缺乏智慧；相反，过于浮华、机巧、一味见风使舵、只会说些甜言蜜语，毫无真诚之意，这样的人靠不住，甚至很危险。孔子认为的"文质彬彬"，就是两方面配合，既有生趣、精神，又有真气、厚道，这样的人才可爱。

《韩非子·说林上》中讲了这样的两个典故。

魏国大将乐羊去攻打中山国。乐羊的儿子在中山国，中山国首领将乐羊儿子悬挂起来给乐羊看，乐羊并没有因此而减弱进攻的意志，攻打更为猛烈。中山国于是将乐羊儿子烹了，送羹给乐羊，乐羊将羹喝干。中山国首领看到了乐羊的决心，不忍心和乐羊对战，乐羊终于拿下了中山国。乐羊回国之后，文侯欣赏他的战功，但怀疑他的内心。

孟孙打猎捕获了一只小麑。让秦西巴拿着回家，麑的母亲一边跟着秦西巴一边鸣叫，秦西巴不忍心，放了小麑给母麑。孟孙得知后，发怒放逐了秦西巴。一年过后，孟孙召回秦西巴做太子的老师。有的大臣问：秦西巴对君王是有罪的，现在又任命他为太子傅，这是什么原因呢？孟孙回答说：秦西巴对一只麑而不忍心，将小麑放生，又怎么能忍心我的儿子啊。韩非子认为，自以为聪明的奸诈之举，并不如心中不存恶念，诚心诚意地做事；有目的有意图地故意表现出某些能够吸引人迷惑人的假象，最后欺骗的是自己。

老子说，人类痛苦和纷争的病根就在于乖巧过了头，刚强过了分，假如大家立身处世都朴实、厚拙、柔弱、不争，人们生活必定幸福多了。看似质朴的做法，其实才是最智慧之人，看似笨拙的事物未必真的笨拙。因为拙并不等于笨，它是一种对人工的驱除和对自然的顺应。"拙"是一种质朴，一种真诚，而质朴和真诚是最能打动别人的。

拙意无限，道以拙成

最能打动人心的好文章不是华丽词句的堆砌，镂金锉玉文字的堆砌只是外表上的精致，却没有能打动人心的真情实感。同样的道理，为人处世只要出于真，出于诚，出于自然和质朴，就会营造出和睦融洽的人际关系；花言巧语、阿谀奉承虽然让人很受用，但却得不到他人真情实感。

质朴之书

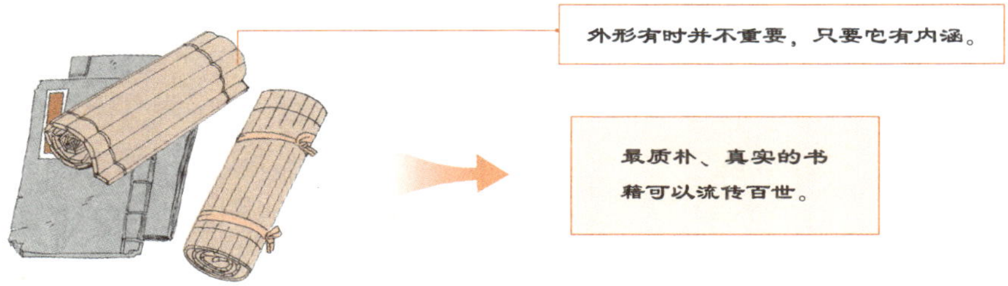

外形有时并不重要，只要它有内涵。

最质朴、真实的书籍可以流传百世。

桃源犬吠

再破，也能给人家的感觉。

淳朴而又简单的生活，带给人另一种享受。

古树乌鸦

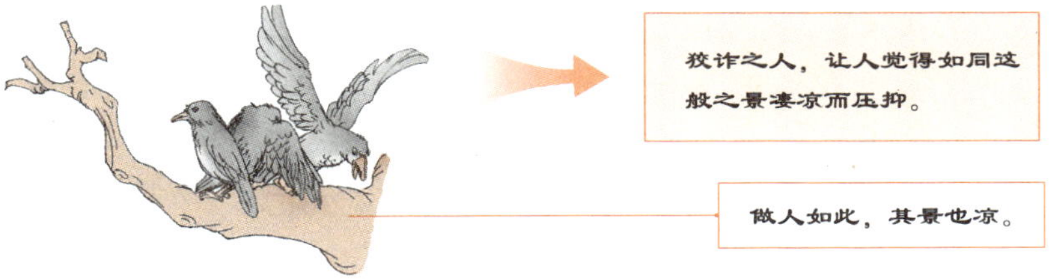

狡诈之人，让人觉得如同这般之景凄凉而压抑。

做人如此，其景也凉。

木石心 进德修行，济世经邦

[原文]

进德修道，要个木石的念头，若一有欣羡便趋欲境；济世经邦，要段云水的趣味，若一有贪著便堕危机。

解读

原文意在告诉我们：凡是磨练心性提高道德修养的人，必须有木石一样坚定的意志，假如羡慕外界的荣华富贵，那就会被物欲所困惑包围。凡是一个可以治理国家，能服务社会的人，必须有一种宛如行云流水般的淡泊胸怀，假如贪恋功名利禄，就会陷入危机四伏的险地。

三国时期，管宁和华歆都是有名之人。二人在年轻的时候，是一对非常要好的朋友。他俩成天形影不离，同桌吃饭、同榻读书，相处得很和谐。有一次，二人在菜地里锄草，过了会，管宁的锄头碰到了一个硬东西。管宁好生奇怪，将泥土翻了过来。发现黑黝黝的泥土中，有一个黄澄澄的东西闪闪发光。管宁定睛一看，是块黄金，他就自言自语地说，是一块金子。接着，他把那块金子放在地上，不再理会，继续锄草。而不远处的华歆听到这话，不由得心里一动，赶紧丢下锄头奔了过来，拾起金块捧在手里仔细端详。管宁见状，一边挥舞着手里的锄头干活，一边责备华歆说，钱财应该是靠自己的辛勤劳动去获得，一个有道德的人是不可以贪图不劳而获的财物的。华歆听了，嘴上说，自己也知道这个道理，可是手里却还捧着金子，怎么也舍不得放下。最后，华歆觉得管宁一直看着自己，很不情愿地丢下金子才去干活。可是他心里还在惦记金子，还不住地唉声叹气。管宁见他这个样子，不再说什么，只是暗暗地摇头。

有一天，管宁和华歆坐在一张席子上读书。正看得入神，忽然一片鼓乐之声，中间夹杂着鸣锣开道的吆喝声和人们看热闹吵吵嚷嚷的声音。于是管宁和华歆就起身走到窗前去看究竟发生了什么事。原来是一位达官显贵乘车从这里经过。一大队随从佩带着武器、穿着统一的服装前呼后拥地保卫着车子，威风凛凛，显得富贵逼人。管宁对于这些很不以为然，又回到原处捧起书专心致志地读起来，对外面的喧闹完全充耳不闻，就好像什么都没有发生一样。华歆完全被这种张扬的声势和豪华的排场吸引住了，他嫌在屋里看不清楚，干脆连书也不读了，急急忙忙地跑到街上去跟着人群尾随车队细看。管宁目睹了华歆的所作所为，再也抑制不住心中的叹惋和失望。等到华歆回来以后，管宁就拿出刀子当着华歆的面把席子从中间割成两半，痛心而决绝地说，两个人的志向和情趣太不一样了。从今以后，他们就像这被割开的草席一样，再也不是朋友了。管宁一生不慕名利，著有《氏性论》，华歆则很努力做到太尉之位，却终日过着提心吊胆的日子。

物欲横流的时代，很多人都被金钱和权势迷惑，每天劳碌奔波，只为名利而存亡，成为名利的奴仆。这样的人生也就失去了人自身的生存意义。

管宁割席

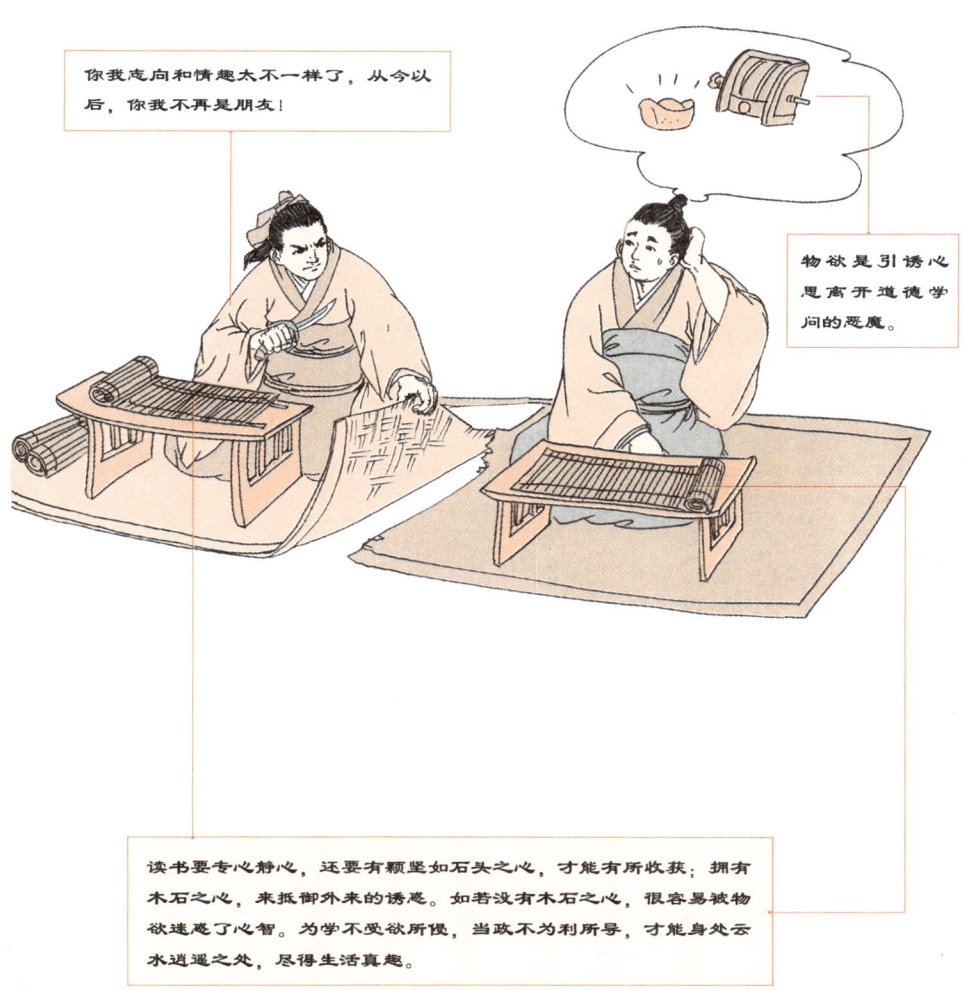

你我志向和情趣太不一样了，从今以后，你我不再是朋友！

物欲是引诱心思离开道德学问的恶魔。

读书要专心静心，还要有颗坚如石头之心，才能有所收获；拥有木石之心，来抵御外来的诱惑。如若没有木石之心，很容易被物欲迷惑了心智。为学不受欲所使，当政不为利所导，才能身处云水逍遥之处，尽得生活真趣。

天然 物出天然，意适无事

[原文]

意所偶会便成佳境，物出天然才见真机，若加一分调停布置，趣意便减矣。白氏云："意随无事适，风逐自然清。"有味哉，其言之也！

解读

原文意在阐述：心中偶然有所领悟便成就了佳境，事物浑然天成才能看出真正的机趣，若是添加一分人工的刻意修饰，趣味就会锐减。白居易有诗："意念随着无思无虑身心便感舒适，习习凉风起于自然让人觉得无比清爽。"这两句诗真是值得玩味啊！不愧是至理名言也。

物贵天然，人贵自然。为人处世上老子也强调自然无为，不管干什么要遵循自然规律，不以人为的方式去扰乱它；同样，自然无为也是他的审美标准，一切违背自然的必定就是丑恶的。

《庄子·天运》中有这样一个典故。春秋时期，越国有个名叫西施的姑娘，不仅有沉鱼落雁之容，闭月羞花之貌，而且平时的一举一动也都很美。西施有心口疼的疾病，犯病时总是用手按住胸口，紧皱眉头。因为人们喜欢她，所以她生病的样子，在人们眼里也妩媚可爱，楚楚动人。西施的邻村有个丑姑娘叫东施，总是想方设法打扮自己。有一次在路上碰到西施，见西施手捂胸口，紧皱眉头，显得异常美丽。她心想难怪人们说她漂亮，原来是做出这种样子，如果自己也做这个姿势，肯定就变漂亮了。于是东施就模仿西施的动作。结果原本就很丑的她，变成了疯疯癫癫的样子，富人们见了赶紧把门关上，穷人们见了携着自己的妻子赶紧躲避。"东施效颦"的典故讽刺了那些不研究实质内容，只单纯地效仿表现形式的人。刻意去模仿他人，只会让人感到更是丑陋不堪。

自然的美就在我们生活的周围，只是人们往往按照自己的主观意志去寻找、去雕琢，与天然之美擦肩而过。物处天然的美才是真美，不加雕饰才能意趣天成。做文章也是一样，灵感来时要抓得住，若只一味闭门造车，堆砌藻饰，即使做得满眼繁华，也只是矫揉造作。而诗人的风流高雅，在于能读懂平淡的生活，每一缕空气都使他感到新鲜，每一次太阳升起在他眼里都与昨天不同。那些每日故作赏花弹琴、咬文嚼字的人，只能证明自身的庸俗和诗意的匮乏。

李白看到出水芙蓉时，诗情雅兴油然而生，不禁感慨，"清水出芙蓉，天然去雕饰"。吟咏之间，不觉清光大来，清音暗生，自然有种清扬之感。只有遵循大自然的规律去进行清照，才可见出它那本真的状态，才不会将大自然不需要的矫饰强加给大自然。

天然之物，不需要人为雕刻；自然之事，不需人为地复杂化。以一种顺其自然的心态来对待人世间的繁琐之事，是处理问题的最好办法。

东施效颦

刻意模仿别人的东施变得更难看了！

人天生各有美丑，刻意模仿他人姿态，只会让自己变得更加丑陋。

清水芙蓉

天生怎样，不为处界左右，即使出自污处，也依然令人清奥、倾心。

自然之景，最为美。

根基 幼不陶铸，难成令器

[原文]

子弟者，大人之胚胎，秀才者，士大夫之胚胎。此时若火力不到，陶铸不纯，他日涉世立朝，终难成个令器。

解读

原文意在表述：孩童是大人的雏形，秀才是官吏的雏形，假如在这个阶段磨炼不够，教养学习不多，那将来踏入社会，就很难成为一个有用之才。

明代学者王应麟在《三字经》中有这样的名言，"玉不琢不成器，人不学不知义"，就是说一个人的成才之路如同雕刻玉器一样，玉在没有打磨雕琢以前和石头没有区别，人也是一样，只有经过刻苦磨练才能成为一个有用的人。而一个人最重要的学习和性格形成都是在少年阶段，少年时期是人生最重要的一个时期。古人告诉我们，在孩子少年时期，就要给他打好根基，以利于孩子日后发展。

孟子幼年时父亲早逝，母亲一人抚养他。他家附近有一块墓地。每天都有人在这里挖坑掘土，葬送亲人。死者的亲人披麻戴孝，哭哭啼啼，吹鼓手吹吹打打，颇为热闹。年幼的孟子，对这些事情感到很新奇，他看到这些情景，也学着他们的样子，一会哭哭啼啼，一会又模仿吹鼓手的样子。孟子和邻居的孩子玩耍时，也模仿出殡、送葬时的情景，拿着小铁锹挖土刨坑。孟母一心想让孟子成为好读书、有学问的人，看到孟子这些怪模样，感到这个环境实在不利于孩子的成长，就决定搬家。不久，孟母把家搬到城里。孟子居住的那条街十分热闹，有卖杂货的，有做陶器的，还有榨油的油坊。孟子住家的西邻是打铁的，东邻是杀猪的。闹市上人来人往，络绎不绝。行商坐贾，高声叫卖，好不热闹。孟子天天在集市上闲逛，对商人的叫卖声最感兴趣，每天都学着他们的样子喊叫喧闹，模仿商人做买卖。孟母觉得家居闹市对孩子更没有好影响，于是又决定搬家。

第三次，孟母将家搬到城东的学宫对面。学宫是国家兴办的教育机构，聚集着许多既有学问又懂礼仪的读书人。学宫里书声朗朗，孟子被这些声音吸引住了。他时常跑到学宫门前张望，有时还看到老师带领学生演习祭祀、朝拜、来往的礼节仪式。在这种气氛的熏陶下，孟子也和邻居的孩子们做着演习周礼的游戏。没过多久，孟子就进这所学宫学习礼乐、射御、术数、六艺。这就是历史上有名的"孟母三迁"，为了孩子的发展，孟母不惜辛劳，三次搬家。孩童在幼时受到良好的教育，也就为以后成才做好了准备。

幼儿的教育很重要，同理对于读书人而言，道德品德的磨练同样重要。一个人在少年时期，品德如果修养不够，日后即使是学富五车，但却并不能成就大事。

战国时赵国名将赵奢之子赵括，少年时代起，就熟读兵书，善谈兵法，谈起兵事来父亲也难不倒他。赵奢认为儿子做事太轻率，不具备军事才能，可赵括并不以为然。在与秦国的战争中，赵括自傲自满、一意孤行，只是按照兵书去作战，不知道变通，结果被秦军打败，使赵国被坑杀了40万人，给赵国带来了致命性的毁灭。一个人在少年时期，光有知识还不够，还需要在成人的引导下，不断在实践中磨炼自己的品德。

总而言之，家长在孩子幼儿时，就应该给其提供良好的教育；读书人在少年时期，就应不断磨炼自己的品质，这样才能使得自己走入社会后，处理问题游刃有余。

根基之重

孟母为了孩子的成长不辞辛劳，三次搬家。

良好的人文环境对幼儿的成长和教育至关重要。

圣贤孟子

孟子（约前372—前289），名柯，字子舆，战国中期邹国人，是著名的思想家、政治家、教育家，孔子学说的继承者，儒家的重要代表人物。《孟子》与《论语》、《大学》、《中庸》合在一起称"四书"。

第肆辑 修省篇 4

"欲做精金美玉的人品,定从烈火中煅来,思立掀天揭地的事功,须向薄冰上履过。"

《菜根谭》强调:人的心灵一旦受到尘世贪欲的遮蔽,往往会利欲熏心,事业发展也往往会天折和失败,所以人在事业发展中应该看轻钱财和宝贵,心中剔除闲杂之念,努力做到内心纤尘不染,时时保持头脑清醒。

本辑图版编目

1. 林逋与他的《点绛唇》/ 187
2. 庄子与其人境界 / 189
3. 阿痴钓鱼 / 191
4. 庄子与"齐物论" / 193
5. 读书有两忌 / 195
6. 严遵与《周易》/ 197
7. 高明的作者与一流的作品 / 199
8. 正德、利用、厚生 / 201
9. 不乱性，不动心 / 203
10. 心静自然凉 / 205
11. 心境决定一切 / 207
12. 修行与悟道 / 209
13. 结果重于过程 / 211
14. 宁静与浮躁的人 / 213
15. 清高与世俗 / 215
16. 两种过失 / 217
17. 聪明与智慧 / 219
18. 静是动的主宰 / 221
19. 人生的真正境界 / 223
20. 居于闲云和风月是种幸福 / 225

"欲做精金美玉的人品，定从烈火中煅来，思立掀天揭地的事功，须向薄冰上履过。"《菜根谭》强调：人的心灵一旦受到尘世贪欲的遮蔽，往往会利欲熏心，事业发展史往往会夭折和失败，所以人在事业发展中应该看轻钱财和宝贵，心中别除闲杂之念，努力做到内心纤尘不染，时时保持头脑清醒。

调心　山林息尘心，诗书消俗气

[原文]

徜徉于山林泉石之间，而尘心自息；夷犹于图画诗书之内，而俗气潜消。故君子虽不玩物丧志，亦常借境调心。

解读

原文所说：悠然漫步于山林泉石之中，世俗的杂念就会渐渐平息；留恋陶醉于诗词书画之中，世俗的气息就会慢慢消散。所以说，君子虽然不能玩物丧志，但也应常借助一些高雅的情境来调和自己的心绪。

纵观古今，中国人都有吟唱自然山水的传统，尤其是历史上的文人骚客更是乐此不疲。如《诗经》之中即有"蒹葭苍苍，白露为霜"的诗句，借用一片景色把爱情融化在其中。这种融化不仅鲜活了景致，还让欣赏诗句的人们体会了爱情的滋味。当后人读起这一诗句并意会到这一片景色的时候，人与物便不再有多大分别，感情和景色融化在了一起。情感上的如此共鸣，不仅能让人积累的情绪得到释放，更能微妙地消除某种极端情感。这也许就是所谓的"乐而不淫，哀而不伤"之境吧。

历史上，"琴棋书画"对于一个有修养的人来说是必不可少的；而对于自然风景的欣赏境界，也往往能显示出一个人脱俗的心怀。

宋代大诗人林逋就极其喜欢梅花和鹤。为此爱好，他隐居在杭州西湖的孤山上，人称"梅妻鹤子"。而他留下的名句——"疏影横斜水清浅，暗香浮动月黄昏"，更已成为古今吟咏梅花的名言佳句。所以，后人才说：分不清究竟是梅花成就了林逋，还是林逋成就了梅花。因为他和梅花似乎已融为了一体。

当然，历史也告诉我们，不能过于迷恋自然山水，一味沉浸于棋琴雅致。因为，过分的迷恋，就会导致玩物丧志。例如，极其迷恋山石的宋徽宗，整日玩乐于书画歌舞中的后主李煜，他们不仅荒废了自我，更使整个国家陷入了灭境之中。

所以，对于今天的我们来说，一定要平衡好兴趣爱好与工作生活的关系。

一方面，寄情山水可以滋养人的心灵，怡情书画能够平添人的气质。做到让柴米油盐酱醋茶的世俗生活与琴棋书画的文人雅趣并存，这是最好的安排。尤其是在如今快节奏、竞争压力大的社会生活中，我们不要因为"很忙"而让兴趣爱

好消失于生活中,我们应该保持住内心中的那份天然雅趣,这时就会发现眼前平板的生活其实是色彩斑斓的。

另一方面,须牢记"玩物丧志"的实际教训。

林逋与他的《点绛唇》

宋代大诗人林逋极其喜欢梅花和鹤,人称"梅妻鹤子"。他留下的名句——"疏影横斜水清浅,暗香浮动月黄昏",已成为古今吟咏梅花的名言佳句。

金谷年年,乱生春色谁为主?
余花落处,满地和烟雨。
又是离歌,一阕长亭暮。
王孙去。萋萋无数,南北东西路。

金谷,即金谷园,指西晋富豪石崇洛阳建造的一座奢华的别墅。石崇《金谷诗序》里说,征西将军祭酒王诩回长安时,他曾于金谷涧为其饯行。所以后来南朝江淹的《别赋》中就有"送客金谷"之说,成了典故。

此为咏物词中的佳作。全词以清新空灵的笔触,物中见情,寄寓深意,借吟咏春草抒写离愁别绪。整首词熔咏物与抒情于一炉,凄迷柔美的物象中寄寓惆怅伤春之情,渲染出绵绵不尽的离愁。

浑噩 留正气还天地，遗清名在乾坤

[原文]

宁守浑噩而黜聪明，留些正气还天地；宁谢纷华而甘澹泊，遗个清白在乾坤。

解读

原文所说：做人宁可保持质朴毫无机诈的本性，摒弃后天巧诈的聪明，也要保留些许浩然正气还给大自然；做人宁可摒弃世俗的荣华富贵，过着淡泊恬静的生活，也要留一个纯洁高尚的美名在世间。

就人性而言，其本是淳朴自然的。但人又会随着社会的发展变化而发生着改变，所以人又有着自身复杂的一面，这种复杂也让人保持本性变得越来越难。生活中，那些聪明过分的人常喜欢耍弄自己的小聪明，其实，耍小聪明的同时也会抹杀自己心中的正气，甚至会使自己的人格在巧诈中日益堕落。那些享受着荣华富贵的人，只知道一味地追求权势地位，心中充满私欲，在满足私欲的同时却更加远离了人的本性。

大思想家庄子很是赞赏所谓的真人境界。他认为，不用心智去损害自然界之道，不用人为的努力去改变天然，才是可贵的真人境界。这种思想用今天的话来说，就是遵循自然之道的人不以生为喜，也不以死为恶。说得详细些就是，人在出生时不知道欢天喜地，要离世时也不知道恐惧痛苦，做到无拘无束地来，潇洒从容地走，把生与死看成是自然规律。而当一个人完全忘记了自己的来源，也就不会去担忧自己的归路了。

南宋文天祥，以一人之力对抗元朝，希望挽回南宋灭亡的命运。当被俘后，元世祖亲自劝降，并许以丞相高位诱惑他时，他也断然拒绝，从容就义。他那"人生自古谁无死，留取丹心照汉青"的佳句，直到今天还在被人传诵。可见，从某种意义上来讲，文天祥便可称为"真人"了。

当然，在如今的社会环境下，要让每个人都还保持着纯朴自然的生活心境，真的很不容易。但我们至少可以做到，在纷华中保持几分淡泊，在物欲中持有几分纯真。

庄子与真人境界

用今天的话来说，就是遵循自然之道的人不以生为喜，也不以死为恶。

庄子的"真人境界"：不用心智去损害自然界之道，不用人为的努力去改变天然。

第肆辑 修省篇

文天祥从容就义

南宋文天祥，以一人之力对抗元朝入侵。被俘后，当元世祖以丞相高位诱降时，被他断然拒绝，进而从容就义。他留下的"人生自古谁无死，留取丹心照汗青"的名句，传诵至今。所以，从某种意义上来讲，文天祥正是庄子所称的"真人"。

人生自古谁无死
留取丹心照汗青

自心 降魔先降自心，驭横先驭此气

[原文]

降魔者，先降自心，心伏，则群魔退听；驭横者，先驭此气，气平，则外横不侵。

解读

原文所说：要想制服邪恶，必须先制服自己内心的邪恶，而当内心之恶消除后，其他的一切邪恶自然也就起不了什么作用了；要想控制不合理的横逆事件，必须学会控制自己浮动的情绪，当控制住情绪后，所有其他的横逆之事自然也就不能侵入了。

换种说法即是，外在的物欲对一个人的心理诱惑是非常大的，就像一个人的心里着了魔一样，令人不可思议，也令人无法控制。其实，产生这样的念头，也是不足为奇的，因为我们是真实存在的高级动物，不可能是苦行僧。而每个人又都有七情六欲，尤其是当面对外来的各种诱惑或邪念时，真正能做到无动于衷的又有几人呢？但这毕竟不是一种正常的心态，因为人一旦有了杂念，就会显得无所适从，甚至会做出背离自己本性的错事来。

而事实上，人们想要控制上述欲望和贪念也并非难事。因为一个人的贪婪之念，并不是一天两天形成的，只要做到"伏魔先伏自心"。就是说一个人要控制抵御外来的种种诱惑，最重要的就是要控制自己的私心杂念，铲除一切龌龊的行为和阴暗的思想和理念。如果一个人心里真正去掉了这种心魔，那么自然就不会受到私心杂念以及外部诱惑的干扰了，从而使自己的行为一路阳光。

有这么一则寓言：阿痴平素最喜欢钓鱼。有一次，他钓上来一尾大鲤鱼，阿痴高兴极了，他对大鲤鱼说："恭喜你了，全世界的鱼，惟有你有幸去我家做客。"大鲤鱼说："真有这样的好事吗？如果你肯放我回去，我一定叫上我的父母兄弟姐妹一道去，你看那样，热热闹闹该有多好。"阿痴听说一下子能同时钓到多条大鱼，心里甭提有多高兴了。他想也未想，就把大鲤鱼给放走了。可是，他左等右等一直等到天黑，也未见大鲤鱼的影儿，更不要说它的家人了。

如此简单的寓言小故事，却蕴含着一个深刻的道理：一个人的贪婪之心是无边无际的，也是无休无止的，这种贪婪到头来只能落得个竹篮打水一场空。

所以，对于今天的人们来说，当每天都要面对无数的挑拨或考验时，更应懂得"战胜自己"这一看似简单的道理。现实生活中，更应学会自然地调整自己心性，多在自我修养上下工夫，真正体现自己的真实本性，在内心充实道德和学养，扩展自身的智慧。如此，遇事才能沉着应变。而那些修身养性功夫不够的人，就很容易受到外物的干扰而心生邪念，直至陷入万劫不复的境地。

第肆辑 修省篇

阿痴钓鱼

一条鱼是不够的……

一个人的贪婪之心是无边无际的，也是无休无止的，这种贪婪到头来只能落得个万物皆空，一无所获。

心伏则群魔退听

要想制服正道的邪恶，就必须先降伏自己内心的邪恶，内心的邪念一旦去除了，其他的一切邪恶就起不了作用；要想控制不顺理的外物，就必须先控制容易浮躁的情绪，情绪一旦控制了，其他外来的横逆就无法侵入了。

心中无邪念，外逆奈我何？

本心 心无其心，物本一物

[原文]

心无其心，何有于观。释氏曰"观心"者，重增其障；物本一物，何待于齐？庄生曰"齐物"者，自剖其同。

解读

原文所说：心中假如没有任何忧虑和杂念，又何必要下内省观察功夫呢？佛教所说的"反观内省"，实际上却增加了修行的障碍；天地万物本来都是一体，又何必等待人来划一平等呢？庄子所说的"消除物我界限"，就等于是分割了本来属于一体的物性。

"物本一物"说的即是万物原本就是一体的，没有根本区别。"齐物"则是春秋战国时老庄学派的一种哲学思想。认为宇宙间一切事物，如生死寿夭、是非得失、物我有无，都应当同等看待。这一思想，集中反映在庄子的《齐物论》中。

原文如果展开讲述，可以这么理解：

人如果在自己心中没有种种妄念和分别，那么"观心"与"观念"的事全无必要。所谓"观心"与"观念"，只是因为有了种种妄念。人如果连这种妄念分别都没有了，也就没有修持的必要了。不过，人心经常会产生某种妄念，妄念不是实体，而本心也是空虚的。就万物而论，其外相虽然各有不同，但实质是一体的。

所以，古贤们认为，天地本同根，万物是一体，要任其自然发展，千万不能干扰它，更更不能去"统一"它。

禅宗五祖有两个杰出的弟子。大弟子神秀留下诗句说"身是菩提树，心如明镜台，时时勤拂拭，莫使有尘埃。"慧能留下诗句说"菩提本无树，明镜亦非台，本来无一物，何使惹尘埃。"结果五祖把衣钵传给了慧能。神秀的意思是说人心有尘埃，需要努力去擦拭；而慧能的意思是说，心本来就无一物，何须擦拭呢？

这同样是告诉了后人，当我们把事情分开的时候就已经陷入迷路了，因为先天的浑然已经被打破了。

如果以佛理来喻今天的人事，也存在同样的道理。假如一个人本性善良，就不应邯郸学步，而应从其他方面来锻炼自己，保持品性，加强修养。就像一个刚涉世的人，本来有着许多纯真的品德，关键是要保持下去，不要因为学习、修养自己丢掉本质上好的东西，甚至沾染了世俗的恶习。

庄子与"齐物论"

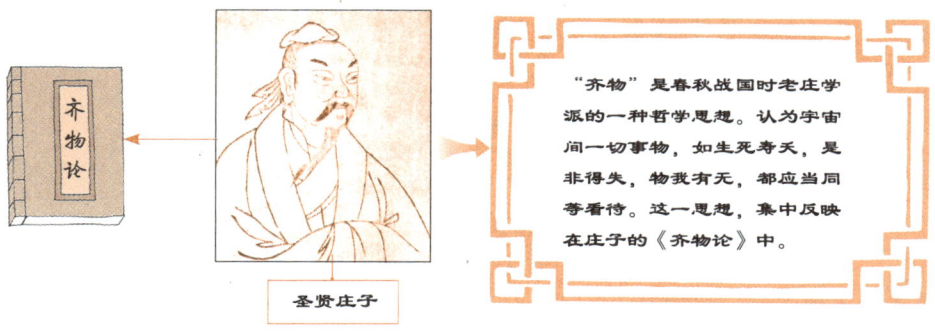

圣贤庄子

"齐物"是春秋战国时老庄学派的一种哲学思想。认为宇宙间一切事物,如生死寿夭、是非得失、物我有无,都应当同等看待。这一思想,集中反映在庄子的《齐物论》中。

第肆辑 修省篇

观心与齐物

没有妄念的心灵,通体干净鲜亮。

人心经常会产生某种妄念,妄念不是实体,而本心也是空虚的。

产生妄念的心灵,既不干净也不鲜亮。

五祖传衣钵

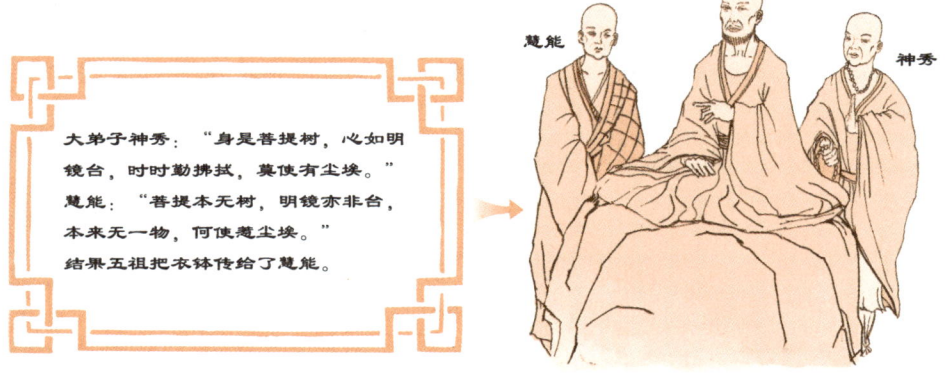

慧能　　神秀

大弟子神秀:"身是菩提树,心如明镜台,时时勤拂拭,莫使有尘埃。"
慧能:"菩提本无树,明镜亦非台,本来无一物,何使惹尘埃。"
结果五祖把衣钵传给了慧能。

气象 养天地正气，法古今完人

[原文]

气象要高旷，而不可疏狂；心思要缜密，而不可琐屑。趣味要冲淡，而不可偏枯；操守要严明，而不可激烈。

解读

原文所说：一个人的心胸要宽宏广阔而高瞻远瞩，不可流于粗野狂放；思想要细致周详，不可繁杂纷乱；生活情趣要清淡，但不可以过于枯燥单调；言行志向要光明磊落，但不可流于偏激刚烈。

如果展开来说，原文也可以这样理解：

人，首先胸怀一定要高洁广大，心胸狭窄的人绝不会受到尊敬，也不足以担当起大业。而且，不可独妄自大，脱离现实。同时，心思也要缜密，但也不能只注意到小的问题而忽略大的方面，对于事物应当从多方面去了解，而后才能做出正确的判断。另外，生活情趣应平淡些，但也不能过于平淡，过于平淡的情趣就如槁木般毫无生机，对人而言也就不相适宜的。

其次，人一定要坚守原则，否则就容易动摇。但是，如果太固执的坚持原则，也容易走上偏激的道路，同样也是不合中庸之道的。

传说中的远古帝王——五帝之一，姓姚名重华，号有虞氏，史称虞舜。相传他的父亲瞽叟及继母、异母弟象，多次想害死他：如让舜修补谷仓仓顶时，从谷仓下纵火，舜手持两个斗笠跳下逃脱；让舜掘井时，瞽叟与象却下土填井，舜掘地道逃脱。事后，舜毫不嫉恨，仍对父亲恭顺，对弟弟慈爱。舜的胸气最终感动了天帝。他在厉山耕种，大象替他耕地，鸟代他锄草。帝尧听说舜非常孝顺，并有处理政事的才干，就把两个女儿娥皇和女英嫁给了他。又经过了多年观察和考验后，最终选定了舜做自己的继承人。而舜登上天子位后，还恭恭敬敬地去看望父亲和弟弟象。

现实生活中，很多事情往往也是这样：因为求好心切而在不知不觉中失之偏颇，想展现落落大方的气度却留下了狂放不羁的印象；为了让失误减至最低却导致流程过于繁杂琐碎；因追求高雅恬静的生活趣味而过于与社会生活脱节；为了谨守节操，却因遭人诟病而变得偏激刚烈，等等。

所以，才会有那么多的人在感叹：明明已尽了自己最大的努力，结果却还是得不到肯定和认可。

读书有两忌

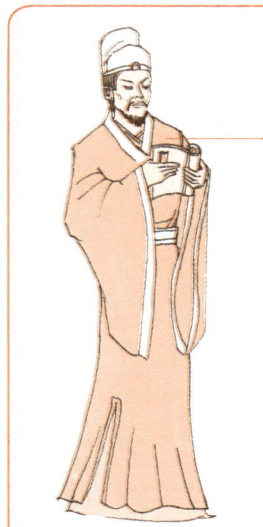

一忌食古不化，读死书，认死理，不能理论联系实际，融会贯通，活学活用，而是一味教条，且自视甚高，听不进去别人的忠告。

二忌玩世不恭，恃才傲物，自以为世事洞明，看破红尘，读书如浮光掠影，不求甚解。

虞舜传位

帝尧以正气造人

虞舜，传说中的五帝之一，姓姚名重华，号有虞氏。相传他的父亲瞽叟及继母、异母弟象，多次想害死他，而舜毫不因此嫉恨。舜的胸怀不仅感动了天帝，还让帝尧把两个女儿娥皇和女英嫁给了他，最终还成为了尧的继承人。

虞舜终得帝位

外物 超越天地之外，不入名利之中

[原文]

彼富我仁，彼爵我义，君子固不为君相所牢笼；人定胜天，志一动气，君子亦不受造化之陶铸。

 解读

原文所说：别人有财富我坚守仁德，别人有爵禄我坚守正义，所以一个有高风亮节的君子绝对不会被君主的高官厚禄所束缚或收买；人的智慧可以战胜大自然，理想意志可以转变为自己的感情气质，所以一个有才德理智的君子绝对不受命运的摆布。

中国的大思想家孟子也说，"居天下之广居，立天下之正位，行天下之大道，得志于民由之，不得志独善其身，富贵不能淫，贫贱不能移，威武不能屈。"这也是孟子所描述的大丈夫气概。

古贤们认为，为富者常常不仁，所以有道德的人不会羡慕财富；而为官者常常不义，所以追求真理的君子也不会为之折腰。所以，"无丝竹之乱耳，无案牍之劳形"，也正是古代君子摆脱束缚的最佳描述。

西汉严遵曾经在成都以占卜为生，每天的收入以维持最低生活的一百文钱为限，赚够就收摊关门，在家中专心研究《周易》，始终不愿意为财富和名利而丧失自己的志趣，最终成为一位很有学问的大师。大文学家杨雄就曾以他为师，认为老师的清贫风范足以抨击贪婪，勉励良好的风气，称赞老师是"当世少有具有高尚节操的人。"一位富人预备出钱资助严遵去做官扬名，严遵却感叹地说："益我货者损我神，生我名者杀我身。"

正如庄子在《则阳篇》中描述的那样：圣人，他们潜身世外能使家人忘却生活的清苦，他们身世显赫能使王公贵族忘却爵禄而变得谦卑起来。对于外物，他们与之各谐欢娱；对于别人，他们乐于沟通，混迹人世而又能保持自己的真性；有时候一句话不说也能用中和之道给人以满足，跟人在一块儿就能使人受到感化。父亲和儿子都各得其宜，各自安于自己的地位，而圣人完全是清虚无为地对待周围所有的人。一般人的心思和圣人的想法相比起来差距真的很远。

所以，古贤们认为，要想达到"超越天地之外，不入名利之中"的精神境界，就要提高自身的修养和道德品质，"不得乞缘出入于官家，得倚官势与人构

讼，安贫守分……"，"一切惟心造，自立创造非他力"，这才是一个真正的君子值得借鉴的，也是一个人应有的行为和准则。因为只有君子才能够超然物外，不受名利和权势所左右，这样才能够使自己超凡脱俗，不受造化之陶铸。

现如今，面对社会纷繁复杂，有人追求荣誉和名利，有人追求荣华富贵的，我们只要能够保持一定的操守，就能够使自己达到一定的精神境界。因为，一个真正君子的行为规范，也决定了一个人的品德和道义行为。

中国历史上的圣人

酒圣——杜康	夏朝一个帝王，传说为酒的发明者，今河南省杜康县人。
文圣——孔丘	春秋末期思想家、教育家，儒派的创始人，今山东曲阜人。
史圣——司马迁	西汉著名史学家、文学家，我国第一部纪传体通史《史记》的作者，今陕西韩城人。
草圣——张旭	唐代书法家，擅长草书，对旧来的草书造诣更深，今江苏苏州人。
医圣——张仲景	东汉医学家、著有《伤寒杂病》和《金匮要略》，今河南南阳人。
武圣——关羽	东汉末期蜀国大将重义气、精武艺，后人尊其"关王""关帝"，今河南解县人。
书圣——王羲之	晋琅琊临，作品有《黄庭经》《兰亭序》，祖籍山东。
画圣——吴道子	唐朝著名画家，擅长人物画，有"吴带当风"之美誉，今河南禹县人。
茶圣——陆羽	以嗜茶著名，著有《茶经》三卷，今湖北天门市人。
诗圣——杜甫	唐代伟大的现实主义诗人，著有《杜工部集》，今河南巩县人。

严遵与《周易》

严遵，字君平，临邛（今四川邛崃）人。他每天的收入以维持最低生活的一百文钱为限，赚够即在家中专心研究《周易》，后成为一位很有学问的大师。

恰好 文章极处无奇巧，人品极处只本然

[原文]

文章作到极处，无有他奇，只是恰好；人品做到极处，无有他异，只是本然。

解读

原文所说：文章写到登峰造极的最高境界，其实并没有什么奇特之处，只是将自己内心的思想感情表达得恰到好处而已；人的品德修养达到炉火纯青境界，其实和平凡人也没有什么不同，只是回到自然纯真的本性而已。

展开来说，其实越是简单的东西越耐人寻味。一篇好文章往往能最真实地表达作者内在的思想境界，雕琢藻饰反而让人味同嚼蜡。做人也是如此，品德修养至最高境界的人，和一般人并无不同，甚至更加谦和。由此可知，越是美好的事物，越是保留着最自然的纯真本性。

所以，古贤认为，高明的作者，应"一语天然万古新，豪华落尽见真淳"；而一流的作品，也会使人感到"此中有真意，欲辩已忘言"。如李白的作品"清水出芙蓉，天然去雕饰"，是诗人的真性情；而陶渊明的"采菊东篱下，悠然见南山"，则是生命的率真；孟郊的"慈母手中线，游子身上衣"，更是人性的朴实。据此，古贤认为，做人如同作文章，不要机诈巧辩，最好是返璞归真，保留自然本性。

韩非《说林》里有这样一个故事：鲁国孟孙氏将猎得的小鹿交由秦西巴带回去，母鹿跟着啼哭，他就把小鹿放了。孟孙氏问他原因，秦西巴说："我不忍心，就把小鹿还给它母亲了。"孟孙氏就把他赶走了。三个月后，孟孙氏又召秦西巴来做自己孩子的老师。有人不解，孟孙氏说："他不忍心伤害小鹿，难道会忍心伤害我的孩子吗？"

换言之，如果世人都能本着自然之道，以最纯真朴实的本性与人相处，不矫揉造作，那么人类社会必将更加自然和谐。而所谓"捣鬼有术，亦有道，但有限，古今以此成大事者，未之有也。"

所以，对于今天的人们来说，也不应忘记诚实比乖巧更重要的道理。应以纯朴自然为本。

高明的作者与一流的作品

```
高明的作者  ———→  一流的作品
    ↓                ↓
一语天然万古新，      此中有真意，
豪华落尽见真淳。      欲辨已忘言。
```

人品极处只本然

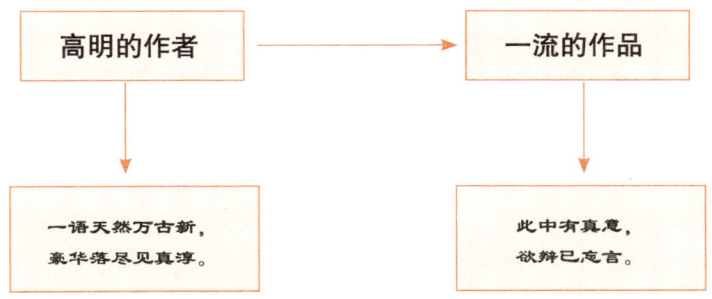

清水出芙蓉，天然去雕饰
——李白：诗人的真性情

采菊东篱下，悠然见南山
——陶渊明：生命的率真

慈母手中线，游子身上衣
——孟郊：人性的朴实

第肆辑 修省篇

远祸 文华不如简素，谈今不如述古

[原文]

交市人不如友山翁，谒朱门不如亲白屋；听街谈巷语不如闻樵歌牧咏；谈今人失德过举不如述古人嘉言懿行。

解读

原文所说：与其和市井凡俗之人交朋友不如与山野老翁来往，与其去拜谒达官贵人还不如亲近普通的平民百姓；与其听街头巷尾的是是非非，还不如去听樵夫和牧童歌唱；与其议论当今的人违背道德的行为和失当的举动，还不如讲述古代圣贤的美好言行。

古贤们认为，都市上的人多半是生活浮华，举动轻薄，人在都市生活久了，难免会染上不良习气，不如去和山中隐退的老人谈心；与其巴结权贵，还不如去和居住在茅屋的穷人相亲近，反而比较有益。古德中也强调："德为善政，政在养民，正德、利用、厚生。"

古人为政的基础也在于道德。古贤们认为，唯有正德，才可以利用，才可以厚生，然后方可以解决民生问题。所以，一切事莫不是以道德为基础。

陶渊明是东晋后期有名的大诗人兼散文家。他自小接受了儒家忠君报国思想的熏陶，颇有"济世救民"志向。从政后，由于他的脾气倔强，不为五斗米而折腰，鄙视官场逢迎拍马那一套，愤怒之下辞官归隐了。陶渊明回家后，开始从事农业生产。在劳动之余，他除了把田园生活的切身体会写成诗词之外，还和村里农民结下了深厚情谊。在诗中，他写自己与农民们谈论农事，"相见无杂言，但道桑麻长"，很有共同语言。可见陶渊明同农民的关系之好。

宋代诗人陈与义有词写道："二十余年如一梦，此身虽在堪惊。闲登小阁看新晴。古今多少事，渔唱起三更。"用今天的话说就是，古今多少事，到最后都是渔人樵夫口里的谈资罢了，去听听他们的话，会有很多人生的感触，会比谈论街头巷尾的是是非非有益的多。

古贤们一向认为，市井权贵，不如山野平民，与后者交，得自然真趣，见人心本性，而前者则是世俗和计谋奸诈的代表。所以，一个真正有高雅情趣的人要接近自然，返璞归真。对于今天的人们来说，每个人都不可能逃避世事，不能不承担社会责任。但有志于为大事者，确需有超脱世俗的心境，才可能修身养德，进而才能为一展大志奋斗不已。

正德、利用、厚生

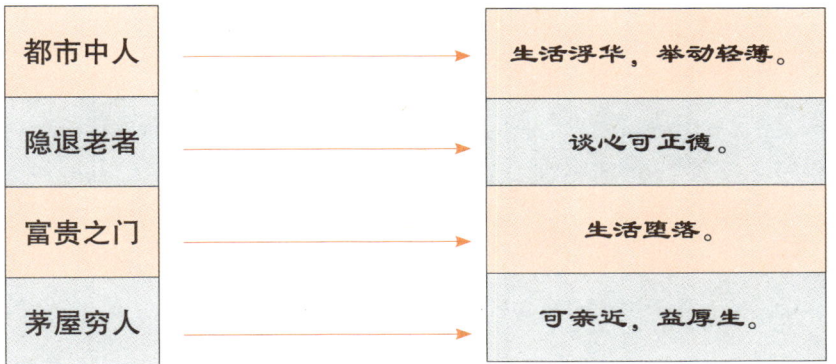

都市中人	→	生活浮华，举动轻薄。
隐退老者	→	谈心可正德。
富贵之门	→	生活堕落。
茅屋穷人	→	可亲近，益厚生。

陶渊明"济世救民"之志

为官时鄙视官场逢迎拍马。

农耕时与民同劳作，书写大量田园诗词。

陶渊明自小接受了儒家忠君报国思想的熏陶，颇有"济世救民"志向。从政后，鄙视官场逢迎拍马那一套，不为五斗米而折腰，并在愤怒之下辞官归隐。他在从事农业生产时不仅和村里农民结下了深厚情谊，还把田园生活的切身体会写成了诗词。此后，他留下了许多佳作，成为东晋后期有名的大诗人兼散文家。

彻悟 修养定静，临变不乱

[原文]

忙处不乱性，须闲处心神养得清；死时不动心，须生时事看得破。

解读

原文所说：要想在事务纷忙时也能保持冷静态度而本性不乱，必须在平时就注意修身养性培养清晰敏捷的头脑；想要在面对死亡时也毫无惧色，就必须在平时对人生有所彻悟。

历史进程中，也似乎只有那些已经彻悟人生的人，才能做到"不乱性、不动心"。如历来的贤能之士都拥有这般豁达胸襟：生死在他们眼里不过是很自然的事情，面对死亡他们可以从容以对。就像孔子所说："朝闻道，夕死可矣"；诸葛亮说："鞠躬尽瘁，死而后已"；而文天祥则说："人生自古谁无死，留取丹心照汗青"，等等。这些话所表现出来的大无畏精神，一直都在震撼着千百年来的后人。

"万物静观皆自得。"所以，古贤们认为，只有情冷才能心净。当头脑冷静时，人的思考判断才不会受外物干扰，因而观察才够细致入微，判断才够客观准确。如果心中浮躁，看事情就会浮泛无绪，乃至做出错误评判。

孔子有一位学生叫曾子，重慎、重孝，强调内心修养。他说，"士不可弘毅"，"任重道远，死而后已"，"临大节而不可夺"，"战阵无勇，事君不忠为非孝"。也就是说，人在面临抉择或者有所建树甚至生死攸关的场合，一味谦和谨慎，一味守身保誉，一味归向内心，都是不可取的。

如今，在日常生活中，能够做到态度端庄，言辞谦和，行为谨慎，不以狂躁悟世伤人，不以骄纵触规犯法，少犯错误，避免被人指责怨恨……这样的人虽然少，但却有存在。可不过，能够真正做到"忙处不乱性"，"死时不动心"，恐怕这样的人很难寻觅，不是谁都能做得到的。因为，冷静代表的是一种处世的艺术，须持心修习才可自如运用。

不乱性，不动心

生死是很自然的事，面对死亡可以从容以对	
孔子	朝闻道，夕死可矣。
诸葛亮	鞠躬尽瘁，死而后已。
文天祥	人生自古谁无死，留取丹心照汗青。

曾子：重慎，重孝

曾子，孔子的学生，重慎、重孝，强调内心修养。他强调："士不可弘毅"，"任重道远，死而后已"，"临大节而不可夺"，"战阵无勇，事君不忠为非孝"。

小链接

曾子（公元前505年~公元前436年），姓曾，名参，字子舆，春秋末年鲁国南武城（今山东省平邑县人，一说山东嘉祥县人）。他十六岁拜孔子为师，勤奋好学，颇得孔子真传，是孔子学说的主要继承人和传播者，在儒家文化中居有承上启下的重要地位。史上也有记载，曾参上承孔子之道，下启思孟学派，对孔子的儒学学派思想既有继承，又有发展。曾子著述有《大学》、《孝经》等儒家经典，后儒家尊他为"宗圣"。

曾子的修齐治平政治观，省身、慎独的修养观，以孝为本、孝道为先的孝道观，影响了中国两千多年，至今仍有着宝贵的社会意义和实用价值。正因如此，曾参与孔子、孟子、颜子（颜回）、子思比肩，被共称为五大圣人。

安乐 去思苦亦乐，随心热亦凉

[原文]

热不必除，而除此热恼，身常在清凉台上；穷不可遣，而遣此穷愁，心常居安乐窝中。

解读

原文所说：要想消除夏天的暑热根本不必用特殊方式，只要消除烦躁不安的情绪，身体就宛如坐在凉亭上一般凉爽；要想消除贫穷也不必特殊方法，只要能驱逐为贫穷而愁的错误观念，心境就宛如生活在快乐世界一般幸福。

展开来说，当炎天暑热的时候，我们每个人都会感觉苦恼，会想办法寻求避暑。但往往越想除去热的苦恼，结果就越不能如愿。古贤们认为，酷寒酷暑固然恼人，但寒暑的侵入，是因人心苦恼于寒暑。所以，要除去暑热的苦恼，就先要除去不堪忍受暑热的苦恼之心。只要其心不苦热，身体就如同常常坐在清凉的庭台之上一般。

事实上，夏季炎热是自然现象，人通过心理调节，可以从心理上去热。这就像中国佛家倡导的"心静自然凉"道理一样。佛家认为，当对一种修炼达于炉火纯青境界者，就能不受外在环境的影响。

至于贫穷，也是人们讨厌的事，任何人都想把贫穷赶走。但古贤们认为，这是前世的因缘，不是人力所能强为的。贫穷的人们，往往会因此而产生忧愁的念头，而要想身心生活于安乐窝中，其实只要能够把悲愁的念头除掉就可以了。

孔子说："一箪食，一瓢饮，居陋巷，人不堪其忧，回也不改其乐，贤哉回也。"或许在外人看来他是穷困的，但他自己却感到充实而富裕，原因正是其心不为贫穷所累，精神充实，内心才能常保安乐。

所以，人若能够灭却厌弃生死之苦的心，则自然婆婆寂静，自身就会身心愉悦。而人若苦乐之心不除，就不能得到真实的安乐。现实生活中，情趣不因物困而低下，精神高尚才能使身心愉悦。一个修养好、志向高的人就能正视现实，沉浸于自己追求的乐趣中。

心静自然凉

只要消除烦躁不安的情绪，就能使身体常处在清凉台上。一个人达到此种心境之后，就能融化尖如利剑的攻击恶语为软钉子，从而使其无法伤及自身。

身体之外即使酷热，内心却凉如水。

第肆辑 修省篇

充实即安乐

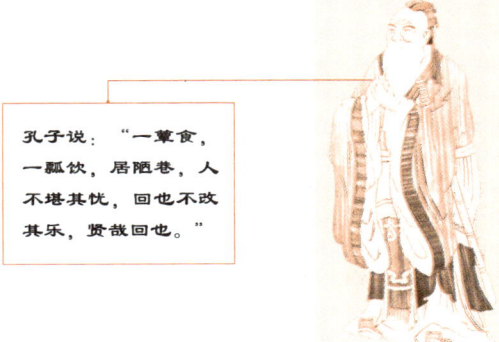

孔子说："一箪食，一瓢饮，居陋巷，人不堪其忧，回也不改其乐，贤哉回也。"

或许在外人看来他是穷困的，但他自己却感到充实而富裕，原因正是其心不为贫穷所累，精神充实，内心才常保安乐。

随缘　心地能平稳安静，触处皆青山绿水

　　心地上无风涛，随在皆青山绿水；性天中有化育，触处见鱼跃鸢飞。

解读

　　原文所说：只要心中没有烦恼，所到之处就都是青山绿水的祥和景致；而只要本性中保有化育万物的爱心，则举目所见无不是鱼跳鸟飞的悠然景致。

　　心是一切善恶发生的根源，如同大地生长草木百谷一般，所以古贤们把心叫做"心地"。传统的养性修身之道，有一条重要的原则就是心静，只有心静才能排除杂念，无识无欲，心平气和。

　　中国有古语说，"天地化育万物"，而人心能做出万事，只要自己的心能和天地合为一体，没有一体偏私，就可以化育到性天之中，与天地齐德。而人一旦拥有化育万物之量，就能起到鸢飞鱼跃海阔天空的妙用，无往而不自如。

　　其实，原文中所要阐明的道理，与中国古代的一大思想门派——道家——颇有渊源。道家的创立者是著名思想家老子，主要代表人物有庄子（庄周）。道家重视人性的自由与解放，一方面强调人的知识能力的解放，另一方面是人的生活心境的解放。如"人天合一"、"人天相应"、"为而不争、利而不害"，"修之于身，其德乃真"，"乘天地之正，而御六气之辩，以游无穷"等等，都是道家学说中颇具代表性的提法。

　　西汉初年，汉文帝、汉景帝以道家思想治国，使百姓从秦朝苛政中得以休养生息，进而成就了历史上有名的"文景之治"。其后，汉武帝采纳了"罢黜百家，独尊儒术"的政策，道家开始成为非主流思想。尽管如此，随着历史的发展，道家思想以其独特的宇宙、社会和人生领悟，在中国乃至世界哲学思想上依然呈现出了永恒的价值与生命力。

　　人如果想不被烦恼所困扰，就必先去除欲望。如何才能办到呢？凡事知足随缘、不强求，不受外物的束缚与牵绊，就可以令人免于烦恼、消除烦躁，并使人获得真正的人生乐趣。

　　而对于现代生活中的人来说，当我们高兴或发火的时候，只要想想这个世界上的事情并没有发生什么变化，变的只是自己的心境而已，我们就会明白：适当的调整自己的心境，我们才能生活的舒畅自然。

心境决定一切

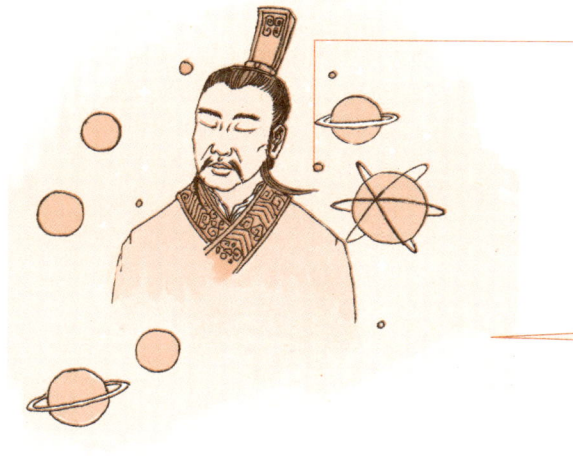

心境开阔,宇宙即在我心中。

中国有古语说,"天地化育万物",而人心能作出万事,只要自己的心能和天地合为一体,没有一体偏私,就可以化育到天性之中,与天地齐德。而人一旦拥有化育万物之量,就能起到鸢飞鱼跃海阔天空的妙用,无往而不自如。

第肆辑 修省篇

随缘与道家思想

"随缘"与中国古代的一大思想门派——道家——颇有渊源。随着历史的发展,道家思想以其独特的宇宙、社会和人生领悟,在中国乃至世界哲学思想上依然呈现出了永恒的价值与生命力。

道家的创立者是著名思想家老子,主要代表人物有庄子(庄周)。

道家重视人性的自由与解放,一方面强调人的知识能力的解放,另一方面是人的生活心境的解放。

道家学说中颇具代表性的提法:"人天合一"、"人天相应"、"为而不争、利而不害"、"修之于身,其德乃真"、"乘天地之正,而御六气之辨,以游无穷"等等。

修持 修行宜绝迹于尘寰，悟道当涉足于世俗

[原文]

把握未定，宜绝迹尘嚣，使此心不见可欲而不乱，以澄吾静体；操持既坚，又当混迹风尘，使此心见可欲而亦不乱，以养吾圆机。

 解 读

原文所说：当意志还没有把握控制时，就应远离物欲环境的诱惑，让自己看不见物欲诱惑就不会心神迷乱，只有这样才能领悟到清明纯静的本色；等到意志坚定可以自我控制时，就要让自己多跟各种环境接触，即使看到物质的诱惑也不会心神迷乱，借以培养磨练自己成熟质朴的灵性。

古贤们认为，人只要心静，无论身处何地都能获得真正的平静，但这是针对操守已经坚定的人来说的。对于内心修养还不够坚定的人而言，初步阶段应该远离尘嚣，以助其领悟清明的本性。对操守已坚的人，除了要试炼其了悟清明本性外，还要看其是否有定力，所以要在尘嚣中接触物欲的引诱，通过考验才能培养出圆融质朴的灵性。

大思想家荀子说，一个凡人，积累善行到了尽善尽美的程度，就叫圣人。而所谓的圣人，就是凡人的意志日复一日积累高贵的品行而成的。因为意志最稳定、最恒久。而意志又是最自然、最隐秘、最深刻的积累。可见，意志对人具有不可低估的影响。

这就像居住在楚国的人，遵从的是楚国的意志，于是他就成了一个楚国人；而居住在越国的人，遵从的是越国的意志，他就会成为越国人。

对于今天的人们来说，几乎每个人都明白，只有不断地追求才会不断地进步，不断地努力才会不断地取得成就，不断地积累才能够不断地提高。所以，我们就更应该注重塑造自己，培养自我成熟质朴的灵性。

修行与悟道

人只要心静，无论身处何地都能获得真正的平静，但这是针对操守已经坚定的人来说的。对于内心修养还不够坚定的人而言，初步阶段应该远离尘嚣，以助其领悟清明的本性。

对操守已坚定的人，除了要试炼其了悟清明本性外，还要看其是否有定力。所以，要让他在尘嚣中接触物欲的引诱，通过考验才能培养出圆融质朴的灵性。

第肆辑 修省篇

凡人转变为圣人

荀子说：一个凡人，积累善行到了尽善尽美的程度，也就成了圣人。也就是说，圣人就是凡人的意志日复一日积累高贵的品行而成的。这表明了意志对人有重要的影响。

无我　了身外事，参心中禅

[原文]

才就筏便思舍筏，方是无事道人；若骑驴又复觅驴，终为不了禅师。

解读

原文所说：刚一踏上竹筏，就能想到过河后竹筏就没用了，这才是懂得事理不为外物所牵挂的道人；假如骑着驴还在另外找驴，那就成了典型的既不能悟道，又不能解脱的和尚了。

古贤们早就认为，做事情最重要的是目的，而不在做事过程中的任何事物，否则就是本末倒置。如同庄子所说："荃者所以在鱼，得鱼而忘荃；蹄者所以在兔，得兔而忘蹄；言者所以在意，得意而忘言。"其意就是说，竹筍是用来捕鱼的，捕到鱼后就应忘掉鱼筌；兔网是用来捕捉兔子的，捕到兔子后就应忘掉兔网；说话的目的是言语要表达的意思，得到意思就应该忘了言语。这也是强调了结果的重要。

一次，马祖专心地坐禅。南岳见他气宇不凡，知道是个人才，可以弘扬禅宗。于是就上前去问他：请问你学坐禅是为什么？马祖说：为成佛。于是南岳就拿了一块瓦在马祖面前磨。马祖大惑大解地问：师父你磨瓦做什么？南岳答道：想磨成镜。马祖大惑不解。而南岳则反问他：坐禅又怎么能成佛呢？于是，马祖开始请教如何才能成佛。南岳一笑说：这道理如同驾牛车一样，车子不走了，你是打车子呢？还是打牛呢？你是学坐禅呢？还是学坐佛？如果是学坐禅，禅并不在于坐卧；你如果学坐佛，而佛并无定相。你如果执著于坐相，便永远悟不着大道。因为学坐佛即等于扼杀了佛；人当于法中无取舍、勿执著。听了南岳一番指点，马祖如饮醍醐。

这也就是说：求道当不拘于形式，心悟即可成佛。

对于今天的人们来说，强调目的的重要性更有着现实意义。高度发达、讲究效率的社会，更不可能花费大量时间去讲究过程。当然，世上也有很多目标越是离自己近，越是看不清。如同大诗人苏东坡写道："横看成岭侧成峰，远近高低各不同。不识庐山真面目，只缘身在此山中。"世界就是这样，身在其中反而会迷失很多。

结果重于过程

庄子说:"荃者所以在鱼,得鱼而忘荃;蹄者所以在兔,得兔而忘蹄;言者所以在意,得意而忘言。"

其意是说:竹笱是用来捕鱼的,捕到鱼后就应忘掉鱼笱;兔网是用来捕捉兔子的,捕兔子后就应忘掉兔网;说话的目的是言语要表达的意思,得到意思就应该忘了言语。

马祖学佛

马祖专心地坐禅,南岳见他气宇不凡,知道是个人才,可以弘扬禅宗。

南岳问马祖:你学坐禅是为什么?马祖说:为成佛。

听了南岳一番指点,马祖如饮醍醐。

南岳笑说:牛车不走了,你是打车子还是打牛呢?如果是学坐禅,禅并不在于坐卧;如果是学坐佛,而佛并无定相。你如果执着于坐相,便永远悟不着大道。因为学坐佛即等于扼杀了佛;人当于法中无取舍、勿执着。

第肆辑 修省篇

本真 动失真心，静得真机

[原文]

人心多从动处失真。若一念不生，澄然静坐，云兴而悠然共逝，雨滴而泠然俱清，鸟啼而欣然有会，花落而潇然自得。何地非真境？何物无真机？

解读

原文所说，人的心灵大半是从浮动处才失去纯真的本性。假如任何杂念都不产生，只是清静泰然地独坐，那么一切的念头就会随白云般兴起消逝，随雨滴飘落而洗净心灵，听到鸟鸣呢喃而翻然欣喜，看见花落而洒脱自得。果真如此的话，任何地方都是人间仙境，任何东西都蕴含着人生真谛呢。

其实，赏心悦目、怡情养性的事物到处都是，关键是你有没有一双善于发掘和发现美的眼睛。当一个人心中浮躁，就会失去自然的本真，就没有心思去关注外界的美丽，而执迷于心中的妄念。只有静下心后，方能体会雨落鸟鸣花香，心智才能清凉无碍，灵感妙悟才能随时出现。

一次，庄子和东郭子交谈。庄子说：道是无穷无尽、无边无际的。让我们顺任变化无为而处吧。恬淡而宁静，漠然而清虚，调豫而闲适。我心志寂寥，想去不知去哪里，回来也不知返归何处，来去不知哪里是归宿。驰骋在虚旷广漠的境域，不知其终极。大道与万物是无界限的，道与物之间有区别是因为具体事物之间有界限，万物之间没有本质的区别是因为有界限的事物中包含了无界限的道。

对于今天的人们来说，只顾一味的追名逐利，自然就没有时间倾听大自然的言语，身处云雾遮蔽的地方自然也看不清山川的壮丽之境。

这里不妨借用西方哲人底格涅斯的话说：我正在晒太阳，请别挡住我的阳光！

宁静与浮躁的人

人生真谛：假如人任何杂念都不产生，清静泰然的独坐，白云升起意念就会随之一起悠然消逝在天边，雨滴飘落心灵就会随之变得清明透彻，听到鸟鸣便会从中欣然领悟到自然的奥妙，看见花落也会依然洒脱自得。

人生苦累：当一个人心中浮躁，就会失去自然的本真，就没有心思去关注外界的美丽，而执迷于心中的妄念，最终也会不得而解。

庄子与无为

庄子说：道是无穷无尽、无边无际的。让我们顺任变化无为而处吧。

庄子讲求恬淡而宁静，漠然而清虚，调豫而闲适。

庄子认为：大道与万物是无界限的，道与物之间有区别是因为具体事物之间有界限，万物之间没有本质的区别是因为有界限的事物中包含了无界限的道。

庄子说：我心志寂寞，想去不知去哪里，回来也不知返归何处，来去不知哪里是归宿。驰骋在虚旷广漠的境域，不知其终极。

第肆辑 修省篇

适度 为奇不为异，求清不求激

[原文]

能脱俗便是奇，作意尚奇者，不为奇而为异；不合污便是清，绝俗求清者，不为清而为激。

解读

原文所说：思想超越一般人又不沾世俗气的人就是奇人，可是那种刻意标新立异的人不是奇而是怪异；不同流合污就算是清高，可是为了表示自己清高就和世人断绝来往，那不是清高而是偏激。

展开来说，当一种新的思潮涌现的时候，人们对不破不立的观点很是欣赏，在行动上往往是有过之而无不及。而在俗与雅、庸俗与清高的选择上，很多人也会赞赏清高儒雅的人。一个人如果能舍弃名利，当然值得景仰。可是假如为了提高知名度就标新立异故作怪论，实际上是俗人伪装怪人，是一种沽名钓誉的小人。清而奇是旁人的想法，对一个修养好的人来说，保持清白高雅的境界是很自然而无须造作的事。

古贤们一直推崇的，正是那种处于污浊俗世而心灵不受沾染的人。因为他们的品德就像莲花出污泥而不染，会永远保持洁净。假如心存俗念却又矫揉造作般地与世俗断绝，以标榜自己的清高，就会成为一种偏激狂妄的行为了。正如李白"清水出芙蓉，天然去雕饰"的诗句，表达的即为此意。

魏晋时期，名士嵇康家道清贫，常与向秀在树荫下打铁，不为谋生，只是随从自己的意愿。有一贵公子叫钟会，侍才善辩。一日，为学嵇康的脱俗，钟会前来拜访，却带来了大批官员。嵇康一见这场面就很反感，没理睬他，只是低头干活。钟会呆了很久，怏怏欲离时，嵇康才说道："何所闻而来？何所见而去？"钟会立即回答说："闻所闻而来，见所见而去。"说完拂袖而去，并因此忌恨嵇康，常在司马昭面前说他的坏话。

显然，超凡脱俗之人令人羡慕，清高磊落之人受人景仰。但脱俗清高是一种人格魅力，刻意地学是学不来的。它需要不断地提高自身的道德修养，丰富自身的内涵，是一个漫长的过程。如果真的能够做到超凡脱俗和清高磊落自然是好，而如果只是贪图这样的虚名而故意标新立异、离经叛道，那就不是脱俗而是怪异，不是清高而是偏激了。

对于今天的人们来说，"钟会学嵇康"无异与东施效颦了。

清高与世俗

清高	心比天高
	不会阿谀奉承
	自认人杰
	不追求物欲
	终身探索真理
	随时完善自己的人格
	眼光远远

世俗	主观的具体化
	尘世
	享乐
	流行的
	平庸的

中国最清高的人

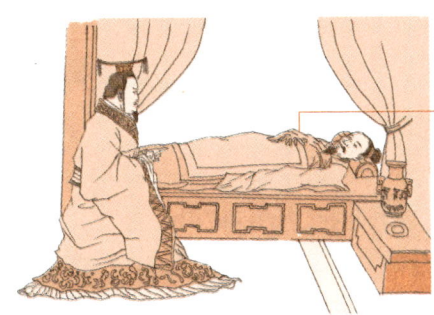

东汉的严光，少年时与光武同学，私交甚笃。光武当了皇帝后，曾数次托人请他入朝，都被他回绝，万般无奈，光武帝只好屈尊亲自上门看望他，严光竟然高卧不起。到了晚上，两人抵足谈心，光武帝对这位自小志向远大同窗的隐退之心甚为怀疑，让他谈一谈对自己当皇帝的看法。严光听后倒头便睡。经光武百般催促，才冷不丁冒出一句："你长胖了"。乍听这话，光武帝甚是愠怒，仔细一想，遂明白了老朋友的心意。第二天一早离开严光茅草屋时，光武帝的嘴上还念叨着那句有点突兀但不乏真诚的话：你长胖了。就是这句看似闲适的话，让严光成了古代中国文人清高的标杆。

中国最世俗的人

秦桧，可以说是中国历史上世俗人物的代表。他为了一己之私不择手段：假传圣旨宣岳飞收兵回府；把岳飞父子以"莫须有"的罪名杀害于风波亭。在特定时代的非常时期，只有一揽朝中大权的秦桧才有机会做出那样的事，也只有世俗过度的秦桧才肯做出那样的事。

钟会学嵇康

贵公子钟会，恃才善辩，想学嵇康的脱俗，特前来拜访。

嵇康，魏晋时期名士，家道清贫，常在树荫下打铁，不为谋生，只是随从自己的意愿。

随钟会而来的有大批官员，嵇康很是反感，没加理睬。钟会呆了很久，快怏欲离时，嵇康才说道："何所闻而来？何所见而去？"钟会回答说："闻所闻而来，见所见而去。"说完拂袖而去。

自此钟会忌恨嵇康，常在司马昭面前说他的坏话。

勿执 持身不可轻，用意不可重

[原文]

士君子持身不可轻，轻则物能挠我，而无悠闲镇定之趣；用意不可重，重则我为物泥，而无潇洒活泼之机。

 解读

原文所说：君子待人处事绝不可轻率，轻率就会把事情弄糟，使自己受到困扰，失去悠闲和宁静的生活乐趣；处理事情不可思前虑后想得太多，如果想得太多，就会被外界所制约，丧失潇洒活泼的生机。

轻率是待人处事的大忌。三步就想跑到百米终点，或者一顿饭就能吃得身强力壮，都是一种可望而不可及的奢想。古贤认为，情绪急躁的人往往容易犯这样的错误：预想的效果不仅不能达到，反而会给自己招来许多麻烦。这便是人所共知的"欲速则不达"的道理。

历史上的智者诸葛亮一生做事谨慎，绝不轻率行事，所以他很少有失误。后人对他的这种足智多谋的风度给出了相应的评价：一是他天资聪明，另一方面则是他本人在长期的实践中反复磨炼而成。所以，上文中的"持身不可轻"、"用意不可重"，实际上是对人性格的一种磨炼。所以，古贤们认为，一个有学问有操守的君子，一定要在待人处事的轻重上把握好尺度，这样就会尽量不犯错误或少犯错误。

当然，轻重是相对的，一个人做事固然不可过于轻率，但也不能考虑太多，委缩不前，否则什么事情也做不成了。

事实上，轻率浮躁和过分执著都是不可取的。做事情既要讲求方法和原则，也要讲究一个度。所以，古贤们认为，能入乎其内又出乎其外，才能做到客观冷静，不为外物所囿；而急躁冒进往往会适得其反，用一步去跨三步的距离，不仅不会加快行进速度，反而会使自己跌倒。

对于我们现代人来说，如果是个急性子，遇事一定要三思而后行，给自己也给大家多一点时间思考。而为人亦不可太执著，太执著就会变成固执、偏见、钻牛角尖。最好的境界就是，既不古板偏激，又果断活泼。

两种过失

两种过失	
轻率浮躁	过分执著
会把事情弄糟 使自己受到困扰 失去悠闲和宁静的生活乐趣	固执、偏见、钻牛角尖 易被外界制约 丧失潇洒活泼的生机

做事谨慎的诸葛亮

诸葛亮八阵示意图

做事谨慎的诸葛亮

诸葛亮八阵图

诸葛亮一生做事谨慎，绝不轻率行事，所以他很少有失误。这一方面得益于他本人的天资聪明，另一方面则是他本人在长期的实践中反复磨炼而成。诸葛亮也因此成为古代君子们把持自己的效仿人物。

减省 减繁增静，安乐之基

[原文]

人生减省一分便超脱了一分。如交游减便免纷扰，言语减便寡怨尤，思虑减则精神不耗，聪明减则混沌可完，彼不求日减而求日增者，真桎梏此生哉！。

解读

原文所说：人生在世能减少一分麻烦，就会多一分超脱世俗的乐趣。交际交酬减少，就能免除很多不必要的纠纷困扰；闲言乱语减少，就能避免很多错误和懊悔；思考忧虑减少，就能避免精神的消耗；聪明虑智减少，就可以保持纯真本性。假如不设法慢慢减少以上这些不必要的麻烦，反而千方百计去增加这方面的活动，就等于是用枷锁把自己的一生锁住了一样。

显然，这些道理谁都能明白，当一个人的交际减少了就会少了不必要的纷扰；而一个人少说话了也会少犯很多错误，就像俗话所说"祸从口出"的道理一样。又如同老子所说："五色令人目盲，五音令人耳聋，五味令人口爽，驰骋打猎令人心发狂，难得之货令人行妨。"就是说世界上种种的美味、好看的、好听的和好玩的，都会使人迷乱，少去玩耍那些东西，自然就会少了心智的劳损，得益也就多了。

一次，缯国旧地疆界的执掌官看见了楚相孙叔敖，对他说："我听说，做官久了的人，士人嫉妒他，俸禄多了的人，百姓怨恨他，官位高的人，君子憎恨他。如今你孙相国居官久，俸禄厚，职位尊，三者都具备，却没有得罪楚国的士人和民众，这是什么原因呢？"孙叔敖回答说："我三次做楚国的相国，思想上更加谦卑，每当俸禄增加，施舍就更加广泛，地位越高，礼貌就越恭敬。因此，才不会得罪楚国士人和民众。"

由此可见，人在一生中，如能把不必要的思虑减少一分、省去一分，就能够超出世间一分，得到多一些的安乐和自由。尤其是那些所谓的聪明者，如果聪明得太过就有伤其本来面目，本身也就危险了。从这一点上来说，有时混沌的人反而是安全的。如同古语所说的"难得糊涂"。

对于今天的人们来说，做任何都不应太过，过了就可能会成为祸患之本。所以，凡事最好达到八分就应回顾一下。这也是老子、庄子的遁世之道。只是，生活

中仍有不少人持着与此相反的主张，他们的生活也注定了存有痛苦和悲哀的事。

切记：菩提深悟需要时间，善待自己却是永远。

聪明与智慧

过于聪明

人最优秀的品质有两种
——善良与智慧

● 智慧若是与善良结伴，那便是大智慧；智慧若是孤独前行，那就只能是小聪明。人生需要的是大智慧，而最忌讳的则是小聪明。

● 有大智慧才有大境界，才有大美丽，才有大人生，大人生才是至诚至善的人生。小聪明总有个性的弱点，个性的弱点总会造就人生的局限，小聪明造就的人生是支离破碎的人生。

● 小聪明容易被聪明误，容易把春光看作秋风，用自造的凄凉来折磨自己。大智慧以善为本，仰观满天星斗，俯瞰人间烟火。淡泊明志，宁静致远。

纯真本性

孙叔敖为官

孙叔敖

绘国旧地疆界的执掌官

执掌官问楚相孙叔敖："我听说，做官久了的人，士人嫉妒他，俸禄多了的人，百姓怨恨他，官位高的人，君子憎恨他。如今你孙相国居官久，俸禄厚，职位尊，三者都具备，却没有得罪楚国的士人和民众，这是什么原因呢？"

孙叔敖回答："我三次做楚国的相国，思想上更加谦卑，每当俸禄增加，施舍就更加广泛，地位越高，礼貌就越恭敬。因此，才不会得罪楚国士人和民众。"

第肆辑 修省篇

真境界 动中静是真静，苦中乐是真乐

[原文]

静中静非真静，动处静得来，才是性天之真境；乐处乐非真乐，苦中乐得来，才是心体之真机。

解读

原文所说：在万籁俱寂的环境中所得到的宁静并非真宁静，只有在喧闹环境中还能保持平静的心情，才算是合乎人类本然之性的真正宁静；在歌舞喧闹环境中得到的快乐并非真快乐，只有在艰苦困难的环境中仍能保持乐观的精神，才算是合乎人类本然灵性的真正乐趣。

换句话说，一个人住在远离烦扰世俗的深山幽谷，保持一份宁静的心情当然容易，但在烦嚣纷扰的环境之中仍能保持一颗平静无波的心，就更显示出了静的真涵义。古贤们认为，在任何情况下都能做到泰然自若、坐怀不乱的人，才是达到了静的真境界。

原文中所说的"乐"也是如此，来得容易的幸福是短暂的，也只有经历过痛苦，能够在苦中作乐者，才算是能够懂得欢乐、真正洒脱智慧的人。

所以，古贤们认为，一个人对生活的感受，并不在于他所处的环境，关键是在于他的心境如何。

如同孙子所说，"静如处子，动如脱兔。"就是说，一个人行动的时候应该像太阳火球一样运行，而内心的精神状态又必须像深夜一样宁静；表现出来的情绪应像大姑娘那样含蓄、不动声色，行动则应像兔子那样敏捷快速。这其实就是强调了快速敏捷来自于清醒冷静的判断，否则敏捷就会变成轻率，快速就会显得盲目了。而孔子亦曾赞扬颜回说，"贤哉，回也！一箪食，一瓢饮，在陋巷。人不堪其忧，回也不改其乐。贤哉，回也！"这也正是强调了苦中作乐的境界。

对于今天的人们来说，身处这个充满竞争、物欲横流的社会中，如果能够视金钱如粪土，追求安静自然的生活，其心灵肯定是宁静的；而能在竞争、高度商业化的环境中自得其乐，充满信心，努力上进的人，其心灵也肯定是快乐的。

总之，人在静中应耐得住寂寞，在动中应经得起诱惑；在乐中不得意忘形，在苦中能找得到快乐。若能如此，人也就能够步入人生的至高境界了。如同老子说："静是动的主宰，重是轻的根基"。

静是动的主宰

即使敌军围城，手中无兵，诸葛亮也能以静制动。

● 在万籁俱寂的环境中所得到的宁静并非真宁静，只有在喧闹环境中还能保持平静的心情，才算是合乎人类本然之性的真正宁静。
● 在歌舞喧闹环境中得到的快乐并非真快乐，只有在艰苦困难的环境中仍能保持乐观的精神，才算是合乎人类本然灵性的真正乐趣。
● 一个人住在远离烦扰世俗的深山幽谷，保持一份宁静的心情当然容易，但在烦嚣纷扰的环境之中仍能保持一颗平静无波的心，就更显示出了静的真涵义。
● 古贤们认为，在任何情况下都能做到泰然自若、坐怀不乱的人，才是达到了静的真境界。

第肆辑 修省篇

静如处子，动如脱兔

外表要给人不动声色、不为所动的神态。

内心想的是：果敢、快捷，一定要掌握先机。

一个智慧的人行动的时候快如闪电，而内心的精神状态又必须像深夜一样宁静。
一个智慧的人的快速敏捷来自于清醒冷静的判断，否则这种敏捷就会变成轻率，快速就会显得盲目。

一个智慧的人即使表现出来的情绪像大姑娘那样含蓄、不动声色，但其行动却会像兔子那样敏捷快速。

心达 机息心清，月到风来

[原文]

机息时便有月到风来，不必苦海人世；心远处自无车尘马迹，何须痼疾丘山。

解读

原文中的"机"是指一个人的心机，"月到风来"意指舒畅惬意的感觉。"心远"乃为一个人之心境开阔，"痼疾"显然是指积拖了很久，不得而治的顽疾之意。而整段话的意思是说：一个人假如没什么企图和阴谋，其心态肯定是快乐舒畅的，不必为自己平凡的一世而烦恼内疚；而当思想远远超脱世俗之后，自然就不会听到外面的车马喧闹之声，也就不一定非要眷恋山野泉林的隐居生活了。

大诗人陶渊明有诗曰："结庐在人境，而无车马喧，问君何能尔？心远地自偏。"不仅这么说，他也用他的实际行动告诉了人们，世外桃源是存在于人心深处的。而人生的真正境界也应像一幅开阔的山水画，那般宁静、安详，丝毫不见峥嵘气象。

中国更有俗话说，"无官一身轻"。如同苏轼被罢官后，他回到家中，顿觉心朗气爽，空气更甜，睡觉更香。想想在官任上时，不得不为时俗算计，便突然有了解脱。所以，他仿佛感到了生命的再生！而此时的心境，也真切地觉得处处都是山水了。

当然，"世外桃源"毕竟都是表象的东西，而精神则真实地蕴涵在每个人的感受当中。只要放下了心机，放开心胸，自然能够拨云见日，给自己一处世外桃源之境。

所以，处世为人不必枉费心机，凡事只要本心无邪，顺其自然，便能脱离人世苦海；同样，只要心地纯净，又何必去求一种隐居山林的形式？因为人境即是桃源。

对于今天的人们来说，很容易因生活上的琐屑与工作上的不顺而大发牢骚，进而生出一些厌世或愤俗的心情。但是，学学古贤们的修身智慧，多想想平安与快乐，少操弄些心机，事态自然会按其规律发展，我们也就能多些愉快了。果真如此，只要愿意多劳动、勤思考，不仅能陶冶情操，还能延年益寿，何乐而不多为呢？

所以，遇事还是多想想"枉费心机空费力，雪消春水一场空"的道理吧！

人生的真正境界

"世外桃源"毕竟都是表象的东西,而精神则真实地蕴涵在每个人的感受当中。只要放下了心机,放开心胸,自然能够拨云见日,给自己一处世外桃源之境。

大诗人陶渊明有诗曰:"结庐在人境,而无车马喧,问君何能尔?心远地自偏。"陶渊明用他的实际行动告诉了人们:世外桃源是存在于人心深处的。而人生的真正境界也应像一幅开阔的山水画,那般宁静、安详,丝毫不见峥嵘气象。

第肆辑 修省篇

无官一身轻

苏轼被罢官后,有了种解脱的快感,仿佛获得了生命的再生。回到家中,苏轼心朗气爽,感觉空气更甜,睡觉更香,心中真切地感觉到处处都是山水了。

为官时的苏轼,不得不为时俗算计,常会感到身心俱疲,困苦有加。

豁达　与闲云为友，以风月为家

[原文]

芦花被下，卧雪眠云，保全得一窝夜气；竹叶杯中，吟风弄月，躲离了万丈红尘。

解读

原文中的"吟风弄明"意指"填词吟诗"；"红尘"则是指"尘世、人间"，多指热闹繁华的地方。此段话的意思是说：以芦花作棉被，以雪地作睡床，以云彩作蚊帐，在如此美景下睡眠，可以保全一分宁静的气息；以竹叶作酒杯，在清风明月下吟咏，可以摆脱尘世间的纷乱烦扰。

其实，古代之所以有如此多的隐士，主要与古贤们所推崇的如下理念有关：即居在闲云和风月之中是种幸福。如大诗人陶渊明的"结庐在人境，而无车马喧"、"采菊东篱下，悠然见南山"佳句，不仅充溢着田园生活的雅趣，更是为无数的后人推崇。不过，像陶渊明这样，果真不为五斗米而折腰，真正甘心隐居的倒也不多。

据说，秦汉时期有四位高人，他们分别是东园公、角里先生、绮里季和夏黄公。由于不堪忍受秦始皇实行的暴政，四人隐居在王屋山避秦沟中，后来又迁到商山，从此长期隐居在此。这四人都洁身自爱，生性淡泊，他们常年生活在深山之中，以闲云为友，风月为家，过着闲云野鹤般的生活。因为他们四人眉皓发白，所以当时人称"商山四皓"。到了西汉初年，汉高祖刘邦曾几次想请四人出山为官，但他们听说刘邦非常轻视读书人，甚至辱骂过儒士，便觉得刘邦为人不义，于是婉拒了刘邦的邀请。

而宋代的王安石从丞相位退休后，也写下了"茅檐常扫净无苔，花木成畦手自栽。一水护田将绿绕，两山排闼送青来"的诗句。其大意就是，茅屋屋檐下面经常打扫，一尘不染得没有青苔，屋前一畦一畦的花木，都是自己亲手栽种的。一条曲折的小溪紧紧地围绕着绿油油的田地，两座青山推门而入，送来了青翠欲滴的山色。

王安石的如此豁达心境，从根本上说也得益于他的"无官一身轻"。

当然，如同鲁迅先生所说，享田园之趣，多是先前的知识分子逃避封建高压、等待时机的一种手段。至于以隐居为捷径者，更不在少数。

居于闲云和风月是种幸福

秦汉时期有四位高人,他们分别是东园公、角里先生、绮里季和夏黄公。四人由于不堪忍受秦始皇实行的暴政,隐居在王屋山避秦沟中,后来又迁到商山,从此长期隐居在此。他们四人眉皓发白,当时人称"商山四皓"。

四人都洁身自爱,生性淡泊,他们常年生活在深山之中,以闲云为友,风月为家,过着闲云野鹤般的生活。

到了西汉初年,汉高祖刘邦曾几次想请四人出山为官,但他们听说刘邦非常轻视读书人,甚至辱骂过儒士,便觉得刘邦为人不义,于是婉拒了刘邦的邀请。

王安石的"山色"

宋代的王安石从丞相位退休后,写下了"茅檐常扫净无苔,花木成畦手自栽。一水护田将绿绕,两山排闼送青来"的诗句。

王安石的如此豁达心境,从根本上说源于他的"无官一身轻"。

王安石表达的是:茅屋屋檐下面经常打扫,一尘不染得没有青苔,屋前一畦一畦的花木,都是自己亲手栽种的。一条曲折的小溪紧紧地围绕着绿油油的田地,两座青山推门而入,送来了青翠欲滴的山色。

第伍辑 情态篇 5

人世间的情态，多指人与人之间的交往情分，洪应明在《菜根谭》中说："人情世态，倏忽万端，不宜认得太真。""天道忌盈，人事惧满，月盈则亏，花开则谢。"这些虽然是出于天理循环，实际上也是处事的盈亏之道。事业达于一半时，一切皆是生机向上的状态，那时足以品味成功的喜悦；事业达于顶峰时，就要以"如临深渊，如履薄冰"之态待人接物。只有如此才能持盈保泰，永享幸福。

本辑图版编目

1. 富贵不足骄傲，才智不可仗恃 / 229
2. 结果胜于过程 / 231
3. 信命与信自己 / 233
4. 邵雍和他的《梅花诗》/ 235
5. 伪君子与真小人 / 237
6. 已所不欲，勿施于人 / 239
7. 私情和物欲 / 241
8. 勤俭与谦让 / 243
9. 人的一生 / 245
10. 简陋中有纯真 / 247
11. 知足常乐与贪得无厌 / 249
12. 人心难制 / 251
13. 相生不绝的生机 / 253
14. 事态有冷暖，人面逐高低 / 255
15. 人身与天地 / 257
16. 飞蛾扑火 / 259
17. 竹篱鸡鸣，柴门犬吠 / 261
18. 光明与暗昧 / 263
19. 人我两忘，恩怨皆空 / 265
20. 欢乐极兮哀情多 / 267

人世间的情态，多指人与人之间的交往情分。洪应明在《菜根谭》中说：「人情世态，倏忽万端，不宜认得太真。」「天道忌盈，人事惧满，月盈则亏，花开则谢。」这些虽然是出于天理循环，实际上也是处事的盈亏之道。事业达于一半时，一切皆是生机向上的状态，那时足以品味成功的喜悦；事业达于顶峰时，就要以「如临深渊，如履薄冰」之态待人接物。只有如此才能扬盈保泰，永享幸福。

悟大道 富者应多施舍，智者宜不炫耀

[原文]

富贵家宜宽厚，而反忌刻，是富贵而贫贱其行矣！如何能享？聪明人宜敛藏，而反炫耀，是聪明而愚懵其病矣！如何不败？

解读

原文所说：一个富贵的家庭待人接物应该宽大仁厚，可是很多人反而刻薄无理，这种人虽然身为富贵之家，可是他的行径却跟贫贱之人完全相同。这样又如何能长久保持富贵的身分呢？而一个才智超群出众的人，本来应该保持谦恭有礼不露锋芒的态度，可是很多人反而夸耀自己的本领如何高强，这种人表面上看来好像很聪明，其实他的言行跟无知无识的人并没什么不同。那么，这种人的事业到头来又如何不遭受失败呢？

古贤们倡导，富贵不足骄傲，才智不可仗恃，只有宽厚仁慈的人才能成功。假如富贵者为人刻薄寡恩，就会陷入终日勾心斗角与人争利的苦海之中。如此以来，就会完全丧失富贵的崇高身分与生活乐趣，时间一久便会丧失周围所有的亲友，到头来落得孤立无援、空虚寂寞的下场。

同样的道理，古贤们认为，聪明人要有自知之明，如果聪明的人自以为了不起，岂有不失败的道理？所以，为人应该虚怀若谷，遇事不要锋芒太露才行。这如同我们今天俗话所说的"聪明反被聪明误"的道理一样。

《孔子家语》记载，南宫敬叔因为富有得罪了鲁定公，结果就逃奔到卫国。卫国国君请求鲁定公恢复他的官职，南宫敬叔就带着财宝去朝见卫君。孔子知道了这一消息后，说："如果像这样行贿，丧失官爵后还不如快点贫穷好些。"子游在边上问道："请问为什么这样说呢？"孔子回答说："富而不好礼，殃也。敬叔以富丧矣，而又弗改。吾惧其将又后患也。"敬叔听说后，就多次跑到孔子那里请教，然后"遵礼施散"。

这个典故，其实也告诉了我们一个关于财富的理念：一个人如果"富而不好礼"就会遭殃，所以要学会施散财物。

原文换成今天的话来讲，就如同我们常说的"和气生财"、"大智若愚"的道理一样，只有良好的人际关系和社会关系，事业成功、家庭丰裕才会有了基础。如果有了财富反而刻薄待人，自会逐渐失去别人的信任和友谊，最终落得个

孤家寡人的境地；而有才智却不知敛藏，且以此傲人愚人，则早晚会落得"聪明反被聪明误"的结局。

富贵不足骄傲，才智不可仗恃

如果为人刻薄寡恩，富贵者必然会陷入终日勾心斗角、与人争利的苦海之中，进而失去富贵的崇高身分和生活乐趣。时间一久，更会失去周围所有的亲友，落得孤立无援、空虚寂寞的下场。这如同我们今天俗话所说的"聪明反被聪明误"的道理一样。

敬叔"遵礼施教"

南宫敬叔因为富有得罪了鲁定公，结果就逃奔到卫国。卫国国君请求鲁定公恢复他的官职，南宫敬叔就带着财宝去朝见卫君。

保晚节 人生重结果，种田看收成

[原文]

声妓晚景从良，一世之烟花无碍；贞妇白头失守，半生之清苦俱非。语云："看人只看后半截。"真良言也。

解读

原文中的"声妓"一词，本指古代宫廷和贵族家中的歌舞妓，但在此文中意指一般妓女。而"烟花"则是中国古代用来代称妓女的，此文中意指妓女生涯。

原文整体意思是说：妓女以卖身卖笑为业，如果到了晚年能嫁人从良，那么她以前的妓女生涯并不会对后来的正常生活构成伤害；可是一个一生都坚守贞操的贞烈妇女，假如到了晚年由于耐不住寂寞而失身，那她半生守寡所吃的苦都会付诸东流了。这就像俗话所说："要评定一个人的功过得失，关键是看他后半生的晚节。"这真是一句至理名言呀。

史书中记载，孟子和他的学生彭更有过一次很有意思的答辩，过程大致如下：

彭更认为，孟子从一国到另一国，跟随的车有几十，跟随的人有几百，这太过分了。因为读书人不像木匠车工，木匠车工的动机本就是为了谋食，而君子研究学术，推行王道，动机不在谋食。孟子反问彭更："你是以动机来论该不该给饭吃了？"彭更问："如何论动机？"孟子说："如果这里有个匠人，把屋瓦打碎，在新垒的墙上乱画，他的动机也在于谋食，你给他饭吃吗？"孟子的意思很明白：论事不能光看动机，还应看效果。

中国也有俗话说"善始者不如善终"。这话一方面是在教人应保全晚节，同时也鼓励一时犯错的人要及早回头，如果能痛下决心重新做人，不管他们曾经如何堕落，世人也都会原谅且接受他们。所以，古贤们认为，一个人的晚节实在重要，人的一生要盖棺才能定论。

也就是说，一个人不论以前出身如何低贱或者如何堕落，只要能够痛下决心重新做人，世人不但会原谅他们过去的失足与不幸，而且还会钦佩他们的毅力与勇气。反之，一个人虽然有很好的出身和过去，到了晚年却由于受不了金钱权势的诱惑而入歧途，终将落得一个遗臭万年的恶名。

对于今天的人们来说，原文虽然存在一定的偏颇之处，但也有一定的重要意义：活到老学到老，才可能保持一个完整的人格和完善的道德。

结果胜于过程

要评定一个人的功过得失，关键是看他后半生的晚节。

妓女以卖身卖笑为业，如果到了晚年能嫁人从良，那么她以前的妓女生涯并不会对后来的正常生活构成伤害。

一个半生都坚守贞操的贞烈妇女，到了晚年如果不慎失身，那她所吃的苦也都会付诸东流的。

孟子论事

孟子的学生彭更认为：孟子从一国到另一国，跟随的车和人太多了，有些不应该。因为读书人不像木匠车工动机是为了谋食，而应是研究学术、推行王道。而孟子认为：论事不能光看动机，还应看效果。

彭更问："如何论动机？"

孟子问彭更："你是以动机来论该不该给饭吃了？"

孟子说："如果这里有个匠人，把屋瓦打碎，在新垒的墙上乱画，他的动机也在于谋食，你给他饭吃吗？"

勿独齐 推己及人，方便法门

[原文]

人之际遇，有齐有不齐，而能使己独齐乎？己之情理，有顺有不顺，而能使人皆顺乎？以此相观对治，亦是一方便法门。

解读

原文所说：每个人的际遇各有不同。机运好的可施展抱负干一番事业，机运坏的虽有才华却一事无成。在各种不同的情况中，自己又如何能要求机运的特别待遇呢？自己的情绪有好有坏，有稳定的时候，也有浮躁的时候，又如何能要求别人事事都顺从自己的意愿呢？假如自己能心平气和地来对照观察，也就是设身处地反躬自问想一想，这也是领悟人生的一个较好修养途径。

人生在世，境遇必然各不相同。如：有人虽拥有财富却可能健康状况不佳，有的夫妻情深似海却可能无子相嗣，有人儿女成群却可能家境贫困，等等。于是，人们也常会听到"命运不公"的叹伤。其实，这并非公平不公平。如果能坦然接受现状，即使一无所有也不会发出不平之鸣；反之，只着眼于自己所没有的部分，就会觉得命运多舛。这就像中国人常说的"人身不如意事十之八九"的道理一样。

战国时期，杨朱的弟弟杨布问他说："有两个人年龄相近，面貌相似，可他们却一个长寿富贵，美名远扬；一个却短命贫贱，恶名昭彰。为什么？"杨朱告诉弟弟说："生死有命，各有不同，你可以任意而为。你想拼命追求，没有人会阻止你，也没有人会反对你。日出日落，各忙各的，谁知道为什么他会那样？说白了，这都是命啊！"

而事实上，当一个人身处逆境时，他常常相信命运，命运就对那些相信命运的人发生效力；而当一个人身处顺境时，他也往往会忘记命运。

对于今天的人们来说，相信自己，就会把命运当成一个较量的对手，敢想敢干，兢兢业业，奋发图强，不仅能从搏斗中享受到无限的乐趣，往往也会大有所为；而相信命运的人，常常会把命运当成一个救世的菩萨，变成了命运的奴隶，画地自狱，畏葸不前，最终毫无作为。

信命与信自己

信命	1. 当一个人身处逆境时，他常常相信命运； 2. 相信命运的人，常常把命运当成一个救世的菩萨； 3. 相信命运的人，也就成了命运的奴隶； 4. 相信命运的人，画地自狱，毫无作为。
信自己	1. 当一个人身处顺境时，他往往忘记命运； 2. 相信自己的人，常常把命运当成一个较量的对手； 3. 相信自己的人，他从搏斗中享受到了无限的乐趣； 4. 相信自己的人，敢想敢干，奋发图强，大有所为。

长寿富贵与短命贫贱

杨朱是战国时期魏国人，反对儒墨，主张贵生，重己，他的见解散见于《庄子》、《孟子》、《韩非子》、《吕氏春秋》等书。杨朱有些诗人的多情善感，可正是这样的一个人，却提出了中国哲学上著名的"为我"、"利己"等观点，让孟子这一"好辩"之人拿他做了论敌。

人虽相似，但命却不同。即使想改变，可惜是命中注定的。

杨布："有两个人年龄相近，面貌相似，可是他们却一个长寿富贵，美名远扬；一个却短命贫贱，恶名昭彰。为什么？"

杨朱："生死有命，各有不同，你可以任意而为。你想拼命追求，没有人会阻止你，也没有人会反对你。日出日落，各忙各的，谁知道为什么他会那样？说白了，这都是命啊！"

第伍辑 情态篇

勿执着 世态变化无极，万事必须达观

[原文]

人情世态，倏忽万端，不宜认的太真。尧夫云："昔日所云我，而今却是伊，不知今日我，又属后来谁？"人常作是观，便可解却胸中挂矣。

解读

原文所说：人情冷暖世态炎凉，真是错综复杂瞬息万变，所以对任何事都不要太过认真。宋儒邵雍说："以前所说的我，如今却变成了他；还不知道今天的我，到头来又变成了谁？"一个人假如能抱着这样的看法，就可以解除心中的一切牵挂、烦恼与杂念。

换句话说，古贤们认为，人情的变化也正如人的身体一样。人由青年到老年就有很大的变化，而人情当然也就逃不出时时在变的规律。而所谓"不宜认的太真"，也是在强调人生在世不要固执己见，不要过于主观，总要倾乎人情去做人做事。

人的一生之中，的确充满了无数的玄机，随时都有变化的可能。人生要面对太多的不可预知，即使是对于自身也是无法完全掌握的。未来既然无法预知，那又何必非要预知呢？人生变化无常，但有变化也才会有转机！只要平心而对，一切也就随之变淡了，烦恼也就不会产生了。

唐敬宗宝历二年（826），刘禹锡罢和州刺史任返洛阳，同时白居易从苏州归洛，两位诗人在扬州相逢。白居易在筵席上写了一首诗相赠，一方面感叹刘禹锡的不幸命运，另一方面又称赞了刘禹锡的才气与名望。刘禹锡便写了《酬乐天扬州初逢席上见赠》来酬答他。刘禹锡在酬诗中写道："沉舟侧畔千帆过，病树前头万木春。"刘禹锡以沉舟、病树比喻自己，一方面劝慰白居易不必为自己的寂寞、蹉跎而忧伤，另一方面又对世事的变迁和仕宦的升沉，表现出了豁达的襟怀。这表明，23年的贬谪生活，并没有使刘禹锡消沉颓唐。而他"莫道桑榆晚，为霞犹满天"的心境独白，也暗示了他这棵病树仍然要重添精神、迎上春光，新事物必将取代旧事物的豪迈之情。

对于今天的人们来说，原文也意在强调做人不应太在意、太执著的道理。人世间没有什么是永恒不变的！就像人们不能奢望每天都是阳光灿烂，不能奢望生活永远万事如意一样。既然人自己本身尚且在变化，那么又何必太在意世间人情

的变化万端呢。因为，过于执著，人就容易钻牛角尖，痛苦也就是必然的了!

邵雍和他的《梅花诗》

邵雍（公元1011年-公元1077年），宋理学大家，易学鸿儒，字尧夫，谥号康节。邵雍淡泊名利，为人敦厚，一度隐居洛阳，著书教学，自号"安乐先生"。有人把邵雍留宿过的地方，称为"行窝"。

他的《梅花诗》，惊世骇俗，为传世之作，准确预言了中国发生的重大历史演变。而人们常说的"一年之计在于春，一日之计在于晨，一生之计在于勤"，既出自邵雍。后人尊称他为"邵子"；程颢则赞说："尧夫，内圣外王之学也！"

刘禹锡酬答白居易

白居易一方面感叹刘禹锡的命运，一方面又赞他的才气和名望。

刘禹锡回诗，反而劝慰白居易。

唐敬宗宝历二年（826），刘禹锡罢和州刺史任返洛阳，与白居易在扬州相逢。白居易在筵席上写了一首诗相赠，一方面感叹刘禹锡的不幸命运，另一方面又称赞了刘禹锡的才气与名望。为了酬答白居易，刘禹锡便写了《酬乐天扬州初逢席上见赠》一诗。一方面劝慰白居易不必为自己的寂寞、蹉跎而忧伤，另一方面又对世事的变迁和仕宦的升沉，表现出了豁达的襟怀。

省自身 只畏伪君子，不怕真小人

[原文]

君子而诈善，无异小人之肆恶；君子而改节，不及小人之自新。

解读

原文是说：一个伪装成善良的正人君子，和恣意作恶的邪僻小人是没有什么区别的；一个正人君子如果改变自己的操行志向，他的品质还不如一个痛改前非重新做人的小人。

换句话说，古贤们认为，社会上道貌岸然的伪君子很多，这些人满口仁义道德，其实心怀鬼胎，利用人们对自己的信任和尊敬来遂其所愿，其危害程度更甚于肆无忌惮为恶的小人。

如同人们熟知的装神弄鬼之人，通常就是利用人们对神佛的敬畏，以及相信自己具有的上达天庭的能力，而对信众予取予求、进而中饱私囊。虽然人们常常也能听到或看到他人因此而导致损害，却在身临其境时甘于对装神弄鬼之人依然尊敬。

所以，古贤们认为，道貌岸然的伪君子们的罪恶，要比作恶的小人更严重。因为小人的"恶"大家多能看到，可以提防，危害往往有限；但是伪君子的坏，人们很难发现，且有众多称颂之声，背着良好名声而行不宜之事的危害远大于小人。

《庄子·列御寇》中有这样一段话："贼害最大的，莫过于德中藏有私心而心眼有所遮蔽。到了心眼被遮蔽却要主观去观察，就要坏事了。坏品质有五种，心中的品质为首。什么是心中的品质？心中的品质，就是有自以为好的东西，而诋毁自己所不从事的东西。"

生活中一些道貌岸然的伪君子，虽然满口仁义道德，肚子里却净是阴谋诡计、肮脏的伎俩。这也正是最大的"危害"了。

现实生活中，"急人之苦为假，敛财骗色是真"的伪君子很多这些欺世盗名的伪君子的危害远大于小人，因此，生活中我们应擦亮眼睛，认真分辨，不给伪君子可趁之机，这样才能将损失降到最低。

伪君子与真小人

道貌岸然的伪君子们的罪恶，要比作恶的小人更严重。因为小人的"恶"多能提防，危害往往有限；而伪君子的坏却很难发现。

看起来道貌岸然的伪君子满口仁义道德，其实心怀鬼胎。

他们正是利用了人们对自己的信任和尊敬，进而通过肮脏的手段来达到自己的私愿。

小人的"恶"大家多能看到，可以提防，危害往往有限。

坏品质以心中的品质为首

品质是指人的行为和作风所显示的思想、品性、认识等实质。而坏品质有五种，心中的品质为首。

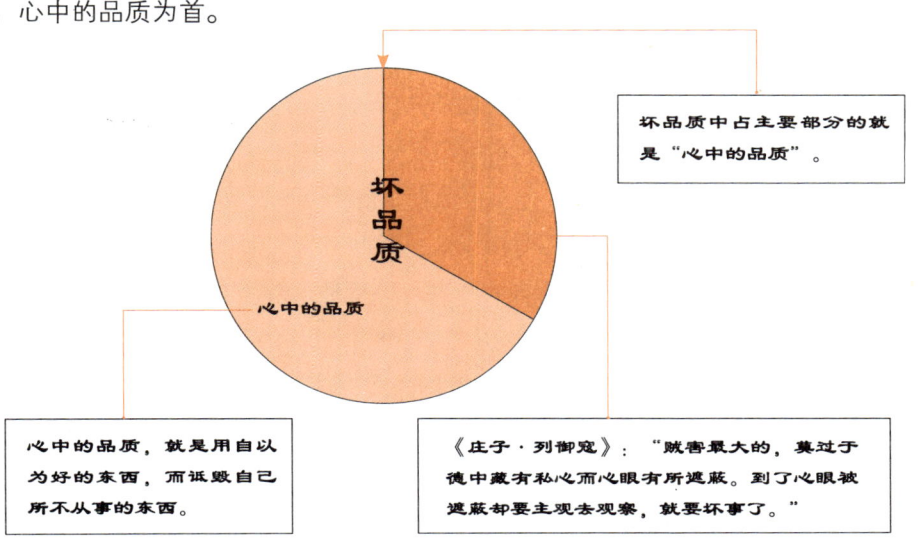

坏品质中占主要部分的就是"心中的品质"。

心中的品质，就是用自以为好的东西，而诋毁自己所不从事的东西。

《庄子·列御寇》："贼害最大的，莫过于德中藏有私心而心眼有所遮蔽。到了心眼被遮蔽却要主观去观察，就要坏事了。"

第伍辑 情态篇

诚信 信人示己之诚，疑人显己之诈

[原文]

信人者，人未必尽诚，己则独诚矣；疑人者，人未必皆诈，己则先诈矣。

解读

原文所说：能信任别人的人，别人不一定会以诚相待，但他自己却是诚实的；而一个常怀疑别人的人，别人也许并不都狡诈，但他自己却已经做了狡诈之事了。

其实，古贤们一直强调，忠恕之道，是待人以诚，推己及人。这就如同我们俗话所说"将心比心"的道理一样。所以，古贤们认为，只要自己心灵正直，就应相信他人也一定正直；反之自己心灵不正，他人也会如此。

这其实强调了如下一个朴素的道理：世间的人未必都那么诚实。但如果自己对人有一念之诚，且相信他人与自己一样，那么他人也多少必得掬诚相见，进而可能形成互相帮助，促使事业得到发展。反过来说，如果一直怀疑别人，以为他人都是奸诈之人，那么即使对方是正直的人，也会因为自己的猜疑而不能接近了。如此这般，不仅自己会形成孤立，且大家都会离心离德，任何合作也就不可能达成了。

一个有创业雄心的人，在待人接物上必须真诚，这样才能使周围的人精诚合作。那些疑神疑鬼，不信任别人的人最终是做不成大事的。此之谓"疑人不用，用人不疑"。

圣人孔子最重视忠恕之道，而以诚待人就合乎忠恕之道，所以孔子说"尽己之谓忠，推己及人之谓恕"。所谓推己及人，就必须做到"己所不欲，勿施于人"的程度，自己正直就会认为他人也正直，自己心不正就会怀疑他人也不正。

现实生活中，我们每个人都习惯于以自我的心态同世界接触。如心情忧郁之人，事事都看得朦胧黯淡；伤怀多情之人，"感时花溅泪，恨别鸟惊心"；而心情愉悦洒脱的人，会让每一天都成为"闪亮的日子"。同样的道理，诚信之人，会觉得世人尽诚；而虚诈之人，也会感到世人皆诈了。

当然，诚实和虚伪都是来自内心，而不会随着外界的环境变化。所以，一个人是诚实还是虚伪，不是指他某个特定的时候，而是他一贯的做人处世的气度。不管外界的环境怎么样，自然的诚实才是真实的诚实。而虚伪也是如此，不管情况如何变化，虚伪之人如何伪装，最终都无法掩饰其真实本性。

所谓"君子坦荡荡，小人常戚戚"说的也正是这样的道理！

己所不欲，勿施于人

圣人孔子最重视忠恕之道，而以诚待人就合乎忠恕之道，所以孔子说"尽己之谓忠，推己及人之谓恕"。

所谓推己及人，就必须做到"己所不欲，勿施于人"的程度。

自己正直就会认为他人也正直，自己心不正就会怀疑他人也不正。

孔子三千弟子，七十二贤人，而最令他满意的，既不是处事果断的仲由，也不是多才多艺的冉求，而是品德高尚的颜回。

君子坦荡荡，小人常戚戚

君子和小人有着完全不同的内心世界。君子的胸怀坦坦荡荡，光明磊落，看山河大地阳光明媚。而小人却愁肠百结，怨天尤人，心胸狭窄，视人生如坟场地狱。

君子胸襟开阔、心地纯洁，因而坦荡荡。

小人营营苟苟、虑得虑失，因而悲悲戚戚。

老百姓们有句俗话，叫做"平生没做亏心事，不怕半夜鬼叫门"。因此，作个君子也许看起来并没有什么特别的好处，但却能够求个踏实。

第伍辑 情态篇

消心机 有识有力，魔鬼无踪

[原文]

胜私制欲之功，有曰识不早、力不足者，有曰识得破、忍不过者。盖识是一颗照魔的明珠，力是一把斩魔的慧剑，两不可少也。

解读

原文中的"明珠"，是指价值昂贵的宝珠，引申为人或物的最贵重者。而"慧剑"则是用智慧比喻利剑，认为利剑能斩断俗世万缘、烦恼与魔障。

原文整体上是说：战胜私情、克制物欲的功夫，有些人说是由于没及时发现私欲的害处而又没坚定的意志去控制，有的人说虽然能看清物欲的害处却又受不了物欲的引诱。所以一个人的智慧是认识揭发魔鬼的法宝，而坚定的意志等于是一把消灭魔鬼的利剑。智慧和意志这两者是战胜私情和物欲不可缺少的。

古贤认为，立身创业，就要战胜物欲，超越自我，所以需要的是坚定的意志。大思想家庄子就以一个锻制带钩的人为例，说明了这个人生哲理。

大司马家有位锻制带钩的人，年纪虽已八十，但锻制带钩从无差错。大司马很好奇，便问老者："你锻制带钩不出差错是因为特别灵巧呢，还是有什么特别的巧门？"老者回答说："我遵循着锻制带钩的程序，因为我二十岁时就喜好锻制带钩了，别的也引不起我的兴趣，锻制带钩是个用心一定要专一的事，只有专一才能锻制出实用且耐久的带钩。其实，做别的事情也一样，只要意志坚定专一，就一定可以成功。

必须承认，自私自利是人类与生俱来的劣根性之一，往往能蒙蔽人的良知，让人一再做出损人利己的事情。而事实上，人们也很难克制私情私欲，特别是在利益当前的时候，多数人都难以做到不为所动，所以俗谚才说"人不为己，天诛地灭"。当人着眼于厉害关系时，就很容易产生计较心，并由此产生诸多纷争。而自私自利的危害也可大可小，一个人如果过于自私或欲望太强，小则遭人排斥，大则自毁前程。

私情和物欲

自私自利是人类与生俱来的劣根性之一，往往能蒙蔽人的良知，让人一再做出损人利己的事情。
很多时候人们大多难以克制私情私欲，特别是在利益当前的时候。

当人着眼于厉害关系时，就很容易产生计较心理，进而带来诸多纷争。
一个人如果过于自私或欲望太强，小则遭人排斥，大则自毁前程。

第伍辑 人情态篇

智慧=法宝，意志=利剑

法宝和利剑是战胜私情和物欲不可缺少的两种东西。一个人的智慧是认识揭发魔鬼的法宝，而坚定的意志等于是一把消灭魔鬼的利剑。

智慧=法宝

意志=利剑

勿过 过俭者吝啬，过让者卑曲

[原文]

俭，美德也，过则为悭吝，为鄙啬，反伤雅道；让，懿行也，过则为足恭，为曲谨，多出机心。

解读

原文所说：俭朴是一种美德，但如果太过了就会流于为富不仁，成为斤斤计较的守财奴，反而会伤害与朋友间的往来；谦让本来也是一种美德，但如果太过了就会变成卑躬屈膝、处处谨慎小心的人，反而会给人以好用心机的感觉。

中国自古即有明训："君子以勤俭立德。"又说，"俭者心常高。"所以，节俭自古以来就被中国人视为一种美德，更是君子立身处世的一个原则。同样的道理，谦让也是中国自古就提倡的另一个美德。不过，古贤们也认为，君子的俭朴是合理的节用，而非贪而不舍。而世人的节俭却往往会变成吝啬，将钱与人的关系本末倒置，成为实际意义上的守财奴了。至于过分谦让同样不合乎情理，形同谄媚，甚至会给人以虚伪和暗藏心机之感。所以，孔子才说"巧言令色足恭"。

《庄子·外物篇》中有这么一个故事：战国时期，著名学者庄周家庭生活非常拮据，经常向别人借粮。有一天他向监河侯借粮。监河侯假惺惺地对庄周说："不用说借给你粮食，就是借给你三百金都可以，但是要等到秋后我收到租子才能借给你。"庄周听后对他说：自己在来的路上曾听到呼喊声，回头发现在地上的车辙中有一条鲋鱼。他问鲋鱼为何呼喊。鲋鱼说它是东海龙王的大臣，不幸落难于此，想让庄周给他一升半斗之水，救自己一命。庄周随后也表示，将到南方游说吴、越国王，到那边引来长江水再救鲋鱼。哪知鲋鱼听了后非常生气地说："我失去了水就无法自下而上，这是你所知道的。如今，我只求你一点点水，而你却许诺这样的大话。等你引来江水，我早渴死了，你还不如把我送到干鱼店里让我等死吧！"听到此，监河侯非常尴尬。

而原文中的意义也正与孔子所说的"过犹不及"相通。对于今天的人们来说，古代儒家所提倡的中庸之道在很多时候依然意义非浅。因为人们生活需要的是生动活泼，有张有弛，而不需要苛求清苦。

勤俭与谦让

节俭和谦让自古以来就被中国人视为一种美德，更是君子立身处世的一个原则。

君子的俭朴是合理的节用，而非贪而不舍。世人的节俭却往往会变成吝啬，将钱与人的关系本末倒置，成为实际意义上的守财奴了。

过分谦让同样不合乎情理，形同谄媚，甚至会给人以虚伪和暗藏心机之感。所以，孔子才说"巧言令色足恭"。

庄周借粮

庄周是战国时期的著名学者，但家庭生活却非常拮据，经常不得不向别人借粮过日子。

庄周说：路上的车辙中有一条鲋鱼，希望庄周能给它一升半斗之水救命。庄周答应将到南方游说吴、越国王，引来长江水再救鲋鱼。

鲋鱼非常生气地说："我失去了水就无法自下而上。等你引来江水，我早渴死了，你还不如把我送到干鱼店里让我等死吧！"

庄周向监河侯借粮。监河侯说："不用说借给你粮食，就是借给你三百金都可以，但是要等到秋后我收到租子才能借给你。"

第伍辑 情态篇

欲念 存道心，消幻业

[原文]

色欲火炽，而一念及病时，便兴似寒灰；名利饴甘，而一想到死地，便味如嚼蜡。故人常忧死虑病，亦可消幻业而长道心。

解读

原文所说：色欲像烈火一样燃烧起来时，只要想一想生病的痛苦，烈火就会变得像一堆冷灰；功名利禄像蜂蜜一般甘美时，只要想一想死的情景，名位财富就会像嚼蜡一般无味。所以一个人要经常思虑疾病和死亡，这样也可以消除些罪恶而增长一些进德修业之心。

生老病死对每个人来说都不可避免。但贪图享受的人一想到生老病死不免沮丧，甚至会万念俱灰，因为贪图享受的人希望能永远享受，让自己的欲望能够长久和永远保存下去。由于生老病死的力量谁也无法抗拒，想到自己辛苦拼搏一辈子的东西终究会失去，人们就难免会有些心灰意冷。

不过，古贤们认为，人们对生老病死的心灰意冷对于人生来说也是有好处的。因为知道了自身的不足才可以进取，才能保持平常心，才会知道珍惜现在。

古贤认为，天下人都是受欲望的驱使而奔波来去一辈子的。如同《史记》里所说："天下熙熙,皆为利来，天下攘攘,皆为利往"。少年人的欲望是美色，中年人容易好勇斗狠，老年人容易贪财。当欲念正炽盛之际，如果能三思而后行，就可以消除罪恶，提高修养了。

所以孔子说："君子有三戒：少之时血气未定，戒之在色；及其壮也血气方刚，戒之在斗；及其老也血气既衰，戒之在得。"这其实正是人一辈子里最重要的三种欲望，认识到了这一点，就能坦然地看待人生了。

对于今天的人们来说，当身在病中时也会感到人生之虚幻与可悲。就像《红楼梦》里所说："世人都晓神仙好，惟有功名忘不了，古今将相在何方，荒冢一堆草没了。"所以，平时做事时应尽可能地朝事物的对立面想想，而不要随心所欲，任意胡为。尤其是要让自己明白，最诱人之事物的背后，往往也会潜藏着大的危机。

正因如此，人生在世，宜控制自己的欲望而修些德性，做事勿为欲望而迷失本性，才终会有所作为的。

人的一生

"世人都晓神仙好,惟有功名忘不了,古今将相在何方,荒冢一堆草没了。"

出生本无欲　少年人的欲望是美色　中年人容易好勇斗狠　老年人容易贪财　人死一堆土罢了

人生的三种欲望

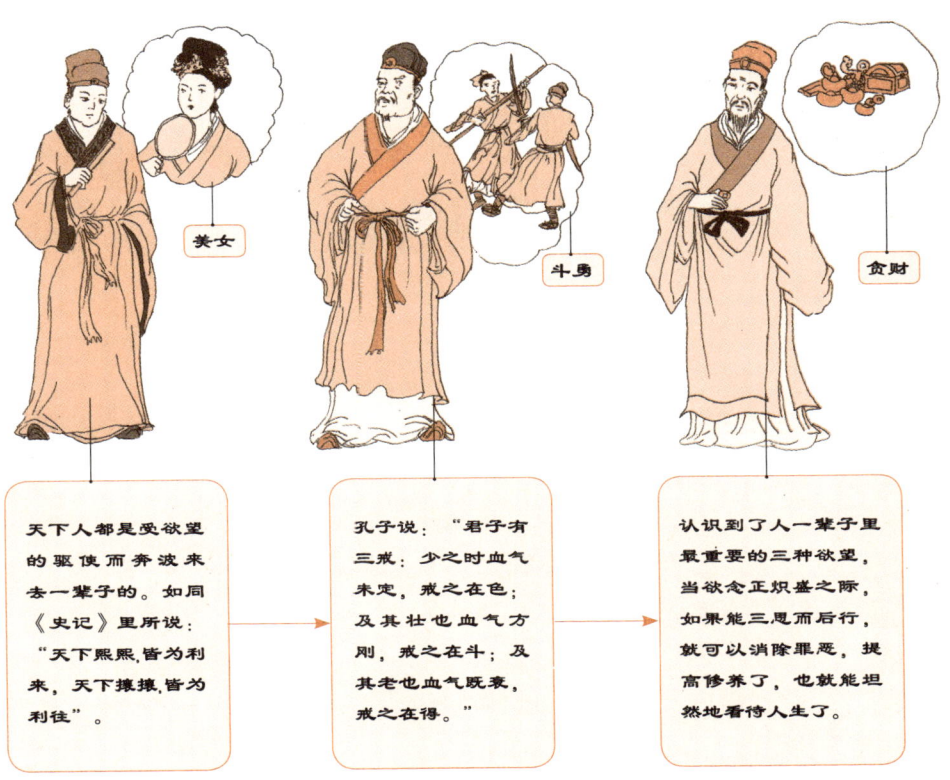

美女　斗勇　贪财

天下人都是受欲望的驱使而奔波来去一辈子的。如同《史记》里所说:"天下熙熙,皆为利来,天下攘攘,皆为利往"。

孔子说:"君子有三戒:少之时血气未定,戒之在色;及其壮也血气方刚,戒之在斗;及其老也血气既衰,戒之在得。"

认识到了人一辈子里最重要的三种欲望,当欲念正炽盛之际,如果能三思而后行,就可以消除罪恶,提高修养了,也就能坦然地看待人生了。

第伍辑 情态篇

抛万虑 断绝思虑，光风霁月

[原文]

斗室中，万虑都捐，说甚画栋飞云，珠帘卷雨；三杯后，一真自得，谁知素弦横月，短笛吟风。

解读

原文所说：虽说住在狭窄简陋的房间之中，可是世间的一切忧愁烦恼全部消除，还奢望什么雕梁画栋、飞檐入云的高楼大厦呢？当然也更不必贪图珍珠穿成的帘子像雨珠那般玲珑的豪华设备了；一旦三杯老酒下肚之后，就使胸中出现一片属于纯真本性的真情，这时只知道月下弹琴和面对清风吹笛，自然会别有一番雅趣。

就像刘禹锡所说："斯是陋室，唯吾德馨"。身居斗室而自在从容，"万虑都捐"的生活岂能不轻松快意？此时再看"画栋飞云，珠帘卷雨"又有什么可羡慕的呢？我们原本以为安逸奢华的生活，却需要劳心劳力地奔波去支撑，辛苦自然是难免的了。而在古贤们看来，一杯酒下肚后，也真的会忘怀了世俗的苦恼。所以古代的文士们也就大都好酒，并留下了许多吟酒的美妙诗句。如诗仙李白即有诗写到："兰陵美酒郁金香，玉碗盛来琥珀光。但使主人能醉客，不知何处是他乡。"

建安十三年，曹操拜了丞相，起兵征讨。适逢北方荒灾，大旱缺雨，收成锐减，筹粮困难。曹操于是下令禁酒。虽然大多数人和禁酒政策只能暗中较劲，但也有敢公开叫板的，其中就有当时的名士大儒——孔融。孔融是孔子的二十世孙，也是一个大酒徒，他的名言即是："坐上客常满，樽中酒不空。"曹操禁了酒，他带头反对，写了一篇《难曹公表制酒禁书》，说圣人都喝酒，喝酒好处大大，禁酒不合古训，不得人心，等等。最终，曹操恼羞成怒，把孔融杀了。然而，因酒杀人的曹操却也曾因酒而春风得意，并写下了名噪青史的那首《短歌行》。诗中，一代枭雄吟出的"对酒当歌，人生几何"的性情诗句，不仅喻示了曹操内心深处的纯真本性，更被后人传颂至今。

所以，今天的人们在读到曹孟德的这首《短歌行》时，也依然激情汹涌，真性万千。这也似乎印证了原文中所强调的境界：只有困境中表现出高雅情趣的人，才是最有希望在事业上取得成功的人。

简陋中有纯真

即使住在狭窄简陋的房间之中，但当世间一切忧愁烦恼全部消除了，人也就不会奢望"画栋飞云，珠帘卷雨"了；而一旦三杯老酒喝下，胸中就会出现属于纯真本性的真情了。

中国古代的文士们大都好酒，并留下了大量吟酒的美妙诗句。

诗仙李白：兰陵美酒郁金香，玉碗盛来琥珀光。但使主人能醉客，不知何处是他乡。

曹操与他的《短歌行》

曹操（155-220）即魏武帝，字孟德。东汉末年杰出的政治家、军事家、文学家、诗人，汉族。政治军事方面，曹操消灭了众多割据势力，统一了中国北方大部分区域，并实行一系列政策恢复经济生产和社会秩序，奠定了曹魏立国的基础。文学方面，在曹操父子的推动下形成了以三曹（曹操、曹丕、曹植）为代表的建安文学，史称建安风骨，在文学史上留下了光辉的一笔。魏朝建立后，曹操被尊为"武皇帝"，庙号"太祖"。

短歌行
魏 曹操

对酒当歌，人生几何。譬如朝露，去日苦多。
慨当以慷，忧思难忘。何以解忧，唯有杜康。
青青子衿，悠悠我心。但为君故，沉吟至今。
呦呦鹿鸣，食野之苹。我有嘉宾，鼓瑟吹笙。
明明如月，何时可掇。忧从中来，不可断绝。
越陌度阡，枉用相存。契阔谈䜩，心念旧恩。
月明星稀，乌鹊南飞。绕树三匝，何枝可依。
山不厌高，海不厌深。周公吐哺，天下归心。

第伍辑 情态篇

真富足 贪得者虽富亦贫，知足者虽贫亦富

[原文]

贪得者，分金恨不得玉，封公怨不受侯，权豪自甘乞丐；知足者，藜羹旨于膏粱，布袍暖于狐貉，编民不让王公。

解读

原文所说：贪得无厌的人，得了金子还埋怨没有得到玉石，封为公爵还希望再受位侯爵。这种人虽有万贯的财产，居于王公的地位，权威势力压倒万人，但是他的内心是始终不满足的。虽然身为权贵，其实跟乞丐一样的可怜。而知足守份的人，即使每天吃的是菜蔬藜羹，却会觉得比吃肥甘膏粱感觉还好；身上穿的虽然是布衣，却也感到比穿着狐貉的皮袄还要暖和。所以，这样的人即使是一个无爵无位的平民，内心也要比王公更为可贵。

事实上，贪乃人性之一大痼疾，它源于人对物质的强烈占有欲。人的欲望有如无底洞，只有少数胸襟豁达的人才能领略知足常乐的道理。古贤认为，那些已经富贵的人，如果还对金钱权位贪得无厌，那纯粹是贪婪，或者说是有乞丐的天性了。同样，知足的人哪怕是喝野菜汤，只要他的内心是富足的，就会感到胜过吃山珍海味了。正是基于这样的道理，古人才提倡，既然吃山珍海味和粗茶淡饭一样都能让人饱暖，穿粗布棉袍和狐袄貂裘也同样让人保暖，那么，只要基本的生活需求可以满足，又何必得寸进尺，为满足物欲而费心伤神呢？

《论语》记载：子贡曰："贫而无谄，富而无骄，何如？"子曰："可也，未若贫而乐，富而好礼者也。"译过来就是：子贡说："贫穷而无妄求，富裕而无骄横，怎么样？"孔子说："可以啊，只是不如贫穷而快乐，富裕而喜好礼节的人。"

这其实就是强调了人要控制自己的欲望的道理。

对于今天的人们来说，更应明白"人的能力有限，而欲望无穷"的道理。既然人世间的苦乐在于个人的心灵，衣食的丰薄、爵禄地位的高低也就都不足道了。如果放纵自己陷入"争得万物"的心灵旋涡，最终不仅会损害自己的德业，更会让自己远离真正富足的人生。

知足常乐与贪得无厌

贪得无厌的人，他的内心是始终不满足的；而知足守份的人，内心却表现得高尚而愉快。

金子比玉石贵重，公爵比侯爵尊荣。贪得无厌的人，得了金子还埋怨没有得到玉石，封为公爵还希望再受位侯爵。虽有万贯的财产，居于王公的地位，权威势力压倒万人，由于内心始终不满足，其实也就跟乞丐一样的可怜；

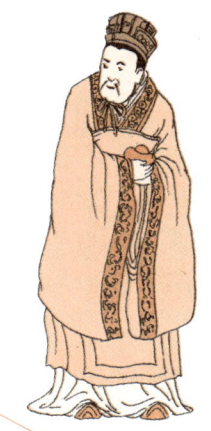

知足常乐的人，对于自己的身分会感到满足。每天虽然吃的是菜蔬藜藿，也会觉得比吃肥甘美馔感觉还好；身上穿的虽然是布衣，却会感到比穿着狐貂的皮袄还要暖和。即使是一个无爵无位的平民，内心也会表现出高尚而愉快。

贫穷而快乐，富贵而好礼

贫穷了没有怨恨，富贵而不骄傲，是可以的；但是，不如贫穷了还快乐，富贵了而好礼节啊。

孔子说："可以啊，只是不如贫穷而快乐，富裕而喜好礼节的人。"

子贡问："贫穷而无妄求，富裕而无骄横，怎么样？"

第伍辑 情态篇

识人性 猛兽易伏,人心难满

[原文]

眼看西晋之荆榛,犹矜白刃;身属北邙之狐兔,尚惜黄金。语云:"猛兽易伏,人心难降。溪壑易填,人心难满"。信哉!

解读

原文所说:眼看着强盛的西晋,就要变成了杂草丛生的荒芜之地了,一些高官贵族还在炫耀武力;亲贵皇族,死后多半都葬在北邙山,身体已成为北邙山陵墓间狐鼠的食物,在世时还何必那样爱惜财富呢?俗谚说:"野兽虽然容易制伏,可是人心却难以降服;沟壑容易填平,人的欲望却难以满足。"这真是经验之谈呀!

生活中一提到"人心难制",人们往往只想到他人,殊不知最难制服的却是自己。原文中引用的古语其实也指出了"人心难满"的事实,而人性的无知和贪婪往往也为人类自己带来了苦难。历史早已证明,每当亡国之际,那些达官贵人们还在不知觉悟,依然争权夺利、自相残杀、至死不悟。这也表明,在危急存亡之秋,人性中的善与恶才会表现出来。

大思想家庄子说:"喜欢目明,是迷恋彩色;喜欢耳聪,是沉湎音乐;喜欢仁,是乱了德性;喜欢义,是违背常理;喜欢礼,是助长表面技巧;喜欢乐,是助长荒淫;喜欢圣明,是助长各种技术;喜欢求知,是天下的弊病。"这些"无为"的提法在今天看来虽然有些无法令人接受,却也道出了许多道理。也就是说,即使人们无法达到这样的思想境界,但也大可不必那样的执著。因为,最难克服的就是人自己的心。假如人们能把名、利、情看开一些,假如人们不那么地苦苦求索、追求,人们的心灵还会那样受苦累吗?

当然,今天的人们不需要像古人那样归隐山林,也不需要放弃自己的物质利益,要放下的只是那颗心灵。当我们果真能放下那颗心灵时,我们就会发现,以前属于自己的东西不仅一样也没少,仅而我们的内心变得豁达了,胸怀变得更加宽广了,不会再为一点小事而耿耿于怀,不会再为了蝇头小利而计较伤神。

为名者只能气恨终生,为利者会变的六亲不认,为情者只能是自寻烦恼。只有善于修身者才能齐家、治国、平天下。我们应怀着感恩的心去看待一切事物,以博大的胸怀去包容他人。

人心难制

人性的无知和贪婪往往也为人类自己带来了苦难。每当亡国之际，那些达官贵人们还不知觉悟，依然争权夺利、自相残杀。

> 即使得到的已经很多，人心依然有着多种欲望。

> 人性的真谛：野兽容易制服，而人心难以降伏；沟壑容易填平，而人心难以满足。
> 为名者只能气恨终生，为利者会变得六亲不认，为情者只能是自寻烦恼。
> 只有善于修身者才能齐家、治国、平天下。

庄子说"执著"

庄子认为：最难克服的就是人自己的心。假如人们能把名、利、情看开一些，假如人们不那么地苦苦求索、追求，人们的心灵也就不会那样受苦受累了。

> 庄子这些"无为"的提法在今天看来虽然有些无法令人接受，却也道出了"不可太执著"的道理。

执著

喜欢目明，是迷恋彩色；
喜欢耳聪，是沉湎音乐；
喜欢仁，是乱了德性；
喜欢义，是违背常理；
喜欢礼，是助长表面技巧；
喜欢乐，是助长荒淫；
喜欢圣明，是助长各种技术；
喜欢求知，是天下的弊病。

第伍辑 情态篇

存善念 慈悲之心，生生之机

[原文]

"为鼠常留饭,怜蛾不点灯"，古人此等念头，是吾人一点生生之机。无此，便所谓土木形骸而已。

解读

原文是说：为了不让老鼠饿死，就经常留一点剩饭给它们吃；为了可怜飞蛾不至被烧死，夜晚只好不点灯火，古人的这种慈悲心肠，就是我们人类繁衍不息的生机。假如人类没有这一点点相生不绝的生机，那么人就变成了一具没有灵魂的躯壳，这样也不过与泥土和树木相同罢了。

就像中国儒家所讲的"恻隐之心，仁之端"一样，古贤们力求劝诫人们保持基本的慈悲善恶观念，以成就生生不息的世界。恻隐之心，即怜悯同情之心，正是人们天生尚存有此心，也才有了如今人们追求的善或德行，也才有了相互帮助、同舟共济。

有这么一个典故。

一次，齐宣王问孟子："像我这样的人，能使百姓生活安定吗？"孟子很肯定地说："当然能够。"孟子接着说："听说你不忍心将一头在你面前发抖的牛屠宰了祭祀，凭这样的好心就可以使百姓生活安定。"宣王说："可是我用一只羊代替了那头牛，老百姓还以此说我吝啬呢。而且，我为什么这样做，以及这样做与王道有什么关系，我也说不出个所以然来。"孟子说："百姓说你吝啬，这也并不奇怪，毕竟牛大羊小，你是用小的代替了大的。老百姓这样误解你，也没什么关系。王这种不忍看牛被杀的心，正是能使百姓生活安定的仁爱之心。因为王亲眼看见了那头牛，而没看见那只羊。假定现在有个人向王报告：'我有举起三千斤的膂力，却拿不动一根羽毛，我的目力可以把秋天飞鸟的细毛看得分明，但一车摆在我面前的柴草却看不见。'王肯相信这样的话吗？"宣王说："当然不会相信。"孟子接着说："如今王的好心好意足以使动物沾光，却不能使百姓得到好处，这与前面那个人其实没有什么不同的。"

显然，古人说的"为鼠常留饭，怜蛾不点灯"，并不真的是让人给老鼠留饭，或是让人不去点灯，而是劝人为人处世需要怀有一颗同情弱者的慈悲之心。正是通过"为老鼠留饭，为飞蛾灭灯"的说法，来提倡对慈悲之心的推崇，强调

了如果人人都铁石心肠，我们的世界就形同一个寒冷荒芜的沙漠一样，生存也将失去意义。今天人类所呼吁的爱护动物也具有类似的道理。因为如果任由其他物种灭绝，我们人类迟早也会步其后尘的。何况今天的人们更应懂得，无论是待人接物还是治家睦邻，只要怀有一点慈悲，必定会使自己和他人如沐春风、通体舒畅。

~相生不绝的生机~

- 人类如果没有一点点相生不绝的生机，也就不能够繁衍不息了。
- "为鼠常留饭，怜蛾不点灯"，并不真的是让人给老鼠留饭，或是让人不去点灯，而是劝人为人处世需要怀有一颗同情弱者的慈悲之心。
- 今天人类所呼吁的爱护动物也具有类似的道理。因为如果任由其他物种灭绝，我们人类迟早也会步其后尘。

~齐宣王祭祀~

齐宣王用一头羊代替了一头牛祭祀，被孟子称为"能使百姓生活安定的王"。

齐宣王不忍心将一头发抖的牛屠宰了祭祀，所以，孟子说"凭这样的好心就可以使百姓生活安定。"

齐宣王用一只羊代替了那头牛，老百姓以此说他吝啬。孟子则说："老百姓这样误解你，也没什么关系。王这种不忍看牛被杀的心，正是能使百姓生活安定的仁爱之心。因为王亲眼看见了那头牛，而没看见那只羊。"

勿冷漠 趋炎附势，人情之常

[原文]

饥则附，饱则扬；燠则趋，寒则弃，人情通患也。

解读

原文所说：失意时就趋炎附势，得志时就远走高飞；富贵的就蜂趋蚁附，贫寒的就鄙视唾弃，这是人际交往中普遍的弊病了。

这里的"饥则附，饱则扬"，即指饥附饱扬，语自《晋书·慕容垂载记》："且垂犹鹰也，饥则附人，饱便高扬，遇风尘之会，必有陵霄之志。"后遂以"饥附饱扬"谓不得志时即来依附，得志时便远走高飞的人。

"事态有冷暖，人面逐高低。"据《史记·汲郑列传》说："夫以汲、郑之贤，有势则宾客十倍，无势则否，况众人乎！始翟公为廷尉，宾客满门，及废，门外可设雀罗。翟公复为廷尉，宾客欲往，翟公乃大署其门曰：一死一生，及知交情。一贫一富，及知交态。一贵一贱，交情乃见。"这里所说的"一贫一富乃知交态，一贵一贱交情乃见"，即证明了所有这些都是一般人最容易犯的通病。这其实也印证了中国民间早已有之的"贫居闹市无人问，富在深山有远亲"的说法。

何况"蚊蝇逐臭，蚁虫尝甘，而小人则趋于利"也是古今中外的人情通病，并没有什么好奇怪的。所以古贤们认为，人情通常都是趋利而忘义的，只有君子才不为利益而变节。因为这一现实和人们的交往需要、感情交流是相悖的，在金钱驱动下的人际关系也难有真情流露。所以，人们在无奈中盼望一种真诚，而君子能甘于淡泊，也就成了人们首先寄希望的对象。

战国时候的孟尝君，食客三千，发达时云集门下，落魄时就作鸟兽四散。然而孟尝君并没有怨恨他们，何也？对此种寡德之才，只为用不为友就可以了。

这其实也是古人从另一个角度给出的相应警示：古贤们认为，在社会上择友交际是必须的，而君子是可以脱离前文中的"常情"的；那些不能脱此俗的人，也不宜苛求。只是在择友时，自己应该慎重，能同甘共苦者可为友，能同甘而不可共苦者只能为"用"了。

事态有冷暖，人面逐高低

据《史记·汲郑列传》说："夫以汲、郑之贤，有势则宾客十倍，无势则否，况众人乎！始翟公为廷尉，宾客满门，及废，门外可设雀罗。翟公复为廷尉，宾客欲往，翟公乃大署其门曰：一死一生，及知交情。一贫一富，及知交态。一贵一贱，交情乃见。"

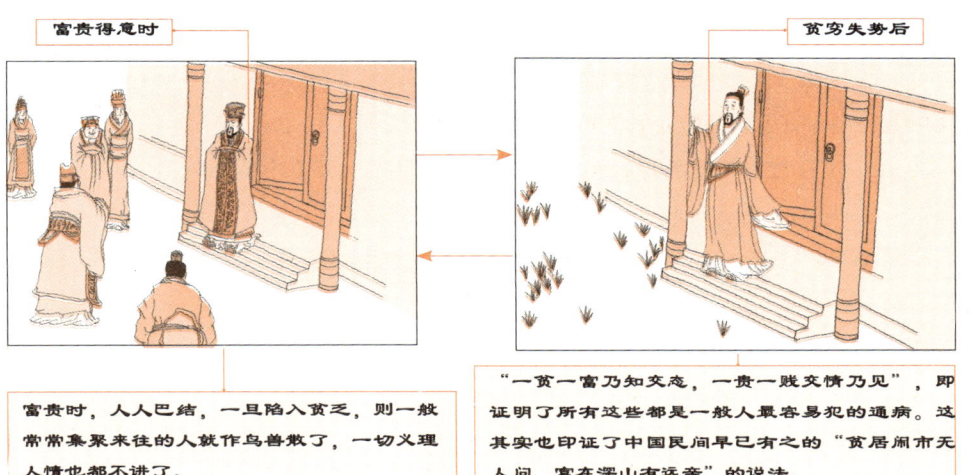

富贵得意时

贫穷失势后

富贵时，人人巴结，一旦陷入贫乏，则一般常常集聚来往的人就作鸟兽散了，一切义理人情也都不讲了。

"一贫一富乃知交态，一贵一贱交情乃见"，即证明了所有这些都是一般人最容易犯的通病。这其实也印证了中国民间早已有之的"贫居闹市无人问，富在深山有远亲"的说法。

君子之交淡如水

古人认为：蚊蝇逐臭，蚁虫尝甘，而小人则趋于利；相反，君子之交则淡如水。

古贤们认为，人情通常都是趋利而忘义的，只有君子才不为利益而变节。

"趋利而忘义"的现实和人们的交往需要、感情交流是相悖的，所以，人们在无奈中盼望一种真诚，而君子能甘于淡泊，也就成了人们首先寄希望的对象。

自控　人乃天地之缩图，天地乃人之父母

[原文]

吾身一小天地也，便喜怒不愆，好恶有则，便是燮理的功夫；天地一大父母也，使民无怨咨，物无氛疹，亦是敦睦的气象。

解读

原文所说：我们自己身体就等于是一个小世界，不论高兴与愤怒都不可以犯下过失，尤其对于所喜好的和所厌恶的东西也要有一定的标准，这就是做人谐和调理的功夫；大自然就如同人类的父母，负责养育人类，让每个人都没有牢骚怨忧，使事物都能没有灾害而顺利成长，这也是造物者的一番亲善友好恩德，造就了天地间一片祥和的景象。

这里强调了人对个人情感的一种调控。

古贤们认为，人体是心为主宰，太阳则是天地的中心，所以，人身也可以说是一个小世界。大天地有春夏秋冬四时的运行，风雨寒暖的往来；而由于阴阳的和合，滋生了万物，形成一个小天地的我们，每个人又都有喜怒哀乐之情和鉴别是非好恶的知识，并且有实现这些情感和知识的意志作用，而后才构成了一个完全的身心。

天地既为一大世界，则等于包容人的父母。人存在于天地间，人人彼此都当视同手足，彼此相亲相爱互助合作，施德而不结怨，以仁爱待人，处世自然就没有恨与烦恼了。古人因此强调，人人要各尽其业，即使是万物也应当各安其所，人人都抱有为天地立心、为生民立命，以及为万世开太平立宏愿，那么天下一家、世界大同，永久和平也就会产生了。

与之相对应的是中国自古即有"一花一世界，一树一菩提"的说法。这种说法也是对原文的印证和解释。它同样是提倡天人本为一体，一个人同样是一个小天地。而人的喜怒哀乐如同风雨雷电，如果狂喜暴怒，好恶混同不分，就不会造成一个完整的人格。所以，为人处世无论举止言辞、情感观念都要有一个准则，不逾矩、不失范，方能风调雨顺。

对于今天的人们来说，古贤们的上述主张同样是适用的。其实，人的喜怒哀乐如同自然界的四时更替也呈规律性的变化，不能调节自己的情绪，于人于己都不是好事。喜怒无常的人是可怕的，因为他充满了不稳定的因子，人们无法摸清

他的脾气，只有敬而远之。而这样的人也会因为不能自控常常处于急风暴雨之中，不仅会因此伤害到别人，还会把自己的人际关系搞得一团糟，进而影响到自己的整个人生了。

人身与天地

人的身体就像一个小世界，应懂得谐和调理的功夫；大自然就如同人类的父母，用亲善友好的恩德造就了天地间一片祥和的景象。

人体是以心为主宰，人身也可以说是一个小世界。每个人都有喜怒哀乐之情和鉴别是非好恶的知识，并且有实现这些情感和知识的意志作用，而后才构成了一个完全的身心。

太阳则是天地的中心，大天地更有着春夏秋冬四时的运行，风雨寒暖的往来。

人的情感与天地四时运行

天地有春、夏、秋、冬四时的运行，而阴阳的和合，也成就了小天地的我们。

地球上因为有了春夏秋冬、风雨寒暖的往来，也才有了万物的成长与和谐。

人的情感也有喜怒哀乐，但只有懂得和谐自控，才能让自己的身心健康。

勿偏执 晴空可翔，莫学飞蛾

[原文]

晴空朗月，何天不可翱翔，而飞蛾独投夜烛；清泉绿果，何物不可饮啄，而鸱鸮偏嗜萧腐鼠。噫！世之不为飞蛾鸱枭者，几何人哉！

解读

原文所说：晴朗的夜空皎洁的明月，到处都可以飞翔，而飞蛾偏偏要扑向黑夜的烛火；清澈的山泉，鲜绿的野果，什么东西不能吃，而猫头鹰偏喜欢吃腐烂的老鼠。唉！人世间不做飞蛾、猫头鹰的又有几个人呢？

自然界光明的东西很多，而飞蛾偏要独投夜烛自取灭亡；人世间美味更多，而鸱枭却贪食腐鼠成滋味。古人借此警示：这仅仅是出于它们的天性的偏执，还是根本就是利欲的驱使使它们变得贪婪无知呢？

事实上，由于飞蛾的无知，所以才会扑火自取灭亡；由于鸱鸮的怪异，所以才会吃腐鼠而自傲。

这其中有一个典故"飞蛾扑火"。其出自《心地观经·离世间品第六》："过去有佛，欲令众生厌舍五欲，而说偈言：譬如飞蛾见火光，以爱火故而竞入，不知焰炷烧然（燃）力，委命火中甘自焚；世间凡夫亦如是，贪爱好色而追求，不知色欲染着人，还被火烧来众苦……"换成今天的话说：过去有佛（觉悟到宇宙真理的人）想让众生不要贪恋于五欲的执着（即享乐主义），便说了个偈子。其中，劝化众生不要过分沉迷于色欲的那部分大意是说：比如飞蛾见到了火光，由于非常喜爱火的原因而竞相飞向火内，却不知道火会伤害自己，从而自取灭亡；世间贪图色欲的人也是这样，他们不知道色欲会污染和伤害人的身心，从而被欲火烧伤，引来众多苦恼。

所以，古贤们认为，人类自身也是如此。正所谓"天作孽犹可恕，自作孽不可活。"人的许多痛苦和灾难往往不是命运的安排，而是自己主动找上门的。就像许多人很清楚贪得无厌和功名仕途将带来的祸患，却无法抵御欲望的诱惑而身陷其中不能自拔，有的也不想自拔。他们纵容自己的欲望，明知苦海无边却不肯回头，任由自己沉沦乃至灭亡。

人是万物的灵长，虽然明知牛角尖钻不通，却偏偏拼死命往里硬钻，这真是应了孔子所说"其智可及，其愚不可及"的一句话。

对于今天的人们来说，"飞蛾扑火"无疑是"自寻死路，自取灭亡"之举。

飞蛾扑火

古人借此警示：这仅仅是出于它们的天性的偏执，还是根本就是利欲的驱使使它们变得贪婪无知呢？

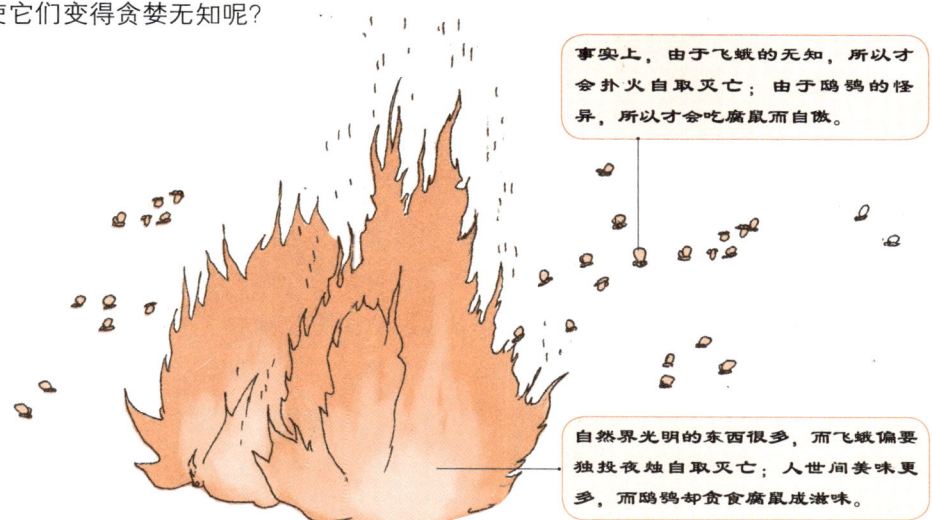

事实上，由于飞蛾的无知，所以才会扑火自取灭亡；由于鸱鸦的怪异，所以才会吃腐鼠而自傲。

自然界光明的东西很多，而飞蛾偏要独投夜烛自取灭亡；人世间美味更多，而鸱鸦却贪食腐鼠成滋味。

天作孽犹可恕，自作孽不可活

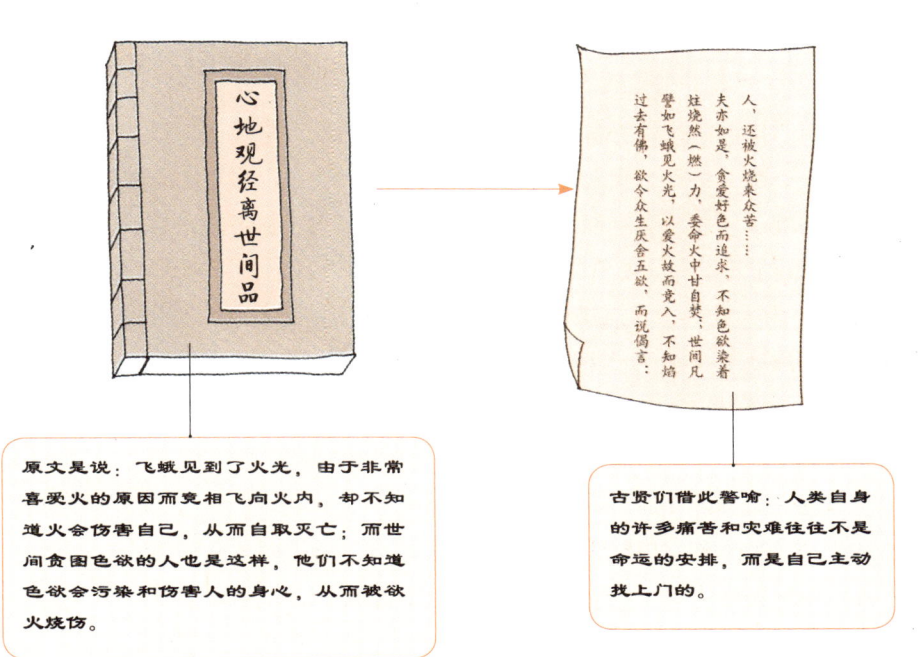

《心地观经离世间品》

人，还被火烧来众苦……夫亦如是，贪爱好色而追求，不知色欲染着炷，烧燃（燃）力，委命火中甘自焚，世间凡譬如飞蛾见火光，以爱火故而竞入，不知焰过去有佛，欲令众生厌舍五欲，而说偈言：

原文是说：飞蛾见到了火光，由于非常喜爱火的原因而竞相飞向火内，却不知道火会伤害自己，从而自取灭亡；而世间贪图色欲的人也是这样，他们不知道色欲会污染和伤害人的身心，从而被欲火烧伤。

古贤们借此警喻：人类自身的许多痛苦和灾难往往不是命运的安排，而是自己主动找上门的。

第伍辑 情态篇

远凡尘 竹篱闻犬吠，芸窗听蝉吟

[原文]

竹篱下，忽闻犬吠鸡鸣，恍似云中世界；芸窗中，雅听蝉吟鸦噪，方知静里乾坤。

解读

原文所说：当你正在竹篱笆外面欣赏林泉之胜，忽然传来鸡鸣狗叫之声，这时你是宛如置身在一个虚无缥缈的快乐神仙世界里；当你正静坐在书房里面，忽然听到蝉鸣鸦啼之声，这时你就会体会到宁静中的天地别有一番超凡脱俗的雅趣了。

原文中描绘的"竹篱鸡鸣、柴门犬吠"，乍闻之下仿佛到了世外仙境。而人间繁华竞逐、喧闹纷扰，哪会有如此宁静恬淡的时光呢？几声"犬吠鸡鸣"惊醒了静坐在书斋中的主人，这就是从"无我"境界进入"有我"境界的契机；然而"蝉吟鸦噪"并不能影响静坐中的人，这又是从"有我"境界回到无我境界的玄机。

蝉噪林愈静，鸟鸣山更幽。古贤们崇尚：有声方能体现无声之静境，有诗书为伴更能感受静里乾坤。人世的繁华终比不上篱外鸡鸣的恬淡，繁华的结局总是荒凉。无丝竹乱耳、有诗书相伴，山野躬耕、朴拙自然的生活才能品出人间真味。

《庄子·天运》中记叙了孔子向老子请教的一段对话，随后遵照老子的指教，孔子三月闭门不出，再次见到老子时说："我终于得道了。乌鸦喜鹊在鸟巢里交尾孵化，鱼儿借助水里的泡沫生育，蜜蜂自化而生，生下弟弟哥哥就常常啼哭，很长时间了，我没有能跟万物的自然变化相识为友！不能跟自然的变化相识为友，又怎么能教化他人！"老子听了后说："好。孔丘得道了！"

所以，古人认为，系心于世俗争斗的人是听不见犬吠鸡鸣的，流连光景的人是体会不到自然的呼吸的。由此可知，"竹篱下忽闻犬吠鸡鸣"，跟陶渊明《归田园居》中"暧暧远人村，依依墟里烟；狗吠深巷中，鸡鸣桑树颠"同属文人雅士田园生活中的脱俗生活境界。

当今之人虽不能比肩古人，但只要心远凡尘，亦能体会云中世界、静里乾坤的高妙。一个过于劳碌浮躁的人，自然没有风花雪月、水木竹石的心思。只有内心宁静、闲适自得之人，才能真正享受到原文中描绘出的怡人景色。当然，对于讲求效益和追求名利的现今社会来说，一个人整天沉迷于风花雪月，迷恋于山川美景，也必然会被这个社会所遗忘的。最好的做法，便是劳碌之余，忙里偷闲地感受一下原文中所描绘出来的那种心境与景象。

竹篱鸡鸣、柴门犬吠

几声"犬吠鸡鸣"惊醒了静坐在书斋中的主人，然而"蝉吟鸦噪"并不能影响静坐中的人。

第伍辑 情态篇

"竹篱鸡鸣、柴门犬吠"，乍闻之下仿佛到了世外仙境。而人间繁华竞逐、喧闹纷扰，哪会有如此宁静恬淡的时光呢？

古贤们崇尚：有声方能体现无声之静境，有诗书为伴更能感受静里乾坤。人世的繁华终比不上云外鸡鸣的恬淡，繁华的结局总是荒凉。

孔丘得道

《庄子·天运》中记叙了孔子向老子请教的对话，孔子遵照老子的指教去做，果然得了"道"。

孔子对老子说："我研修《诗》、《书》、《礼》、《乐》、《易》、《春秋》六部经书，自认为已经很久了，熟悉了旧时的各种典章制度；用违反先王之制的七十二个国君为例，论述先王治世的方略和彰明周公、召公的政绩，可是一个国君也没有取用我的主张，实在难啊！是人难以规劝，还是大道难以彰明呢？"

老子说："假如真正得道，无论去哪里都不会受到阻碍；失道的人，无论去哪里都是此路不通。"

孔子三月闭门不出，再次见到老子时说："我终于得道了。"

去邪念 心体要光明，念头勿暗昧

[原文]

心体光明，暗室中有青天；念头暗昧，白日下有厉鬼。

解读

原文所说：一个心地光明磊落的人，即使立身在黑暗世界里，也像站在万里晴空之下一样令人敬仰；而一个邪恶不端的人，即使生活在青天白日之下，也像被魔鬼缠身一般终日胆战心惊。

这里其实强调了古贤们如下观点：一个内心充满善念的人，眼里所见的一切都是美好的，即使面对他人的恶意批评也无所畏惧；而内心邪恶的人时常会怪罪他人、怀疑别人的用心，行事稍有不顺就会怀疑有人从中作梗，终日惶惶不安。

中国自古即有"邪不压正"之说，但前提是己心昭昭。如果己心不正，自然难以抵制各种诱惑与威吓。就像这世上并没有妖魔鬼怪，但妖魔鬼怪却可以由人内心所造一样，只要人的内心邪恶了，妖魔鬼怪就会借机而发，生化出各种各样阴森恐怖的幻象。中国民俗传说中的"十八层地狱"，便是指向那些心里有鬼的人罢了。

《庄子·庚桑楚》中强调，人要保持心境的安泰，不能让外物扰乱了自己的磊落光明。如：备足造化的事物而顺应成形，深敛外在情感不做任何思虑而使心境快活富有生气，谨慎地持守心中的一点灵气用以通达外在事物。像这样做而各种灾祸仍然纷至沓来，那就是自然安排的结果，而不是人为所造成的，因而不足以扰乱心性，也不可以纳入灵府。灵府，就是有所持守却不知道持守什么，并且不可以着意去持守的地方。不能表现真诚的自我而任随情感外驰，虽然有所表露却总是不合时宜，外事一旦侵扰心中就不会轻易离去，即使有所改变也不会留下创伤。在光天化日下做了坏事，人人都会谴责他、处罚他；在昏暗处隐蔽地做下坏事，鬼神也会谴责他、处罚他。对于人群清白光明，对于鬼神也清白光明，这之后便能独行于世。

其实，内心有邪念的人时刻都在提防着遭人算计，殊不知最大的敌人正是他自己。即使在今天，人对外界现象的评价同样会附加上主观看法，同样一件事情，乐观的人会朝正向思考，悲观的人则净往坏处想。只有自己内心不净的人，才会时常认为会有对自己不利的臆测，于是终日紧张不安，受尽心魔的摧残，实在不值，更令人不齿。

光明与暗昧

古人认为：人要保持心境的安泰，不能让外物扰乱了自己的磊落光明。

一个内心充满善念的人，眼里所见的一切都是美好的，即使面对他人的恶意批评也无所畏惧。

而内心邪恶的人时常会怪罪他人、怀疑别人的用心，行事稍有不顺就会怀疑有人从中作梗，终日惶惶不安。

不让外物扰乱自己的磊落光明

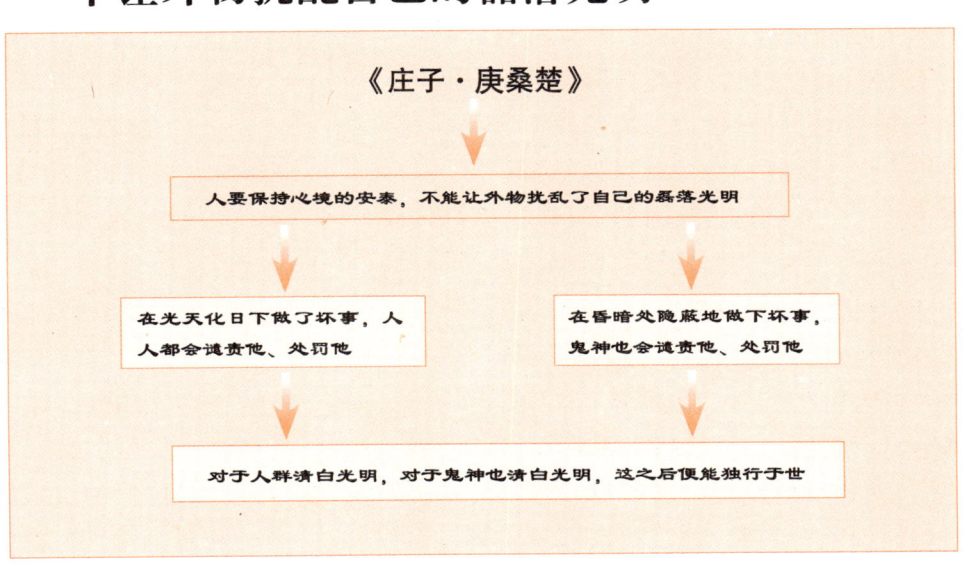

《庄子·庚桑楚》

人要保持心境的安泰，不能让外物扰乱了自己的磊落光明

在光天化日下做了坏事，人人都会谴责他、处罚他

在昏暗处隐蔽地做下坏事，鬼神也会谴责他、处罚他

对于人群清白光明，对于鬼神也清白光明，这之后便能独行于世

除心魔 去得吾心冰炭，便生满腔和气

[原文]

天运之寒暑易避，人生之炎凉难除；人世之炎凉易除，吾心之冰炭难去。去得此中之冰炭，则满腔皆和气，自随地有春风矣。

解读

原文所说：大自然的寒冬和炎夏容易躲避，人世间的炎凉冷暖却难以消除；人世间的炎凉冷暖即使容易消除，积存在我们内心的恩仇怨恨也不易排除。如果能够去除心中恩怨情仇，那么心中便都是平和之气，自然到处也都会有春风拂面了。

古贤们认为，人的道德修养主要表现在待人之上，是恩怨于心，还是"人我两忘，恩怨皆空"，决定于一个人的修养。古代士人讲究宽以待人，强调"恕"、"忍"，就是要求待人时"以德报德，以直报怨"，使人际和谐，而自我怡然。

所以，古人也认为，人生的许多灾难不是来自天灾，而是出于人祸，有些是别人强加的，而更多却是由于自己的私心和欲望造成的。一把蒲扇就可赶走夏天的暑气，但有什么能驱赶人们内心对功名利禄的热衷呢？心中有了欲望就会去追逐，而追逐又往往是盲目的，难免会掉入欲望的陷阱、爱恨的沼泽，于是恩怨情仇随之而来，纷争不断，心中岂会安宁？

正如王阳明所说："破山中之贼易，破心中之贼难。"也就是说，最难对付的并不是山上的强盗，而是人们自己心中的障碍。换句话说，人可以将百米之外看得清楚，却难以自见其睫。每个人都有盲点，在重组自己的偏见时，还以为是在思考。只有认识清楚自己的长短，才可以扬长避短。

对于今天日益讲求合作的人们来说，自己"心魔"不除最后伤的将会是我们自己。而要想随地春风和照，自己就得先有满腔和气；若想满腔皆和气，就必须先去除自己心中的"冰炭"了！

当然，做人也不可无原则，提高自身修养的本身也是为了以自身之德感化彼人之怨。如此就不会计较个人的恩怨，不会陷溺于人际中的苦恼。

人我两忘，恩怨皆空

古贤们认为，人的道德修养主要表现在待人之上，是恩怨于心，还是"人我两忘，恩怨皆空"，决定于一个人的修养。

古代士人讲究宽以待人，强调"起"、"恩"，就是要求待人时"以德报德，以直报怨"，使人际和谐，而自我怡然。

如果能够去除心中恩怨情仇的杂念，那么心中便都是平和之气，自然到处也都会有春风拂面了。

第伍辑 情态篇

破山中之贼易，破心中之贼难

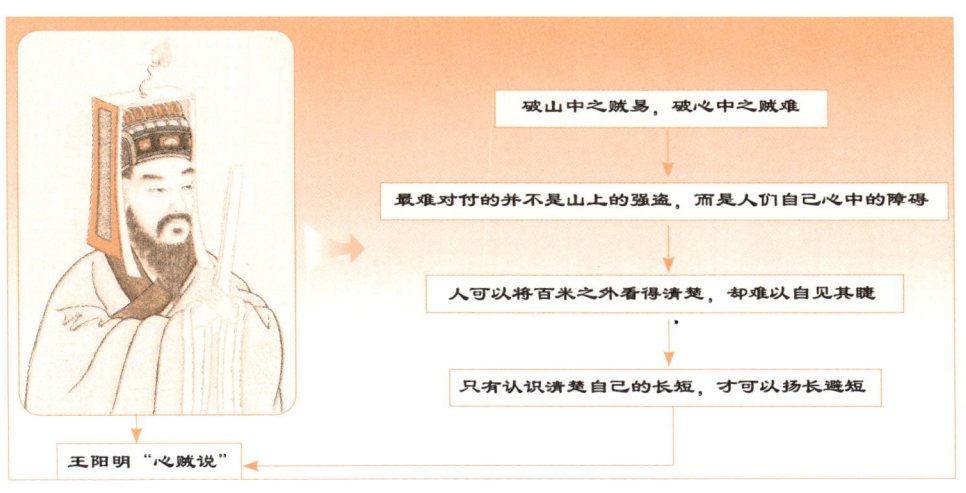

破山中之贼易，破心中之贼难

最难对付的并不是山上的强盗，而是人们自己心中的障碍

人可以将百米之外看得清楚，却难以自见其睫

只有认识清楚自己的长短，才可以扬长避短

王阳明"心贼说"

适可止 世事如宴席,劝君早回头

[原文]

宾朋云集,剧饮淋漓,乐矣。俄而漏尽烛残香销茗冷,不觉反成呕咽,令人索然无味。天下事率类此,奈何人早不能回头。

解读

宾客朋友欢聚一堂,酣畅淋漓地豪饮狂欢,多么高兴啊,可是没过多久,夜深烛灭,香尽茶冷,反而让人不知不觉的黯然神伤,感到这一切都索然无味了。天下的事情,大多与此相似,无奈的是人们总是不能及早回头。

将原文稍作展开,可做如下理解:天下无不散之筵席,欢聚一堂的快乐终归要被人去茶凉的现实所取代。人生的悲欢离合如花开花谢,花开时一树繁花,花落时满目凄凉。人生的福祸转换又有几个人能真正看得穿呢?世间冷暖、玄机反复,谁又能解其中滋味?今日座上宾,明日阶下囚;今日威风八面,明日落魄凄惨。

所以,恬淡放任自然的王羲之曾说过:"及其所之既倦,情随事迁,感慨系之矣。"而一代雄主汉武帝也曾发出"欢乐极兮哀情多"的感慨。这些皆缘于人禀天地之气而生,若不能以自然为归,事事必欲恣情以求,等情境一迁,内心之中也就一无所有了。那些寄情声色、酒食征逐的人,表面看来是及时行乐,尽一己之兴,但等到人静之后,想想天下到底没有不散的筵席,难道还不会出生一份落寞感吗?

秦代的李斯位及人臣,当时可谓一人之下,万人之上,但是后来被推出城门将要斩首的时候,和他的儿子痛哭道:"吾欲与若复牵黄犬俱出上蔡东门逐狡兔,岂可得乎!"就是说想再牵黄狗出东门打兔子也不可能了。如此心境真是可怜可叹。

这就像《红楼梦》中所说,"古今将相在何方,荒冢一堆草没了。"古往今来,多少将相到最后也只是一座荒坟而已,因此,凡事不宜太过,沉溺太深并不能给人生带来真正的幸福。

对于今天的人们来说,"乐极生悲,适可而止"仍是一条普适原则。万事当中若能及早抽身,才是明智之举。与其在索然无味中呕咽,不如在笙歌正浓时离去,如此才能留几许美好的回忆,也更显一份人生的智慧与洒脱!

欢乐极兮哀情多

人禀天地之气而生，若不能以自然为归，事事必欲恣情以求，等情境一迁，内心之中也就一无所有了。

汉武帝刘彻是一位雄才大略的政治家，也是一位爱好文学、提倡辞赋的诗人，他的这首清丽隽永、笔调流畅的《秋风辞》，历来为人们所称道。

汉元鼎四年（公元前113年），武帝巡幸到了汾阳（山西万荣县北面），听说汾水旁边有火光腾起，就在那里立了一座后土祠来祭祀大地。"顾祝帝京，忻然中流，与群臣饮宴，自作《秋风辞》。"

刘彻在文学上曾提倡辞赋，重视收集各地的民歌、民谣，给我国文学的发展起了促进作用，他那带有民歌格调的《秋风辞》就象一株秀丽芬芳的奇葩，开放在中国文学发展史的范围里。

秋风辞

秋风起兮白云飞，草木黄落兮雁南归。
兰有秀兮菊有芳，怀佳人兮不能忘。
泛楼船兮济汾河，横中流兮扬素波。
箫鼓鸣兮发棹歌，欢乐极兮哀情多。
少壮几时兮奈老何！

乐极生悲，适可而止

秦代的李斯位及人臣，当时可谓一人之下，万人之上。

后来被推出城门将要斩首的时候，和他的儿子痛哭道："吾欲与若复牵黄犬俱出上蔡东门逐狡兔，岂可得乎！"就是说想再牵黄狗出东门打兔子也不可能了。

与其在索然无味中呕咽，不如在笙歌正浓时离去，如此才能留几许美好的回忆，也更显一份人生的智慧与洒脱。

第伍辑 情态篇

第陆辑
闲适篇 6

《菜根谭》里,如此描述「清福」的境界——「千载奇逢,无如好书良友;一生清福,只在碗茗炉烟」。而对于人生的终极思考,则「兴来醉倒落花前,天地即为衾枕;机息坐忘盘石上,古今尽属蜉蝣。」其间更有庄子的浪漫潇洒——「地阔天高,尚觉鹏程之窄小;云深松老,方知鹤梦之悠闲」;也有禅宗的超然物外——「阶下几点飞翠落红,收拾来无非诗料;窗前一片浮青映白,悟入处尽是禅机」。

本辑图版编目

1. 螳螂捕蝉，黄雀在后 / 271
2. 苏轼官场失意，却得杰作《赤壁赋》/ 273
3. 俗雅因心灵而定 / 275
4. 天道循环 / 277
5. 达则兼济天下，穷则独善其身 / 279
6. 灭私欲而存大义 / 281
7. 欲望太强，心中忧郁就多 / 283
8. 只要根蒂在手，人生便可卷舒自如 / 285
9. 随缘素位 / 287
10. 平淡最长久，平凡才伟大 / 289
11. 用事后的悔悟判断另一件事情的开始 / 291
12. 浓处味短，淡中趣真 / 293
13. 心动未若神爽 / 295
14. 形式和外表都不重要，重要的是真心 / 297
15. 万物同生才天趣无限 / 299
16. 万物的精妙之处即在于感同心知 / 301
17. 各种欲望让世人心累 / 303
18. 登高才能心怡，临流便可意远 / 305

《菜根谭》里，如此描述『清福』的境界——千载奇逢，无如好女良友；一生清福，只在碗茗炉烟。而对于人生的终极思考，则『兴来醉倒落花前，天地即为衾枕；机息坐忘盘石上，古今尽属蜉蝣』。其间更有庄子的浪漫潇洒——『地阔天高，尚觉鹏程之窘小；云深松老，方知鹤梦之悠闲』；也有禅宗的超然物外——『阶下凡尘点点飞翠落红，收拾来无非诗料；窗前一片浮青映白，悟入处尽是禅机』。

天机 自然造化之妙，智巧所不能及

[原文]

　　鱼网是设，鸿则雁其中；螳螂之贪，雀又乘其后。机里藏机，变外生变，智巧何足恃哉。

解读

　　原文所说：本来是一张为捕鱼而设的网，不料鸿雁竟落在网中；贪婪的螳螂一心想吃眼前的蝉，不料身后却有一只黄雀想要吃它。可见天地之间万物的道理太奥妙，玄机中还藏有另外的玄机，变幻中又会发生另外的变幻，人的智慧计谋又有什么可仗恃的呢？

　　中国自古即有"谋事在人，成事在天"之说。既然人不是神，再智慧的人也只能尽自己力量去做，而世事无常，变化莫测，任何事情都有可能发生。生活中，任何事物都不是孤立存在的，往往一环套一环，牵一发而动全身。如人对欲望的贪求，很多时候偏偏"有心栽花花不开，无心插柳柳成荫"；而有的时候却又是"机关算尽太聪明"，最终一无所得。

　　春秋时期，吴国国王寿梦准备攻打荆地（楚国），遭到大臣的反对。吴王很恼火，在召见群臣的会上警告："有谁胆敢阻止我出兵，将他处死！"尽管如此，还是有人想阻止吴王出兵。王宫中一个青年侍卫官想出一个好办法：每天早晨，他拿着弹弓、弹丸在王宫后花园转来转去，露水湿透他的衣鞋，接连三天如此。吴王很奇怪，问道："这是为何？"侍卫道："园中的大树上有一只蝉，它一面唱歌，一面吸饮露水，却不知已有一只螳螂在向它逼近；螳螂想捕蝉，但不知旁边又来了黄雀；而当黄雀正准备啄螳螂时，它又怎知我的弹丸已对准它呢？它们三个都只顾眼前利益而看不到后边的灾祸。"吴王一听很受启发，随后取消了这次军事行动。自此，"螳螂捕蝉，黄雀在后"便成为提醒后人不要只顾眼前利益而不考虑后果的传世警句了。

　　中国圣贤孔子也主张："尽人事以听天命。"换句话说，对于我们人类来说，不可知的东西太多了，许多事往往用尽心思也会一无所得。而在生活中，所谓"螳螂捕蝉，黄雀在后"的事更是随处可见；"人为财死，鸟为食亡"的悲情故事也是俯拾皆是。

　　当然"智巧何足恃"并不是说人应任凭事物摆布，而不去探索、克服天敌，

进而认识掌握事物的变化周期和发展规律。人为万物之灵，人类的智慧的确高妙，每人都有一个能思想的头脑。不过，认识或征服事物并不等同于可以违背事物的客观规律。人如果总想着可以欺人愚人，为了一己的名利地位，干出损害他人和社会的蠢事，其结果终归是愚己自欺、自遭祸殃的。

螳螂捕蝉，黄雀在后

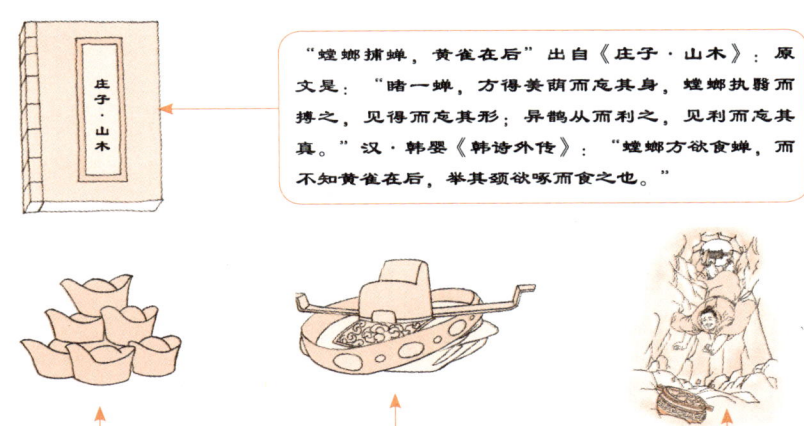

"螳螂捕蝉，黄雀在后"出自《庄子·山木》：原文是："睹一蝉，方得美荫而忘其身，螳螂执翳而搏之，见得而忘其形；异鹊从而利之，见利而忘其真。"汉·韩婴《韩诗外传》："螳螂方欲食蝉，而不知黄雀在后，举其颈欲啄而食之也。"

人如果总想着可以欺人愚人，为了一己的名利地位，干出损害他人和社会的蠢事，其结果终归是愚己自欺、自遭祸殃的。

谋事在人，成事在天

既然人不是神，再智慧的人也只能尽自己力量去做，而世事无常，变化莫测，任何事情都有可能发生。

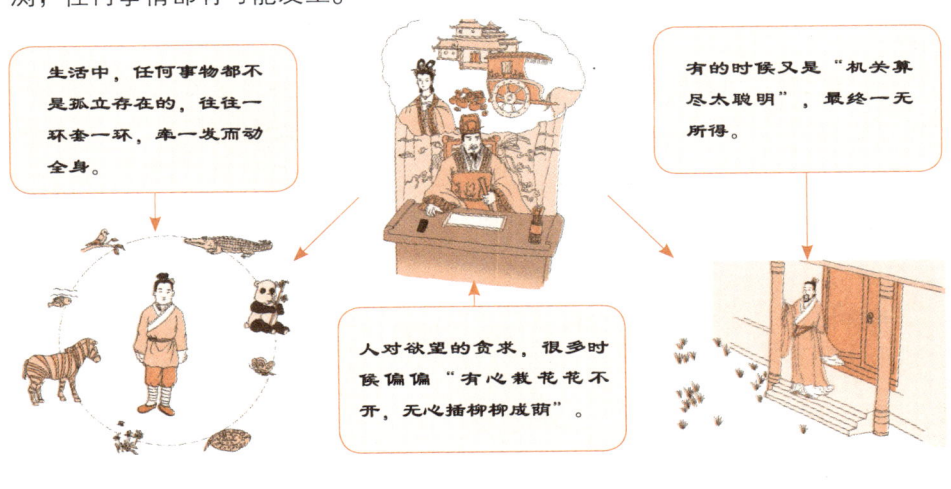

生活中，任何事物都不是孤立存在的，往往一环套一环，牵一发而动全身。

有的时候又是"机关算尽太聪明"，最终一无所得。

人对欲望的贪求，很多时候偏偏"有心栽花花不开，无心插柳柳成荫"。

尘中尘 万象皆空幻，达人须达观

[原文]

山河大地已属微尘，而况尘中之尘。血肉身驱且归泡影，而况影外之影！非上上智，无了了心。

解读

原文所说：就整个宇宙的无限空间来比，我们居住的地球只不过是一粒尘埃，可见地球上的小小生物和无边的宇宙一比，真是尘中之尘；就漫长绵延无限的时间来说，我们的躯体犹如短暂的浪花泡沫，何况那些比生命更短暂的功名利禄，如果和万古不尽的时间来比，真像过眼烟云镜花水月。一个没有高深智慧的人，是无法明白这种道理的。

人必须面对自己的有限性，领悟以个人之力不可能穷尽万象、事事务取的道理。如果不能认清这一点，又岂能悟得"万象皆空幻"的真义呢？《维摩经》中说："巍巍须弥山，可纳于一粒芥子中；四海之水，可容入一个毛孔里。"也就是说：须弥山虽是世界的中心，它的四周又都是海洋，就是这样的高山也可以装入芥子粒中，这样的巨海也可以放进毛孔里。人只有悟得了这一点，才能了然心中啊！

大文豪苏轼的仕途开头还比较顺利，二十一岁一举登第，后来制科及学士院试都入第三等（即特别优秀），得直史馆。王安石专权后，虽出外任，也领大州。不过，在元丰二年，他以笔祸得罪，被捕下狱，翌年流放到黄州，以后五年一直隐居于此。这期间，苏轼的仕途极不得志，但"塞翁失马，焉知非福"。宦途失意的他，却保持着恢弘的气度，尽管生活窘困、波澜重重，却从未因此颓唐丧志，始终保有一颗温柔细腻的诗人胸襟。正是如此随缘自适、旷达处世的胸怀，才成就了一代文豪最为丰硕、坦荡多彩的人生时期。

对于现代人来说，完美主义的情结人人都会有，如同所谓的"眼里容不得一粒沙子"，不希望事物有什么瑕疵。然而，当花落、风止，沧海成桑田后，曾经辗转难眠的心事，或许早已不再记起。而当初天大的事情，如今看来在整个人生长河里竟然不值一提了。

所以，一个人的胸怀有多宽广，他的人生才会有多宽广。

苏轼官场失意，却得杰作《赤壁赋》

苏轼（1036~1101），四川眉山人。嘉祐二年（1057）进士。历经仁、英、神、哲、徽宗五朝，曾官开封府推官、杭州通判、湖北黄州团练副使。元祐间官至端明殿、翰林侍读学士，为礼部尚书，调外任，后又贬至儋州（海南岛）。六十六岁卒于江苏常州途中。

宦途失意的苏轼，却保持着恢弘的气度，尽管生活窘困、波澜重重，却从未因此颓唐丧志，始终保有一颗温柔细腻的诗人胸襟。神宗元丰五年（1082）七月十六日，苏轼与友人乘舟游览黄州城外赤鼻矶，遥想八百多年前，三国时代孙权破曹军的赤壁之战，作《赤壁赋》，表达对宇宙及人生的看法。同年十月重游，又写了一篇《后赤壁赋》，两文后世传诵不绝，是文学史上著名的杰作。

苏轼在《前赤壁赋》中说："寄蜉蝣于天地，渺沧海之一粟；哀吾生之须臾，羡长江之无穷；挟飞仙以遨游，抱明月而长终；知不可乎骤得，托遗响于悲风……"

塞翁失马，焉知非福

生活中，坏事在一定条件下可转变为好事。虽然一时受到损失，但也可能会因此得到好处。当我们面对困难时，要以乐观的心态去面对；而在面对成功时，也要学会全面看待事物。

出自《淮南子·人间训》："近塞上之人有善术者，马无故亡而入胡。人皆吊之。其父曰：'此何遽不为福乎？'居数月，其马将胡骏马而归。人皆贺之。……故福之为祸，祸之为福，化不可极，深不可测也。"该书由西汉初年淮南王刘安及门客李尚、苏飞、伍被等共同编著。

淮南王刘安是当时皇室贵族中学术修养较为深厚的人，他招致宾客方术之士数千人著书立说。"作《内篇》二十一篇，《外篇》甚众，又为《中篇》八卷，言神仙黄白之术，亦二十余万言"（《汉书·淮南厉王刘长传》）。然而这部涉及范围十分广泛的文化巨著，留传下来的只有《内篇》二十一篇，也就是现在我们看到的《淮南子》。

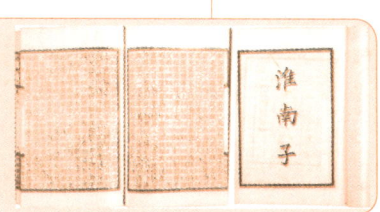

第陆辑 闲适篇

心无染 执著是苦海，解脱是仙乡

[原文]

　　山林是胜地，一营恋便成市朝；书画是雅事，一贪痴便成商贾。盖心无染著，欲界是仙都；此心有系恋，乐境成苦海矣。

解读

　　原文所说：山川秀丽的林泉本来都是名胜地方，可是一旦沾染留恋，就会把幽境胜景变成庸俗喧嚣的闹区；琴棋书画本来是骚人墨客的一种高雅趣味，可是一产生贪恋的狂热念头，就会把风雅的事变得俗不可耐。所以一个人只要心地纯洁，即使被外物所感染，置身人欲横流的花花世界，也能建立自己内心快乐的仙境；反之，一旦内心迷恋声色物欲，即使置身山间的快乐仙境，也会使精神堕入痛苦深渊。

　　实际上，生活中再高雅的事物，人一旦沉迷留恋其中也会变成庸俗不堪的俗物了！书法绘画原本是高雅的趣味，然而当某一名家之作蔚成风尚后，就会变成俗物了。但并非是事物的本身由雅变俗，完全是因为人对事物的用心产生变化所致。所以，古贤们在原文中的"山林胜地变市朝"、"书画雅事成商贾"之说，在当今社会生活中，也依然能看到相关的影子。

　　同样的道理，古贤们认为，苦乐的差别也不在于环境本身，而是出于人对事物所产生的感受。如果人心系恋外物，则乐境会成苦海；若不受外物所浸染，则即使置身于花花世界，也犹如在仙境之中。这与上文表述的道理相似，雅俗苦乐并不是事物本身，不是人生本就如此，而是人对客观事物的一种感受。

　　庄子曾经有过这么一段比喻："列子能驾风行走，那样子实在轻盈美好，而且十五天后方才返回。"人如果心不执著于感染，就是俗物囤积的地方，也可以如同仙人的场所一样，真是自在逍遥极了。

　　中国古书《维摩经》里说："心净则佛土亦净。"这其实也是在说：俗与雅不由于事物，而在于人心；苦与乐也不在于境遇，而在于心灵所产生的感觉。类似的说法在《华严经》里也有，如"处于世间一切皆知虚空，如莲华之著水"等。

　　所以，古贤们的上述教诲，对于今天的人们来说依然有着鲜明的借鉴意义。

俗雅因心灵而定

人如果心不执著于感染，就是俗物囤积的地方，也可以如同仙人的场所一样，自在逍遥极了。

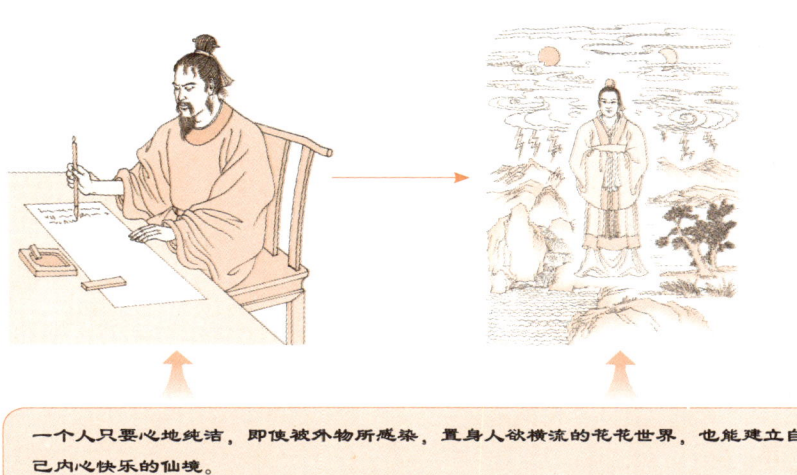

一个人只要心地纯洁，即使被外物所感染，置身人欲横流的花花世界，也能建立自己内心快乐的仙境。

置身仙境，却精神痛苦。

声色物欲

反之，一旦内心迷恋声色物欲，即使置身山间的快乐仙境，也会使精神堕入痛苦深渊。

安贫 世间无绝对，安乐是寻常

[原文]

有一乐境界，就有一不乐的相对待；有一好光景，就有一不好的相乘除。

只是寻常家饭、素位风光，才是个安乐窝巢。

解读

原文所说：只要有一个快乐的境界，就会有一个不快乐的事物相对应；只要有一个美好的光景，就会有一个不美好的光景来抵消。可见有乐必有苦，有好必有坏，只有平平凡凡、安分守己才是快乐的根本。

生活中，人不可能总是快乐，什么时候都是一帆风顺的。那样的事情只会在做梦的时候才会出现。俗话说，有一利就有一弊。天地间万事万物都是彼此对立又互为补偿的，凡事也都有它相对应的一面。所以，看事物应用辩证的方法，就不至于走极端。

如同老子所说："有无相生，难易相成，长短相形，高下相倾，音声相和，前后相随。"意思就是说：有了无才有了有，有了难才有了易，有长了才有短；反过来也是这样，有了短才有长等。换句话说，人们生活中的事物之间都是相铺相成的，有了一面就有了对立的一面，消除了一面，也就消除了与之对立的一面。这是自然界的根本规律。

其实，上述规律也就是老子说的"道"了。承认了这个"道"，顺应这个规律，人们才能保身，才能长久，才能自由自在的活着。只是，生活中的很多人大都不能或不能完全明白这一点。人人都习惯于自己的偏好，进而去攻击别人的所好，如是就有了纷争和仇恨，就有了战争和杀戮。

更何况，最好的未必是最适合自己的。所以，古贤们强调：人不必相互争斗，而应乐天知命、随遇而安，在平凡之中细细品味人生的真正乐趣。

就此而言，一个生活无忧无虑的人，在某些方面必然隐藏着不为人知的苦楚；而艰辛度日的人，也必有令人称羡之处。这就像我们日常所说的"尺有所短，寸有所长"的道理一样，而越是美好的事物往往也会有明显的缺点。

对于我们现代人来说，只有认识到上述纷争对人类的坏处，认识到事物相对应的两个方面，我们才能安安静静地消除纷争，才能保持自己快乐的本心。

天道循环

有了无才有了有，有了难才有了易，有长了才有短。反过来也是这样。人们生活中的事物之间都是相铺相成的，有了一面就有了对立的一面，消除了一面，也就消除了与之对立的一面。这是自然界的根本规律。

老子所说："有无相生，难易相成，长短相形，高下相倾，音声相和，前后相随。""道"是中国古代哲学的重要范畴，用以说明世界的本原、本体、规律或原理。在不同的哲学体系中，其涵义有所不同。老子所写的《道德经》是关于"道"的经典著作。

道家创始人——老子

《老子》一书是老子思想的结晶。《老子》的思想体系是唯心主义的，但其中包含有朴素的辩证法思想，认为事物是相互依存而不是孤立的，事物往往会走向自己的反面。

其中阐释了老子的社会政治思想、朴素辩证法思想，重点阐释了老子的唯心主义思想体系的核心——"道"。《老子》提出"道"是世界万物的本源，是不可认识的精神性的存在，所谓"道可道，非常道。名可名，非常名"。《老子》把"道"说成是"无"，所谓"天下万物生于有，有生于无"。《老子》一书提出了"道"、"自然"、"无为"等著名的哲学概念，成为中国哲学的基础之作。

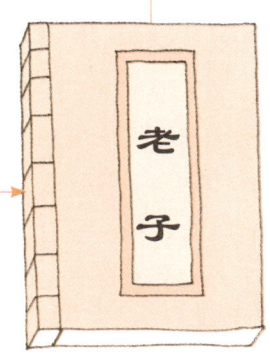

平常心 冷静观世事，忙中去偷闲

[原文]

从冷视热，然后知热处之奔驰无益；从冗入闲，然后觉闲中之滋味最长。

解读

原文所说：当一个人从名利场中退出来以后，冷眼旁观那些热衷于名利的人，才发现在名利场中的奔波劳碌毫无意义；当一个人从忙碌不堪的环境中脱身回到闲暇的生活中，才发觉在安逸悠闲中生活的滋味最悠长。

其实，人生的真谛是要从冷处和闲处才能细细品味的。酸甜苦辣的人生百味固然丰富，尝过之后才会懂得最真淳的味道还是来自最平淡的生活。无论是在争名逐利的竞技场上，还是世人疲于奔命于琐碎的生活，太多的人都像吸毒者一般乐此不疲，以至于麻木。只有当偷得半日闲之时，世人们才能获得片刻的宁静。

中国古代的文人大多是儒家和道家的信徒，所谓达则兼济天下，穷则独善其身，天下有道则仕，无道则隐。就是说年轻的时候，天下可以进取就积极进取，而天下没有进取的条件时，则退隐修身。而入世受到的痛苦挫折靠什么来解脱呢？就是道家的退隐精神，在山水中欣赏一切。于是，儒家和道家仿佛成了太极的两端，也形成了中国文人完整的精神。

一次，孟子对宋勾践说："你喜欢游说各国的君主吗？我告诉你游说的态度：别人理解也安详自得；别人不理解也安详自得。"宋勾践问："怎样才能做到安详自得呢？"孟子说："尊崇道德，喜爱仁义，就可以安详自得了。所以士人穷困时不失去仁义，显达时不背离道德。穷困时不失去仁义，所以安详自得；显达时不背离道德，所以老百姓不失望。得时恩惠施于百姓，不得志时修养自身以显现于世。穷困时独善其身，显达时兼善天下。"

照此来说，生活中，只要心里没有太多的欲望，世人大可不必那么忙碌。多一颗平常之心，少几分功名之念，世人自然能够体会超然物外的洒脱了。

对于今天的人们来说，懂得在宁静悠闲中看人间繁华，品人生百味，也不失为智慧之人。

达则兼济天下，穷则独善其身

中国古代的文人大多是儒家和道家的信徒，而儒家和道家也仿佛成了太极的两端，形成了中国文人完整的精神。

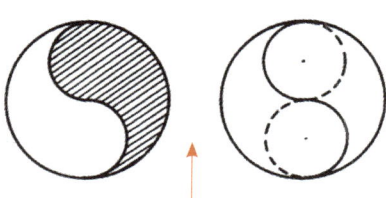

中国古代文人信奉：达则兼济天下，穷则独善其身，天下有道则仕，无道则隐。所以，儒家和道家也仿佛成了太极的两端，形成了中国文人完整的精神。

人在年轻时，天下可以进取就积极进取，而天下没有进取的条件时，则退隐修身。

而入世受到的痛苦挫折靠什么来解脱呢？就是道家的退隐精神，在山水中欣赏一切。

孟子说安祥

孟子认为：尊崇道德，喜爱仁义，就可以安祥自得了。所以士人穷困时不失去仁义，显达时不背离道德。穷困时不失去仁义，所以安祥自得；显达时不背离道德，所以老百姓不失望。得志时恩惠施于百姓，不得志时修养自身以显现于世。穷困时独善其身，显达时兼善天下。

第陆辑 闲适篇

忘我 烦恼由我起，嗜好自心生

[原文]

世人只缘认得我字太真，故多种种嗜好，种种烦恼。前人云："不复知有我，安知物为贵。"又云："知身不是我，烦恼更何侵。"真破的之言也。

解读

原文所说：世人把"我"之一字看得太重了，所以惹出种种的嗜好和烦恼。古人说："如果连自己的存在都感觉不到，又怎么会知道外物是否是珍贵的？"又说："如果知道就连身体都不是属于自己的，那么烦恼又怎么可能伤害到我呢？"这真是一句切中要害的话啊。

我国古人的处世哲学，强调无我，"无用之为用"的多，突出自我、自私的少。而强调无我、"无用之为用"，即是先哲们倡扬灭私欲而存大义的动机。

所以，古贤们认为，正是世间之人把自己看得太重要了才会徒增许多烦恼。实际上，一个人必须得明白，地球离开谁都能照样转动，如果每天脑子里都是在思考"我"的问题，那么芝麻大的事情也都会成为世界上最重要的事情，而别人天大的事情在自己看来就什么都不是了。果真如此，一个人不仅会活得奇累，更会被这个世界抛弃的。

中国也有古语说：我未曾生下来之前究竟我是谁，而刚生下来我又是谁，如果长大成人后的这个是我，那么合眼死去后的又是谁。这其实有些佛的味道了，但所要阐释的却是同样的道理。其实，仔细想想我们究竟是什么，是谁，这个问题可以说超出了我们普通人的理解能力。所以，古贤们一直在强调：既然连自己是谁都不知道，那么对"我"就不用如此看重了。

一次，庄子与惠子有这样的一段对话。惠子说："你的言论没有用处。"庄子说："知道无用方可与其谈论有用。天地不能说不广阔，但人所用的只是脚踩的一小块罢了。然而，如果把立足以外无用之处都挖去，直到黄泉，人立足的这块地方还有用吗？"惠子说："无用"。庄子说："可见，无用的用处也很明显了。"庄子在这里即阐明了"无用之为用"的深刻道理。

按此来说，世人如果懂得了自己并非那么重要，那么那些功名利禄的身外之物又何足挂齿呢？古贤们进一步强调认为：况且这些身外之物根本生不带来、死

不带去，又何必苦苦留恋、不肯放手？只有无"我"才能无私，无私方能无欲，无欲才会无求，无求就会无忧。

当然，今天来看古人的上述道理，的确存在一些消极成分，但对于如今欲望已然膨胀的世人来说，却仍不失为心灵深处的警醒剂。

灭私欲而存大义

古人的处世哲学，强调无我、"无用之为用"的多，突出自我、自私的少。而强调无我、"无用之为用"，即是先哲们倡扬灭私欲而存大义的动机。

古贤们认为，正是世间之人就是把自己看得太重要了才会徒增许多烦恼。

一个人必须得明白，地球离开谁都能照样转动，如果每天脑子里都是在思考"我"的问题，那么芝麻大的事情也都会成为世界上最重要的事情，而别人天大的事情在自己看来就什么都不是了。

一个人如果过于"自我"，不仅会活得奇累，更会被这个世界所抛弃。

无用之为用

古贤们一直在强调：既然连自己是谁都不知道，那么对"我"就不用如此看重了。

庄子与惠子的一段对话即阐明了"无用之为用"的深刻道理。
惠子说："你的言论没有用处。"
庄子说："知道无用方可与其谈论有用。天地不能说不广阔，但人所用的只是脚踩的一小块罢了。然而，如果把立足以外无用之处都挖去，直到黄泉，人立足的这块地方还有用吗？"
惠子说："无用"。
庄子说："可见，无用的用处也很明显了。"

天地之广阔，人所占的只是一小块罢了。

庄子　　惠子

随性 来去自如，融通自在

[原文]

身如不系之舟，一任流行坎止；心似既灰之木，何妨刀割香涂？

解读

原文所说：身体像一艘没有缆绳的孤舟，自由自在地随波逐流尽性而泊；内心就像一棵已经成灰的树木，人间的成败毁誉又有什么关系呢？

上文中的"不系之舟"，指的是不用绳索缚住的船，用来比喻自由自在，行止都不用理会；而"既灰之木"更无欲无求，宠辱都不会心惊。

这里同样阐述了世间为人心态的问题。的确，生活中，一个人心头功名利禄欲望太强，个人荣辱得失计较的太多，就必然会让自己处在一种忧郁与不满之中。而从做人的角度看，每个人也都向往逍遥自在的生活，但是，如果仅仅是靠环境达成逍遥自在，内心却没能排除世俗的杂念，再好的环境可能也无济于事的。所以，一个人必须从修养上下工夫，让自己的心态真正的清静起来。

圣人孔子所说"六十而耳顺，七十而从心所欲不逾距"，就是属于"来去自如，融通自在"的修养工夫。一次，孔子到吕梁山游览，见一男子在那里游水，便赶上去问他："吕梁瀑布深几十丈，流水飞沫远溅几十里，鱼鳖也不能浮游，刚才我看到你在那里游走，以为你是有痛苦而寻死，便打发学生沿着流水来救你。你游出水面，披头散发，一面走，一面唱，我以为你是鬼怪，但仔细观察，还是人。请教你，到这深水中去有什么办法呢？"那男子说："没有，我没有办法。水回旋，我跟着回旋进入水中，水涌出，我跟着涌出水面。顺从水的活动，不自作主张，这就是我能游水的缘故。"

中国也有俗语说，人心贵在自知和自然，不属于自己的东西不应强求。只有这样，才可能有超凡脱俗、不计是非恩怨之心，才可能多一份洒脱的气度，增添一份人生的真趣，进而达到不动心、无所求的自如境界。

其实，超脱即是一种人生态度，本意并非就一定要求人们抛开世俗的生活。所以，古贤们的上述倡导，着重在于使人心灵不受名利驱遣，从而使身体来去自由；而心灵若能空明澄澈看破世情，就能做到身在事中而心在事外，达成不受外界干扰、保持平和的心态了。如此一来，来去自如、融通自在的生活也就离人们的追求不远了。

不过，"不系之舟"、"既灰之木"的境界尽管令人羡慕，但是，现实之中的人们身处大千世界，生存和生活的压力使得人们不可能像"不系之舟"和"既灰之木"那样的超凡脱俗。所以，当我们时刻都不得不忙碌奔波时，如能常常想想"不如意事常八九"，也就是对自身的一种心灵解脱了。

去除心中杂念，才能逍遥自在

中国有俗语说，人心贵在自知和自然，不属于自己的东西不应强求。只有这样，才可能有超凡脱俗、不计是非恩怨之心，才可能多一份洒脱的气度，增添一份人生的真趣，进而达到不动心、无所求的自如境界。

欲望太强，心中忧郁就多

一个人心头功名利禄欲望太强，个人荣辱得失计较的太多，就必然会让自己处在一种忧郁与不满之中。

每个人也都向往逍遥自在的生活，但是，如果内心没能排除世俗的杂念，再好的环境也无济于事的。

孔子吕梁"问水"

圣人孔子所说"六十而耳顺，七十而从心所欲不逾距"，就是属于"来去自如，融通自在"的修养工夫。

孔子到吕梁山游览，见一男子在那里游水，便赶上去问他："吕梁瀑布深几十丈，流水飞沫远溅几十里，鱼鳖也不能浮游，请教你，到这深水中去有什么办法呢？"

那男子说："没有，我没有办法。水回旋，我跟着回旋进入水中，水涌出，我跟着涌出水面。顺从水的活动，不自作主张，这就是我能游水的缘故。"

随心 人生一傀儡，自控便超然

[原文]

人生原是一傀儡，只要根蒂在手，一线不乱，卷舒自如，行止在我，一毫不受他人提掇，便超出此场中矣。

解读

原文所说：人生本身就是一场傀儡戏，只要我们始终都把牵动傀儡的线索掌握在自己手中，不让任何一根线混乱，收卷舒放自在随心，行动静止都由自己决定，丝毫不受他人控制，那么我们就可以越出这个戏剧舞台了。

自古以来，人生就被比喻为一场戏，世人如同在舞台上表演，而自己则不会醒悟到这一点。相反，很多时候，人们看着舞台上的戏剧或大笑，会悲伤，会深思。但是对于自己的人生处境，却很少会像看戏那样去思索，生活得过且过，甚至终其一生。更可怕的，是自己的生活大部分都是在被别人操纵，自己却依然不知。这就形同傀儡戏，自己甘愿成为别人操纵的玩偶了。

古贤老子认为："天下一切生命都有自己的源头，这个源头就是一切生命的根基，一旦掌握了万事万物的根基——母，就能认识世间的万事万物——子，即使已经认识了万物，已经把握了一切生命，还必须坚守着生命的根基——'道'。这样，人生就不会成为事物的傀儡，也就不会受他人提掇了。"这里的"道"者，即是"超出此场中"也。

其实，生活中的很多人也总是在哀叹世事无常、造化弄人，自己的命运自己无法掌控，却没有想过为什么自己会无法掌握自身的命运。为什么会这样呢？

不妨这样去理解：人生本来是你自己的，只是自己在不注意时把控制权主动交到了别人手中。如孩提时，我们没有生存的能力，于是只好把命运交给自己的父母；长大后我们又经受不住利益的诱惑，在从别人手里接过利益的同时，却不知不觉中已被那条隐线逐渐套紧，而牵着这条隐线的，正是给我们提供所谓利益的那个人。直至我们身上的隐绳越来越多，家庭、婚姻、人际等等，等我们有所发现的时候，我们的肢体和行为，早已不是我们自己所能掌控的了，傀儡的命运便自此注定。

所以，对于今天的人们来说，若想不受摆布，就要尽可能地做到少欲少求，学会拒绝不良诱惑，端正自己心灵的天平。同时，做事要注意发现规律，得窍则一通百通；做人要善于发现优势、特长，看清本质，让自己遇事进退自如；处世要摆正自己的位置，多看后行。如此，才能将握在别人手中的线斩断，将人生的控制权收回自己的手中。这时的人生舞台，也就会由自己来布置、导演，卷舒自在，精彩也就真正地属于自己了。

只要根蒂在手，人生便可卷舒自如

人生就像一场傀儡戏，只要始终都把牵动傀儡的线索掌握在自己手中，收卷舒放自在随心，我们就可以越出这个戏剧大舞台了。

老子，春秋时期思想家。姓李名耳，字伯阳，《史记》载为楚国苦县（河南鹿邑）太清人，与孔子同时期而年稍长于孔子。老子著有《道德经》，是道家学派的始祖，他的学说后被庄周发展。道家后人将老子视为宗师，与儒家的孔子相比拟。在道教中，老子是一个很主要的神仙，被称为太上老君，尊为道祖。

老子认为：天下一切生命都有自己的源头，这个源头就是一切生命的根基。只要掌握了万事万物的根基——母，就能认识世间的万事万物——子。老子提倡，必须坚守着生命的根基——"道"，人生就不会成为事物的傀儡，也就不会受他人提掇了。

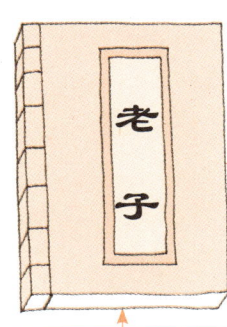

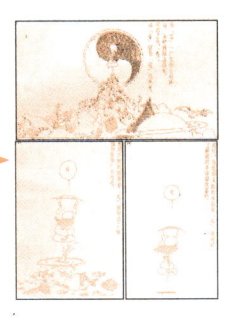

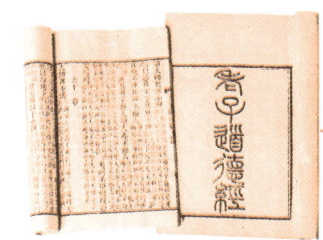

《老子》以"道"解释宇宙万物的演变，以为"道生一，一生二，二生三，三生万物"，"道"乃"夫莫之命（命令）而常自然"，因而"人法地，地法天，天法道，道法自然"。"道"为客观自然规律，同时又具有"独立不改，周行而不殆"的永恒意义。其学说对中国哲学发展具有深刻影响。

随缘 万事皆缘，随遇而安

[原文]

释氏随缘，吾儒素位，四字是渡海的浮囊。盖世路茫茫，一念求全则万绪纷起，随遇而安，则无入不得矣。

解读

原文所说：佛家主张凡事都要顺其自然发展，一切不可勉强；儒家主张凡事都要按照本分去作，不可妄贪身外之事。这"随缘素位"四个字是为人处事的秘诀，就像是渡过大海的浮囊。因为人生的路途是那么遥远涉茫，假如任何事情都要求尽善尽美，必然会引起很多忧愁烦恼；反之假如凡事都能安于现实环境，也会处处悠然自得。

其中的"随缘"本属佛家用语。佛都以外界事物的来临，使身心受其感触叫缘，应缘而起的动作叫随缘。"素位"则是指本身应作的事，而不羡慕身外的事。"世路茫茫"，是指人世间一切行动及经历的情态很遥远。

中国佛家主张，凡事都要随缘，人必须随着天定的因缘来处理事情。反之凭自己的主观努力一意孤行，不论怎样也无法达成自己的意愿。而儒家所主张"素位"，就是君子坚守本位而不妄贪其他权势，要满足自己所处的现实环境，这和佛家所说"万事皆缘，随遇而安"也是相通的。

之所以如此，是因为古贤们认为：一个安于现实的人，能快乐度过一生；反之，一个不满于现实环境的人，整天牢骚满腹愤世嫉俗，只会害人害己。

当然，原文中的万事随缘、随遇而安，我们应从积极方面来理解。如从处事角度来看，凡事不可强求，有些事在现有条件下行不通，就有待时机的必要，就需要安于现状而不是心慌意乱。凡事强求而不遵循事物的基本规律，就必然会四处碰壁，很难行得通了。

对于今天的人们而言，"随缘素位"四字虽出处不同，但内涵却是相通的。"随缘"是一种面对人生的态度，随缘不等于听天由命，消极处世。更重要的意义在于，它是让人以一种平和的心态顺应事物发展规律，不刻意、不强求；而"素位"无疑是一种对待事业的准则，它要求人们理应做好自己份内的事，不要这山望着那山高，贪图不属于自己的权势和利益。

用更通俗的话说，即人不应听从命运的安排，把自己的一生付诸天意。不能因为自己天生于贫困便安于贫困，天生于恶境便安于恶境，逆来顺受。

随缘素位

古贤们认为：一个安于现实的人，能快乐度过一生；反之一个不满于现实环境的人，整天牢骚满腹愤世嫉俗，只会害人害己。

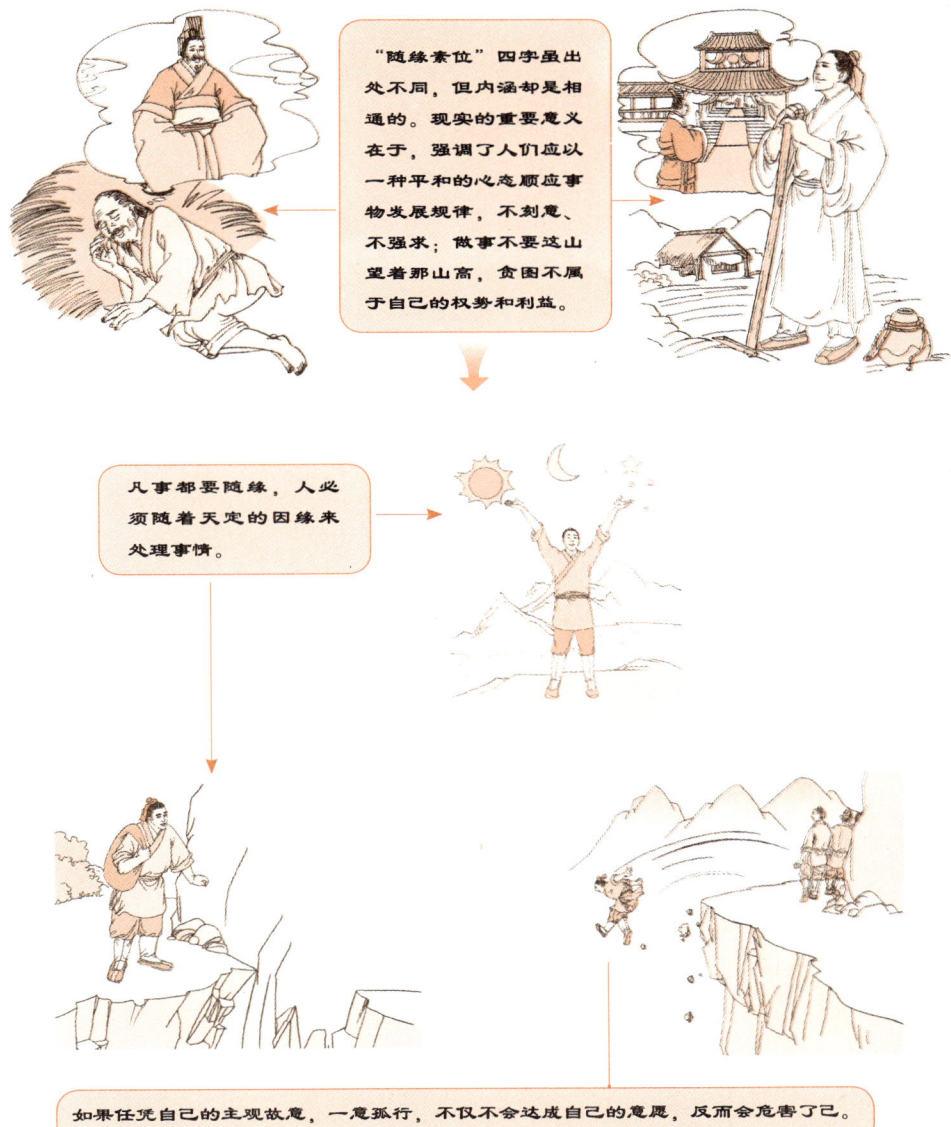

"随缘素位"四字虽出处不同，但内涵却是相通的。现实的重要意义在于，强调了人们应以一种平和的心态顺应事物发展规律，不刻意、不强求；做事不要这山望着那山高，贪图不属于自己的权势和利益。

凡事都要随缘，人必须随着天定的因缘来处理事情。

如果任凭自己的主观故意，一意孤行，不仅不会达成自己的意愿，反而会危害了己。

平淡为真 淡中知真味，常里识英奇

[原文]

醲肥辛甘非真味，真味只是淡；神奇卓异非至人，至人只是常。

解读

原文所说：美酒、肥肉、辛辣、甘甜，都不是最真纯美妙的滋味，最美妙的滋味总是平和清淡的；言谈举止神奇怪异的人，并非是真正德行完美的高人，德行完美的高人言谈举止总是与常人没有什么区别。

其实，生活中最清淡的滋味才最长久、最真实，就像水味最淡却是人类的生命之源，君子之交虽淡却最为恒久一样。同样的道理，平凡之中往往孕育着伟大，越是伟大的人也越难以被人发现。因为真正伟大的人，追求的是一种至纯至真的精神境界，这种精神恰恰深藏在平凡之中。

然而，生活中人们往往忽视平凡，不重视常见的事物，仿佛只有新奇的事物才能吸引自己的眼球。正是这种"奇能生趣"的社会状态，也使得人们忽视了新奇事物只能是生活调剂品，却不能成为生活主旋律的一般规律。事实上，奇趣事物不符合生命的内在规律，与平淡恒久远是相违背的。

庄子在《逍遥游》里有这样一段："至人无己，神人无功，圣人无名。"至人、神人与圣人都是庄子理想的人格。随后庄子又说道："至人只是常。"意思是至人就是平凡的常人，只要保持一颗平常的心，加以修养，谁都可以与天地相契合。庄子进一步解释认为，浓酒美食香辣或者甜品，都不是自然的口味，真正自然的口味是"淡"；具有神奇特异才能的人，不是最高超的人，最高超的人，言行只是"凡人"。

所以，古贤们也一直强调认为：能甘于粗茶淡饭的人，心性必定玉洁冰清；追求繁华富贵的人，往往因为利益而像奴婢般的去谄媚权贵。而甘于淡泊不为物役，个人的抱负即能得以伸张；如果贪图物欲，名节往往就会轻易地丧失了。

直至今天，那些存有贪欲私利念头的人，也会让刚毅正直变得柔弱无能，聪明智慧变得昏昧无知。更有甚者，原本仁慈心肠的人变得阴狠毒辣，不仅失去了品德，甚至也丢掉了人性。

所以，实际生活中，力求平淡方可从容。我们与其精疲力竭地追求自己没有的东西，不如踏踏实实地珍惜眼前拥有的生活，哪怕它很平淡。

平淡最长久，平凡才伟大

古贤们认为：能甘于粗茶淡饭的人，心性必定玉洁冰清；追求繁华富贵的人，往往因为利益而像奴婢般的去谄媚权贵。而甘于淡泊不为物役，个人的抱负即能得以伸张。

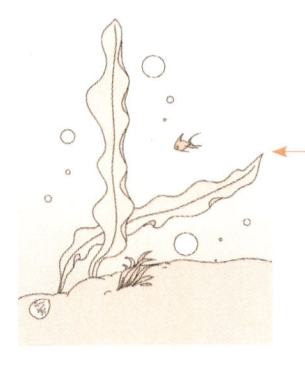

生活中最清淡的滋味才最长久、最真实，就像水味最淡却是人类的生命之源，君子之交虽淡却最为恒久一样。

平凡之中往往孕育着伟大，越是伟大的人常常就在平凡之中。圣人孔子就常常将自己融入到普通人群之中。

真正伟大的人，追求的是一种至纯至真的精神境界，这种精神恰恰就深藏在平凡之中。孔子讲学时，面对普通人众和颜悦色，从无趾高气扬的神态，所以，他能随处得到人们的帮助和追随。

事后悔 以事后之悟，破临境之迷

[原文]

饱后思味，则浓淡之境都消；色后思淫，则男女之见尽绝。故人常以事后之悔悟，破临事之痴迷，则性定而动无不正。

解读

原文所说：酒足饭饱后再回想美酒佳肴的味道，这时所有的香甜美味都已经全部消失。房事满足之后再来回味性欲的情趣，那男女鱼水之欢的念头已经全部消失。所以假如人们能常用事后的悔悟，来作为另一件事情开始时的判断参考，那就可以减少错误而恢复聪明的本性。这样做事有了原则，一切行动自然都会合乎义理。

就原话来说，性是本然之性，亦即是真心；定是不安定、不动摇，即本性安定不动；色指的是有形之物，即物质现象，在《心经》里亦指受（感受）、想（表象）、行（意志）等精神作用。所以，原文意在开示众人：色这种东西是空，即没有自性，受色所困是最不应该的。

某人拿了一件烟花女子佩戴的精致小肚兜给东海寺的泽庵和尚看，意下想难他一难，不料和尚破颜一笑，一边说："绣得多好，老衲也喜欢有这等美人陪伴！"一边还动笔写了一段偈语："佛卖法，祖师卖佛，末世之僧卖祖师。有女却四尺色身，消安了一切众生烦恼。色即是空，空即是色，柳绿花红，夜夜明月照清池，心不留亦影不留。"

其实，天下的事情也大多如此。俗语所说，得不到的才珍贵，得到的就不知道珍惜。也就是说，人们往往习惯于在没有达到某种满足的时候总是非常期盼，一旦真的得到了，却又会觉得不过如此而已。

所以，更多的人在事后也常说：如果能够重来一次，我一定不会这么做！或说"早知今日，何必当初"诸如此类。不过，无数重复性的错误或不当仍在继续上演，就像人们在吃饱之后还会再饿，饿了依然饥不择食一样。于是，"事后诸葛亮"也就成为了古贤用来讽刺上述人们的俗语了。

如今，"吃一堑"能"长一智"在我们的生活中仿佛成了励志警句。其实，细想一下会有疑问：真正的智慧就是要在犯错之前就能从头脑中获取的，为什么非得通过"吃一堑"才能得到呢？人不可能不犯错，但却可以少犯错，只要能够常用事后的悔悟来时时提醒自己就不难做到。真要是等到吃了大亏才能长点儿记性的话，付出的代价可能就不会是后天能够弥补的了。

用事后的悔悟判断另一件事情的开始

假如人们能常用事后的悔悟，来作为另一件事情开始时的判断参考，那就可以减少错误而恢复聪明的本性。这样做事有了原则，一切行动自然都会合乎义理。

佛卖法，祖师卖佛，末世之僧卖祖师。有女却四尺色身，消受了一切众生烦恼。色即是空，空即是色，柳绿花红，夜夜明月照清池，心不留亦影不留。

东海寺的泽庵和尚看到一件烟花女子佩戴的精致小肚兜，破颜一笑说："绣得多好，老衲也喜欢有这等美人陪伴！"并动笔写了一段偈语。

色这种东西是空，即没有自性，受色所困是最不应该的。

俗语所说，得不到的才珍贵，得到的就不知道珍惜。人们往往习惯于在没有达到某种满足的时候总是非常期盼，一旦真的得到了，却又会觉得不过如此而已。

"吃一堑"能"长一智"在我们的生活中仿佛成了励志誓句。其实，细想一下会有疑问：真正的智慧就是要在犯错之前就能从头脑中获取的，为什么非得通过"吃一堑"才能得到呢？真要是等到吃了大亏才能长点儿记性的话，付出的代价可能就不会是后天能够弥补的了。

浓淡 浓处味常短，淡中趣独真

[原文]

悠长之趣，不得于浓酽，而得于啜菽饮水；惆怅之怀，不生于枯寂，而生于品竹调丝。故知浓处味常短，淡中趣独真也。

解读

原文所说：回味无穷的味道，不是从甘醇的烈酒中得来，而是从嚼豆饮水的清淡生活中得来；惆怅忧伤的心怀，不是在寂寥困苦中产生，而是在轻歌曼舞的享乐中产生。由此可见，浓厚的味道常常很快就会消散，而清淡中的趣味才是最真实的。

中国的文人雅士历来崇尚"浓处味短，淡中趣真"的精神追求。所以，古贤们也认为，贪得者虽富亦贫，知足者虽贫亦富。事实上，人之有别于动物，最重要的一点就在于人是有精神追求的，不仅仅是满足于物质的享受。所以，古贤们才倡导说，如果精神生活充实，就是物质生活清苦些，也不会影响自身快乐的感受；反之，如果精神上无所追求和寄托，即便腰缠万贯，除了能获得短暂的感官刺激外，最终都不会有真正意义上的幸福。

宋朝人张知白，官至宰相，生平清俭，所住房屋与生活饮食与拜相前基本一样。他身边的人劝他说："您月俸很高，但自身生活却这么清苦，这又何必呢？"张知白感叹道："听人说：浓处味短，淡中趣长。凭我的俸禄，即使按王侯的标准生活也是足够的。但是如果家人都习惯了奢侈的生活，一旦失去了我的俸禄，他们就不能马上适应俭朴的生活。假如一直过平常的生活，即使我去世了，家人也能像现在这样生活呢！"听到他这话的人都更加佩服张知白的远见卓识了。

日常生活中，不被我们所留意的是，清茶中会有悠长韵味，俚曲中才有雅致之韵。恬淡之处，往往即是玄机奥妙所在；看似滋味冲淡，但却俗中有雅，精巧绝伦。就像那些"食美味、看美色、纵欢乐"的人，常常多病，甚至短命；而长寿的人却习惯于粗茶淡饭，勤于劳作一样。这也正是"越是精彩热烈的事物，冷却的就会越快"的其中道理了。

如今，现代人的生活也是如此。就像本书前文中已阐述过的"君子之交淡如水"的道理一样，虽"淡"却可以生死与共，不离不弃；虽"热"却往往人走茶凉，势去人空。

浓处味短，淡中趣真

人之所以有别于动物，最重要的一点就在于人是有精神追求的。古贤们倡导：如果精神生活充实，就是物质生活清苦些，也不会影响自身快乐的感受；反之，如果精神上无所追求和寄托，即便腰缠万贯，除了能获得短暂的感官刺激外，最终都不会有真正意义上的幸福。

知足者　贪得者　中国文人雅士

中国的文人雅士历来崇尚"浓处味短，淡中趣真"的精神追求。所以，古贤们也认为，贪得者虽富亦贫，知足者虽贫亦富。

山中住着长寿的人

"食美味、看美色、纵欢乐"的人，常常多病，甚至短命；而长寿的人却习惯于粗茶淡饭，勤于劳作一样。这也正是"越是精彩热烈的事物，冷却的就会越快"的其中道理了。

"食美味、看美色、纵欢乐"的人

第陆辑 闲适篇

会心 繁华不及清淡，心动未若神爽

[原文]

春日气象繁华，令人心神骀荡；不若秋日云白风清，兰芳桂馥，水天一色，上下空明，使人神骨俱清也。

解读

原文所说：春天万象更新，大地百花齐放一片繁华一派生机，使人感到精神舒适畅快；但是，却不如秋高气爽时的清风拂面、兰桂飘香，水连天、天连水水天一色，天朗气清、大地辽阔，使人感到精神爽朗，轻快异常啊。

上文中的"空明"一词，比喻天地晴朗的状态；而"神骨俱清"，则是指精神和形体都感到舒适畅快之意。也就是说，春天花繁叶茂、景色绚烂，虽然使人心驰神往、躁动不安；却不如秋日云淡风清，兰桂飘香，水天一色，天地一片澄澈空明，来得神清气爽、通体舒畅。

刘禹锡有诗曰："自古逢秋悲寂寥，我言秋日胜春朝。晴空一鹤排云上，便引诗清到碧霄。"这段文字所表达的景象，也是对原文意境的一种回应。诗中即认为，因为秋天会给人们带来肃杀之气，所以自古就有人视"秋"为悲。但作者认为：天地万物有生必有死，有盛必有衰。人对景物的爱憎，也完全是基于心情和观念。春天的清新就好比人的青少年时代，虽然具有青春活力，然而在某些方面却显得不成熟；而秋天却是收获的季节，万物至此得以成熟，自然也是万物走向衰亡的开始。

所以，春日繁花似锦、莺歌燕语，每每令人遐思无限、怦然心动，但又不免会使人心头发热、躁动不安。正像人生身处掌声与鲜花的青春或成功之中时，难免会心浮气躁、得意忘形。而云淡风清，水天一色的清秋季节，虽然会令人偶感草木凋落的惆怅，但给人更多的是神清气爽、头脑冷静。就好似人生处在低潮期，虽然会有些失落烦恼，但给人更多的却是冷静与思考，为未来的收获储备着能量。

身处现代生活中的人们，当过于追求春的诱惑时，不妨静下心来多想想：秋天的大自然虽已度过了那雍容华贵、万紫千红的夏季，更不如春天来得那么多诱惑，但却给了人们实实在在，也令人神骨俱清。人在此中，尤如人到本性显现而达到净沽的境界，不仅秋高气爽，更是上下空明了。

心动未若神爽

春日繁花似锦、莺歌燕语，正像人生身处掌声与鲜花的青春或成功之中时，难免会心浮气躁、得意忘形；云淡风清，水天一色的清秋季节，就好似人生处在低潮期，虽然会有些失落烦恼，但给人更多的却是冷静与思考，为未来的收获储备着能量。

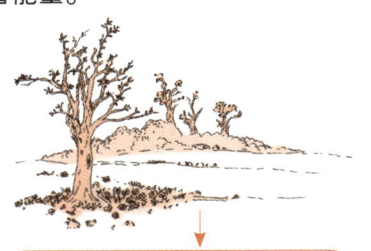

春天万象更新，大地百花齐放，一片繁华一派生机，使人感到精神舒适畅快，但又不免会使人心头发热、躁动不安。

秋高气爽时的清风拂面、兰桂飘香，水天一色，天朗气清、大地辽阔，虽然会令人偶感草木凋落的惆怅，但给人更多的是神清气爽、头脑冷静。

比柳宗元大一步的刘禹锡，虽然因为参加政治革新活动同样遭受打击，但心理承受能力却强的多。刘禹锡被贬到朗州（今天湖南常德）时，年仅三十四岁。时值春风得意之际，一觉醒来却被赶出了朝廷，心中的苦闷是可想而知的。但他求异心理很强，干什么都想与众不同，不肯人云亦云。悲秋，从来就是古代诗人共有的"情怀"，他却反其道而行之，认为天高气爽的秋天使人心胸开阔，更有诗意。

秋 词
刘禹锡

自古逢秋悲寂寥，我言秋日胜春朝。晴空一鹤排云上，便引诗情到碧霄。

刘禹锡诗曰："自古逢秋悲寂寥，我言秋日胜春朝。晴空一鹤排云上，便引诗情到碧霄。"这是何等的洒脱与从容！

第陆辑 闲适篇

真心　得诗家真趣，悟禅教玄机

[原文]

一字不识，而有诗意者，得诗家真趣；一偈不参，而有禅味者，悟禅教玄机。

解读

原文所说：一个目不识丁的人说话却充满诗意，这种人才算是得到了诗人的真趣；一个不参一偈的人说话却充满了禅机，这种人才算是了解了禅宗的佛理。

古贤认为，是不是诗人没有关系，会不会作诗也没有关系，重要的是要有诗意。无诗有诗人，有诗人无诗。远古洪荒，人们无知无识，更谈不上认字作诗。但是它们的生活是诗意的，世界是诗化的，他们用诗性去思维，他们都是诗人，但是却没有一首流传后世的诗篇。当人们写出诗句时，诗意的生活便消失了。

同样的道理，古贤认为：是不是高僧也无所谓，懂不懂偈语也无所谓，要紧的是要有颗禅心。心中有佛，即使不守清规戒律，一样能悟得禅的真谛。济公酒肉穿肠而过，世人却识得他是真佛。形式和外表都不重要，重要的是我们的真心。

一位不信佛教的外道人向释尊寻问："不问有言，不问无言"，释尊听后，许久不说话。外道人也在释尊的面前定定地坐着。不久，外道人以称赞的口气对释尊说："释尊大慈大悲地教导我，解开了我心中的谜团，使我顿有所悟。"一直陪伴在释尊旁的阿难莫名其妙，问释尊："刚刚离去的外道人说他有所顿悟，到底他是证得了什么道理，使他觉得顿有所悟，高兴地离去呢？"释尊说："一匹良马不需要主人的鞭打，只要看到鞭子的影子，就能够知道自己该往何处走。这个外道人不就像可以见鞭而行的马吗？"

如此来看，原文可做进一步解释：诗是用文字来表达的，理解文字的人未必能够作诗。诗是言志的，我们用诗来表达志向如何；如果志向没有诗意，无论把文字写到任何深奥程度，都不能作出好诗。反之，纵令一字不识，而有诗意的人，就是他自己得了诗人的真趣，认识不认识文字也就没什么关系了。

由此，我们也就不难理解：生活中有很多事物是无法用言语表达出来的，所以，诗意和禅理也是不能透过言语理论而悟得的，只有潜心修行才能悟得。

形式和外表都不重要，重要的是真心

生活中有很多事物是无法用言语表达出来的，所以，诗意和禅理也是不能透过言语理论而悟得的，只有潜心修行才能悟得。

富有诗意的人

古贤认为，是不是诗人没有关系，会不会作诗也没有关系，重要的是要有诗意。

古贤认为：是不是高僧也无所谓，懂不懂偈语也无所谓，要紧的是要有颗禅心。心中有佛，即使不守清规戒律，一样能悟得禅的真谛。

生活中有很多事物是无法用言语表达出来的，所以，诗意和禅理也是不能透过言语理论而悟得的，只有潜心修行才能悟得。

第陆辑 闲适篇

生趣 人为乏趣，天机自然

[原文]

花居盆内终乏生机，鸟落笼中便减天趣；不若山间花鸟错集成文，翱翔自若，自是悠然会心。

解读

原文所说：花栽种在盆中便显得缺乏自然生机，鸟被关进笼中便减少了天然情趣；这些都不如山间的野花那样显得自然艳丽，也不如天空的野鸟那样自由自在。由于它们都自由生存在大自然中，所以让人看起来显得更加赏心悦目。

大千世界，原本就是万物同生て天趣无限的。而人类对于自然的东西也总是喜爱有加，只是这种喜爱的结果却使它们变得不再自然，人类的所谓喜爱也越来越多了些自私。就像人们所喜欢的鲜花本就是自然之物，但仅仅因为自己的嗜好就将它强移于花盆，栽于温室之中，使其失去了风雨洗礼和天地精华吸取的时机，它再美也终会缺乏生机。同样的道理，天空本是鸟儿的家，鸟笼再精致也关不住它飞翔的心，相反还会人为地扼杀掉鸟儿的天趣。

有这么一个故事：

河神因分不清什么是自然，什么是人为，一天跑去问北海神："请问什么是自然？什么是人为？"北海神打了一比方说："牛马生下就有四只脚，这就叫自然。用笼头套在头上，用缰绳穿过鼻孔，又在马脚底钉上铁蹄，这就叫人为。不要用人为的事去毁灭自然，不要用矫揉造作去毁灭天性。只要谨慎地守护着自然之道，就是回归了本来的天性。"

此故事也生动地印证了原文所要阐述的"生趣"之理：盆景和笼鸟都没有自然的生机，操弄它们的人也违逆了大自然本有的天性，我们人为之举往往都在扼杀自然之美啊！

中国圣贤老庄也说，真的就是自然的，自然的同样也是真的。对于世人来说，其隐性的哲理就是，"自然"便是人的天然本性，也就是人的真性情、真思想。所以，"自然"其实也是与虚伪是相对的。

原文所阐述的机理，对于现代文明社会来说也颇具警示意义。因为，如今的人们似乎更加自信，更愿意"人定胜天"，用越来越多的"人工"在代替"天然"。君不见，开山辟地、毁林开荒的人为之举，随处可见；吃遍野味、捕杀珍奇的恶行，每天也都在上演。如此，我们依赖的大自然才一次又一次地惩罚着人类，而人类也不得不重复地在为自己的欠债付出鲜活的生命。

总之，生趣一旦失去便不能重现。拘泥于人心的自私与狭隘，是无法体会到山间花鸟错集成文的天然情趣的。

万物同生才天趣无限

大千世界，原本就是万物同生才天趣无限的。而人类对于自然之物的喜爱，却使它们变得不再自然。人类的所谓喜爱越来越多了些自私，操弄它们的人也违逆了大自然本有的天性。

山间的野花自然艳丽，天空的野鸟自由自在，这是它们都自由生存在大自然中的缘故。

盆景和笼鸟都没有自然的生机，操弄它们的人也违逆了大自然本有的天性，我们人为之举往往都在扼杀自然之美啊！

"自然"便是人的天然本性，也就是人的真性情、真思想。拘泥于人心的自私与狭隘，是无法体会到山间花鸟错集成文的天然情趣的。

物我归一 识乾坤自在，知物我两忘

[原文]

帘栊高敞，看青山绿水吞吐云烟，识乾坤之自在；竹树扶疏，任乳燕鸣鸠送迎时序，知物我之两忘。

解读

原文所说：将帘栊高卷轩窗敞开，眺望窗外青山绿水间云烟缭绕的美景，才明白天地自然的自由自在；竹林树丛枝繁叶茂，任由乳燕和斑鸠迎送春去秋来时光交替，从而领悟到物我两忘的浑然境界。

万物合一，浑然忘我，分不清是我置身于大自然还是大自然中有我。这历来都是贤士们追寻的一种心灵之境。古贤们认为，自然万物的精妙之处即在于感同心知。如夏日的旁晚看见蓝天白云，便会感觉轻松自在；雨后漫步浸入清新之境，仿佛天地任我畅游；聆听鸟语，近嗅花香，更会觉得万物随同自我皆有灵性。

古贤们认为，"物我归一"的境界有三种：一是见山是山，见水是水；二是见山不是山，见水不是水；三是见山还是山，见水还是水。"物我归一"的境界体现在超越自我、超越自然的心境上，至高境界是物我两融，即天人合一，亦如"人在桥头走，桥走水不流"的心境。这其实也源于中国古代道家思想。如《庄子·齐物论》中就说："昔者庄周梦为蝴蝶，栩栩然蝴蝶也……不知周之梦为蝴蝶欤，蝴蝶之梦为周欤？"也就是说，庄周梦中变成了蝴蝶，而醒来发现自己还是庄周，浑然间不知道是自己梦到蝴蝶，还是蝴蝶梦到了自己。

庄子还说："非彼无我，非我无所取。"彼是外物，我是自我。自我是在与外物相对立、相对待的关系中产生的。庄子善于体会物情，通情以应物，故能达到"物我交融、物我两忘"的境界。

"物我归一"的积极意义在于追求美好，在于全身心的投入。但是达到一种物我两忘的境界，却需要一种良好的心境，需要修炼自我精神。

尤其是对于如今的人们来说，当"帘栊高敞"不仅难以看见青山绿水吞吐云烟之象，反而满目皆是林立的钢筋水泥。科技文明的一日千里，也使得"竹树扶疏，燕鸣鸠送"的人间仙境日益稀有，真想要找到一片净土，寻求"物我归一"的心境又谈何容易。

所以，我们真正可以做的，便是珍惜当下，感恩于他人和万物。纵然有千般烦恼，也要让自己习惯于抬头看天。人的一生只有一次，说长真的不长，说短也不太短，只有善于把握现在，积极求进，苦乐自然，便能终生无憾了。

万物的精妙之处即在于感同心知

古贤们认为，自然万物的精妙之处即在于感同心知，万物随同自我皆有灵性。而"物我归一"的境界便体现在超越自我、超越自然的心境上，至高境界则是物我两融，即天人合一。

自然万物的精妙之处即在于感同心知。万物合一，浑然忘我，分不清是我置身于大自然还是大自然中有我，万物随同自我皆有灵性。这历来都是贤士们追寻的一种心灵之境。

"物我归一"的境界体现在超越自我、超越自然的心境上，至高境界是物我两融，即天人合一。"物我归一"的积极意义在于追求美好，在于全身心的投入。但是达到一种物我两忘的境界，却需要一种良好的心境，需要修炼自我精神。

《庄子·齐物论》中就说："昔者庄周梦为蝴蝶，栩栩然蝴蝶也……不知周之梦为蝴蝶欤，蝴蝶之梦为周欤？"也就是说，庄周梦中变成了蝴蝶，而醒来发现自己还是庄周，浑然间不知道是自己梦到蝴蝶，还是蝴蝶梦到了自己。

梦中的庄周

云卷云舒　闲看庭前花，漫随天外云

[原文]

宠辱不惊，闲看庭前花开花落；去留无意，漫随天外云卷云舒。

解读

原文所说：不管得到恩宠还是受到侮辱都毫不惊慌，只是悠闲地欣赏庭院前的花开花落；不管升迁还是贬谪都毫不在意，只是漫不经心地随天边的云霞自由卷舒。

其实，花开花落、云卷云舒都是大自然的正常变化。不过，人往往会因为自己的情感变化、心境不同，从而将它们人为地涂上了不同的色彩。古贤们认为，如果把人情冷暖、富贵荣辱同样看成最自然的事，那就真的进入了超凡之境，人生也就无悲喜可言了。

清新超凡的境界，闲云野鹤之趣，松间林下之乐……一直以来，中国古代的文人雅士都致力于追求这种境界。因为，在这种优美的自然情景之下，生活就如同一种艺术，其味犹如一幅画，一首诗。果真如此，人也会变得越来越艺术，心灵也就能达到无拘无束的快乐了。

圣贤庄子就说：喜欢目明，是迷恋彩色；喜欢耳聪，是沉湎音声；喜欢仁，是乱了德性；喜欢义，是违背常理；喜欢礼，是助长表面技巧；喜欢乐，是助长荒淫；喜欢圣明，是助长各种技术；喜欢求知，是助长天下的弊病。天下人要使性情安宁，这八条可有可无。天下人要不求性情安宁，这八条才纠结扰攘搅乱了天下。所以君子不得已而统治天下，不如实行无为。无为，然后才能使百姓性情安宁。所以说，能珍贵自己的生命来治理天下，就可以把天下托付给他；能爱护自己的生命来治理天下，就可以把天下交给他。所以君子假如能不放纵自己的情欲，不卖弄自己的聪明，坐如木雕泥塑，动如龙腾虎跃；沉默如深渊，出言如雷鸣。精神活动完全出于自然，从容无为就像尘埃在空中飘动，我又何必去理天下呢！

就此意义上说，人只要了解了人心同属自然，与花开花谢、云卷云舒并无不同，认识到自然的规律不能改变，人事的苛求只是徒劳，不如顺其自然，那么生活中的我们反能落得轻松自在了。果真如此，当春来时人们也就不必过喜，秋至时自然不再伤悲。

只是，人情世态间，真正能"闲看庭前花，漫随天外云"的人毕竟还是少数吧！社会在天天进步，而我们人类却一天比一天的辛苦。因为，很多人身上背的负荷越来越重，精神需求日益空虚，思想异常浮躁。其实造成这种结果的一大主因，正是人与自然界的日益疏离，人类社会的进步越来越多地以牺牲自然为代价，过于追逐外在的物欲，而逐渐地丢失了真正的心灵之美。

各种欲望让世人心累

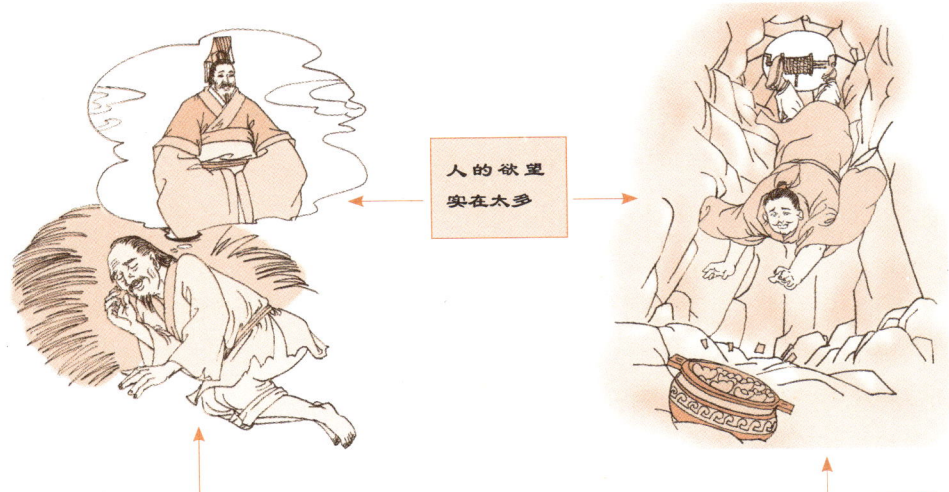

人的欲望实在太多

金钱的诱惑、权力的纷争、宦海的沉浮让人殚心竭虑；是非、成败、得失让人或喜或悲。一旦所欲难以实现，一旦所想难以成功，一旦希望落空成了幻影，人类就会失落、失意乃至失志。

庄子与他的"无为"

圣贤庄子

庄子说：喜欢目明，是迷恋彩色；喜欢耳聪，是沉湎音声；喜欢仁，是乱了德性；喜欢义，是违背常理；喜欢礼，是助长表面技巧；喜欢乐，是助长荒淫；喜欢圣明，是助长各种技术；喜欢求知，是助长天下的弊病。所以，庄子认为：无为，然后才能使百姓性情安宁。

亲自然 登高心旷，临流意远

[原文]

登高使人心旷，临流使人意远；读书于雨雪之夜使人神清；舒啸于丘阜之巅使人兴迈。

解读

原文所说：登上高山会使人心胸开阔，面对清流会使人神清意远；在雨雪之夜读书，使人思路清晰；在山巅之上长啸呐喊，会使人兴致豪迈。

寓志于自然山水，借景抒发自我情感，历来都为古代文人雅士所称道，也被视为具有崇高节操者的必然之举。的确，拥有原文中的自然生活与思想之境无疑也是幸福和快乐的。所以也有人说，古人们匮乏的是物质，充实的是精神；也许正是物质的匮乏，他们才努力用自己细腻情感去感触大千世界，体味完整人生。

而与书为友，便有幸居于窗明几净、空气清新的雅室，不致坠入黄庭坚所谓"人不读书，则尘俗生其间"之秽境。读书是对人生的完善，而身心皆健应是人生的最佳状态。由于人生于世，不可能事事称心、处处顺遂，而在有悖于本意之际，若将苦闷郁结于心而久不释怀，人的身体不仅极易生病，心智也会产生畸邪。此时，世人理当追寻"书卷多情似故人，晨昏忧乐每相亲。眼前直下三千字，胸次全地一点尘"的心境。

玄宗开元二十三年（公元735年），杜甫到洛阳应进士，结果落第而归，于是北游齐鲁。漫游途中写下了名流千古的佳作——《望岳》。其中，"会当临绝顶，一览众山小"不仅气势雄阔，意境也精妙、辽远，可谓是写出了其他所有泰山诗词渴望表达的神奇之意。更为重要的，诗人借此自然之诗，将自己的远大抱负和理想亦缊含其中。

另一位古人嵇康，即因看透统治者的昏庸而绝不做官。当他的朋友纷纷摧眉折腰侍奉权贵之时，唯独他仍可自命清高。即使当权者以死相要挟逼他做官，嵇康仍不屈服，死到临头想的竟然还是奏一曲《广陵散》。

王安石曾说："不畏浮云遮望眼，只缘身在最高层。"换句话说，艰难攀登时，提升的不只是人的身体，更是人的心灵境界；当登高远眺时，一切蒙蔽人双眼和心灵的东西也都被踩在脚下了。而当有了超然高远的心智，即使"荡胸生层云"，心灵也不会被表象、物欲所遮蔽的。

荀子也说：我曾经踮起脚跟向远方眺望，但远不及登上高山见到的广阔无垠；我曾经站在高处伸手招呼，手臂并没有加长，但远处的人却看得清楚；我曾经顺风呼喊，声音并没有加大，但远方的人却听得清晰。而大贤士孟子更是说过这样的话："孔子登东山而小鲁，登泰山而小天下。"如此胸怀，岂能是天生而来的？它是道德修养、情操陶冶的结果。

对于今天的人们来说，当电视、电影、电脑取代了从前的琴棋书画、文房四宝，当繁重的压力日益疲惫着我们的身心之时，我们亲近名山大川、融入自然乡土，似乎更有着优于古贤雅士们的便捷了。但也正因如此，古人所崇尚的"亲自然"便成了今天的"旅游"，名山大川亦像快餐一样，被人们简单又寡味地消耗着。而古人在乎山水之间的情致，又有多少人能够真正地撷起，浸其入心呢？

登高才能心怡，临流便可意远。如此，方可胸怀家国，高瞻远瞩，成就自己现代有志之人！

登高才能心怡，临流便可意远

荀子（约公元前313~前238）名况，字卿，因"荀"与"孙"二字古音相通，故又称孙卿。中国战国时期赵国猗氏（今山西安泽）人，汉族。荀子是著名思想家、文学家、政治家，儒家代表人物之一，时人尊称"荀卿"。荀子对儒家思想有所发展，对重整儒家典籍也有相当的贡献。

荀子曾说：我曾经踮起脚跟向远方眺望，但远不及登上高山见到的广阔无垠；我曾经站在高处伸手招呼，手臂并没有加长，但远处的人却看得清楚；我曾经顺风呼喊，声音并没有加大，但人却听得清晰。

杜甫《望岳》

杜甫《望岳》诗，共有三首，分咏东岳（泰山）、南岳（衡山）、西岳（华山）。其中，"望东岳泰山"是现存杜诗中年代最早的一首。诗中，杜甫不怕困难、敢于攀登绝顶、俯视一切的雄心和气概清晰可见。而这正是杜甫能够成为一个伟大诗人的关键所在，也是此诗千百年来一直为人们所传诵，至今仍能引起我们强烈共鸣的主要原因。如今，此诗已被后人誉为"绝唱"，并刻石为碑，立在山麓。

望岳
杜甫

岱宗夫如何？
齐鲁青未了。
造化钟神秀，
阴阳割昏晓。
荡胸生层云，
决眦入归鸟。
会当凌绝顶，
一览众山小。

登高的杜甫，一览众山小

图书在版编目(CIP)数据

图解菜根谭/木梓编译.—北京：中央编译出版社，2009.5 （亮点人文馆）

ISBN 978-7-80211-945-1

Ⅰ.图… Ⅱ.木… Ⅲ.①个人—修养—中国—明代②菜根谭—图解 Ⅳ.B825-64

中国版本图书馆 CIP 数据核字(2009)第 076657 号

图解菜根谭

出 版 人	和 龑
责任编辑	王正斌
责任印制	尹 珺
出版发行	中央编译出版社
地 址	北京西单西斜街 36 号(100032)
电 话	010)66509360　66509236(总编室)　(010)66509367(编辑部)
	(010)66509364(发行部)　(010)66509618(读者服务部)
网 址	www.cctpbook.com
E-mail	edit@cctpbook.com
经 销	全国新华书店
印 刷	中印联印务有限公司
开 本	710×1000 毫米　1/16
字 数	251 千字
印 张	20
版 次	2009 年 6 月第 1 版第 1 次印刷
定 价	68.00 元

本社常年法律顾问：北京建元律师事务所首席顾问律师　鲁哈达
凡有印装质量问题，本社负责调换。电话：010-66509618